성聖스러운 동물성애자
— 종種도 편견도 넘어선 사랑

하마노 지히로 지음
최재혁 옮김

연립서가

5

'성스러운 동물성애자'로 깨닫게 된 사랑과 폭력을
향한 근원적인 질문

강상중(도쿄대학 명예교수)

읽는 이의 식견을 묻는 책은 위험하다. 그런 의미에서
이 책은 '위험한' 책 중 하나다. 독자가 어떤 자세로 책을
마주하는가에 따라 감출 수 없는 '본성'을 드러내버리기
때문이다.

속되게 말해 '음담패설'인가 싶어 책을 펼쳤다가 의외로
'너무나 진지'할 정도로 진심이 담겨서 당황하는 독자도 있을지
모르겠다. 혹은 어떤 독자는 도중에 ''으웩'' 하고 구역질하며
책을 집어 던져버릴지도 모른다. 반면 흥미진진하게 읽어가는
사이에 인간의 끝없는 '심연' 혹은 '신비'라고도 할 수 있는 예상
못한 깊은 '광맥'과 맞닥뜨려 ''음'' 하며 생각에 잠기는 사람도
있을 것이다.

어느 쪽이든 간에 이 책을 읽으면 좋건 싫건 독자의
'본성'이 드러나버린다는 사실만은 틀림없다. 저자와 함께
인간의 '성'과 관련된 '비밀의 동굴'을 헤치고 들어가는
동안, 자신을 덮고 있던 '상식'이라는 딱지가 떨어져 나가고
스스로의 본성이 눈에 환히 들어오는 듯한 감각에 사로잡히기
때문이다.

사실 '성'과 관련된 '터부 깨기' 같은 것은 이제는
신물이 날 정도로 범람하기에 식상할 정도다. 예전이라면

'비정상'이라는 낙인을 찍곤 했던 동성 간의 섹스도 이제는 이성애자와 다름없이 '노멀'로 받아들여지고 있으며, 얼마 전까지 '도착적'이며 '은밀'한 쾌락으로 여겨지던 SM(가학, 피학)이나 시바리縛り(신체 결박)도 그다지 새롭고 기이한 행위는 아니게 되었다. 또한 페티시와 관련된 성의식도 그 방면의 '애호가'라면 가질 수 있는 특유한 '취향taste'으로 이해되곤 한다.

그렇지만 섹스의 대상이 '동물'이라면 어떨까? 그것도 개나 말을 파트너로 여기며, 인간과 동물 사이에도 '사랑하고, 사랑받는' 대등한 사랑의 교환이 가능하다고 믿어 의심치 않는 '선량한' 사람들이 있다고 한다면.

이 책은 그런 '동물성애자Zoophile'(주파일) 그룹에 '참여 관찰'하여 "섹스란 무엇이고, 섹슈얼리티란 무엇인가?" "사랑이란 무엇인가?" 그리고 "인간이란 무엇인가?"를 묻는 '휴먼' 도큐먼트다.

저자를 그렇게 위험 요소가 다분한 '참여 관찰'로 이끌어갔던 힘은 무엇이었을까? 폭력이 매개되지 않고도 대등한 사랑을 나눌 수 있는 섹스와 섹슈얼리티를 향한 갈급과, 그러한 인간관계를 향한 눈물겨운 동경이 추진력이었다. 이렇게 '인간적인, 너무나 인간적인' 희구의 배후에는 끔찍한 '성폭력'을 지속적으로 당해왔던 저자의 '트라우마'가 자리했다. 그런 정신적 고통이 그녀가 '동물성애자'의 세계로 뛰어든 원동력이 되었던 셈이다.

섹스가, 섹슈얼리티가, 그리고 사랑이 한 꺼풀만 벗기면 지배와 능욕, 폭력이 될지도 모른다는, 지울 수 없이 절망적인 회의와 인간에 대한 근원적인 불신이 자리 잡은 뒤라면 어떨까?

저자가 사랑이 무엇인지 알 수 없다는 마음을 고백한 건
어떤 면에서 당연한지도 모른다.

　　"나는 '사랑'을 잘 모르겠다."라는 이 책의 첫 문장은
저자를 줄곧 사로잡고 놓아주지 않던 신음과도 가까운 절실한
질문이다. 파고들자면 "인간을 잘 모르겠다."라는 말과
다름없다. 그렇다. 이 책은 사랑이란 무엇이며, 인간이란 또
무엇인가라는 근원적인 질문에 스스로 답하고자 했던 저자의
편력기인 동시에, 다른 의미에서는 '영혼의 구원'을 기록한
도큐먼트이기도 하다.

　　책을 펼치면 여기저기에서 노골적이고 생생한 묘사가
보이고, 페니스와 바기나, 정액과 사정, 마스터베이션 같은
단어도 자주 등장한다. 하지만 결코 문란하거나 자극적이라는
인상을 받지 않았다. 그 까닭은, 책을 관통하고 있는 저자의
진지한 문제 제기와, 바로 그들, '성스러운 동물성애자'의 '성'에
관한 한결같은 자세에 기인한다.

　　독자는 저자가 스스로에게 절실한 섹슈얼리티의 문제를
파고들고자 했을 때 어째서 '동물성애자'에게 주목했을까, 혹은
다른 대상이라도 상관없지 않았을까, 하는 의문이 생겼을지도
모른다.

　　그렇지만 정치학자 카를 슈미트Carl Schmitt가 말한
"예외는 상태의 본질을 비춰낸다."라는 경구를 빌려본다면
'성'과 '사랑'의 본질을 이해하는 데 '동물성애자'라는 '예외'는
더할 나위 없이 딱 들어맞는 '참조항'이지는 않았을까?

　　적어도 이 책의 무대가 되는 독일에서조차
'동물성애자'는 '인간성애자'에 비해 '예외'로 여겨지는 것은
분명하다. 그러나 이 예외적 존재라는 사실을 지렛대로 삼으면

'인간 성애'와 관련되어 산처럼 굳건한 '관습'이나 '도덕', '정해진 규칙'을 조금이라도 움직이는 일이 가능할지도 모른다. 그런 희미한 기대가 저자를 '동물성애자'의 세계에 참여하여 관찰하는 길로 이끌었을 것이다.

　　　동물성애가 '예외'로 여겨진다고는 해도, 실은 오랜 역사를 가지고 있다. 『구약성서』에도 동물과의 성행위를 금지하는 터부가 있을 정도이니, 동물성애는 근친상간과 마찬가지로 기피해야 마땅할 '풍습'으로 간주되었음이 틀림없다.

　　　이 책에서도 소개하고 있는 「레위기」 18장에서는 동물과의 성교를 근친상간, 생리 중인 여성과의 성교, 간통, 남성동성애와 더불어 '비난받아야 마땅한 풍습'으로 들고 있다. "여성도 어떤 짐승하고도 교접하지 말라."라고 덧붙이고 있는 점을 보면, 여성도 동물과 성교했음을 알 수 있다. 『구약성서』에서도 유례가 없을 정도로 '더러움'과 '부정한 것'에 대한 관념을 전면에 내세우고 있는 걸 보면, 동물과 나누는 성교가 얼마나 기피되어왔는지 알 수 있다.

　　　선사시대부터 인간과 동물의 거리는 가까웠고, 아마 그 관계 속에는 여러 가지 형태의 교류와 다양한 커뮤니케이션이 있었을 터이며, 성교도 그 가운데 하나였던 것은 아닐까.

　　　그렇게 생각하면 동물과의 성교, 동물성애가 예외적인 것으로 억압당해왔던 역사 자체를 문제시하지 않으면 안 되는 셈이다. 그러한 상황은 '사람'과 사람 이외의 '동물' 사이에 가로놓인 경계를 인위적으로 설정하고, 둘 사이에서 이루어지는 커뮤니케이션의 특정한 존재 양상만을 '정상'으로 바라보는 '일그러진' 인류의 발걸음을 보여주는지도 모르기 때문이다.

9

인간은 동물과의 사이에 경계를 긋고 난 후
〔사람〕이라는 카테고리를 만들어낸다. 하지만
인간과 동물의 섹스는 그 경계를 교란한다. 그러므로
주파일들이 제기하는 문제는 "섹스란 무엇인가?"라는
질문만이 아니라 "인간이란 무엇인가?"라는
질문이기도 하다. (본문 188쪽)

이러한 저자의 지적은 묵직하다. 〔휴머니즘〕혹은
〔인간주의〕나 〔인권, 시민권〕이 확립되어 인간이 귀한 존재로
여겨지고 존중받는 만큼, 한편으로 동물이 〔식육〕이나 〔유해한
동물〕, 〔이상 번식〕이라는 이름 아래 이렇게도 많이 살육된
시대는 없기 때문이다.

게다가 어떤 동물이 〔펫〕으로 키워지고 어떤 동물이
〔식육〕의 대상이 되는지는 인간에 따라, 혹은 자본의 논리에
따라 결정되기에 동물에게는 원칙적으로 어떤 〔권리right〕도
용인되지 않는 것은 아닐까.

생각해보면 불합리하다. 어째서 일본에서는 돼지의
미래에는 〔요리가 되어 올라갈 접시〕가, 개에게는 〔도그런(개
전용 놀이터)〕이 통상적으로 마련되어 있는 걸까? 한국의
경우라면 돼지와 마찬가지로 〔식용〕의 운명에 맞닥뜨리는 개도
있는데, 그러한 상황이 〔동물보호단체〕나 〔동물애호단체〕로부터
배려해줄 일고의 가치도 없다며 강력한 비난을 받는 까닭은
무엇일까? 어째서 돼지에게는 〔고기〕라는 운명밖에 없는 상황이
〔정상〕이며 〔당연〕하다고 여겨지는 걸까?

요컨대, 휴머니즘의 시대야말로 동물이 〔사람〕이

정해놓은 경계와 구분에 따라 대량으로 죽임을 당하고 사람의 위장 속으로 사라져가는 시대다. 펫으로서 살아남은 동물들은 다행히 '생生'을 얻을 수는 있겠지만, '성性'을 박탈당한 '펫'-'순진무구한 어린이'로서 다뤄지는 운명에 처한다. 개나 고양이를 '거세'하는 관행은 그러한 상황을 매우 잘 보여준다.

그렇게 생각하면 이 책이 던지는 질문은 끝이 없고, 넓으며 또한 깊다.

'인간'은 이 세계에서 부동의 지위를 가진 존재라는 점을 의심하지 않고 '인간 예찬'에 빠져 있는 시대, 바로 이러한 시대에 머리카락이 쭈뼛해질 만큼 잔인한 살육이 '동족'인 같은 인간에게도 자행되어 대량 살상이 일어나기도 했다. 여러 통계상의 수치를 종합하면, 20세기에 한정하더라도 소름 끼치는 대량 살상으로 스러져간 숫자는 1억 수천 만 명에 이른다(에릭 홉스봄, 『극단의 시대 — 20세기의 역사』). 그 여파를 이어받아 절멸한 동물은 아마도 상상을 훌쩍 뛰어넘을 만큼 엄청날 것이며, 여전히 전모조차 밝혀지지 않은 것은 아닐까.

그렇게 본다면, 휴머니즘의 시대는 '폭력의 시대'라고 불러도 좋을 정도다. 분명 동물학대나 동물의 '혹사'는 근대 이전에도 볼 수 있는 현상이었다. 하지만 '인간'이 '제멋대로' 선별한 결과로 인해 이렇게까지 많은 동물의 '생사'가 갈리고 나아가 방대한 수의 동물이 죽음을 선고받은 시대는 어디에도 없었을 것이다.

근대사회는 '인권'을 존중하고 민주주의를 중시하며 개인의 '자유'를 지상의 가치로 삼는다. 관점을 바꿔보면 사회 관계나 문화의 모든 국면에 감춰진 형태로 폭력을 내재한,

이른바 〈폭력의 존재론Ontologie〉에 의해 지탱되는 사회라고도 말할 수 있다. 그런 근대사회는 공동체나 사회 형성에 잠재된 폭력(=배제의 구조)은 가시화되지 않은 채, 폭주할지 모르는 위험성을 내포하고 있다. 그 폭주 끝에 전쟁이 도사리고 있다면, 자신의 경험으로 뒷받침된 저자의 지적은 폭력의 존재론을 겨누며 찌르는 칼과 같은 말이라고도 할 수 있다.

폭력에는 이상하게도 무언가를 끝내려는 힘보다 무언가를 만들어내는 힘이 있다는 사실을 나는 체감을 통해 알고 있다. 폭력은 섹스와 마찬가지로 신체에 직접적으로 호소한다. 그리고 어떤 의미에서 섹스보다도 생산적이다. 폭력은 증오나 분노처럼 분리되기 어려운 감정을 만들어내면서 인간을 자극한다. 그리고 계속 폭력에 시달리면 자신의 내부에서도 폭력성이 싹을 틔운다. 그 싹이 누구에게, 혹은 무엇에게 향하는지는 사람마다 다를 것이다. 내 경우에는 바로 자신에게로 향했다. (본문 248쪽)

저자의 참여 관찰 대상이 된 독일의 〈동물성애 옹호단체〉 제타에 모인 〈주파일〉은 현대 사회에 내재한 〈폭력의 존재론〉의 주술과도 같은 속박으로부터 달아나 폭력을 매개하지 않은 섹슈얼리티를 추구하는 〈선한〉 이들이라고 할 수 있다.

제타의 압도적 다수가 남성이며, 수컷 동물을 성적 대상으로 두는 〈주파일 게이〉가 과반수를 차지한다. 게다가 〈게이〉 전원이 수컷 개를 받아들이는 섹스를 하는 〈패시브 파트〉라는 점은 그들이 폭력적인 것을 기피하고 싶은 〈마음이 따뜻한 남성이라는 사실을 보여준다.

　　이런 의미에서 그들을 '수간자'와 한데 묶어
취급한다면 그야말로 폭력적인 곡해다. 그들은 어디까지나
'동물성애자'이지, '수간자'가 아니다. 하물며 그들은 파트너인
개나 말에게 '퍼스낼리티'를 느끼며 그들의 '성'을 확실히
받아들이는 동시에, 파트너가 '요구하지 않을' 때는 무리하게
섹스를 강요하는 일도 없기에 '페도필리아(소아성애)'와도
완전히 차원이 다르다. 이러한 오해와 곡해, 단정, 편견을
풀어나가는 데 있어 이 책은 귀중한 정보로 가득 차 있다.
나 역시 책을 읽고 깨닫게 된 사람 중 하나다.

　　주파일의 섹스나 사랑의 대상이 '독특'하다고는 해도,
그들이 '파트너'와 맺는 관계는 성실하고 정직하며
'고풍'스럽기까지 하다. 이 사실을 깨닫는다면, '성스러운
동물성애자'가 '성도착자'가 아닐뿐더러 '이상성애자'도 아니며,
또한 섹스와 사랑의 '혁명가' 역시 아님을 알게 될 것이다.
말하자면 그들은 '폭력의 존재론'이 얽어맨 속박에서 달아나고
싶어 하는 '은둔자'인지도 모른다.

　　그리고 이러한 '성스러운 동물성애자'의 존재조차
받아들이지 않는 사회라면 바로 그 속에 내재한 폭력을
자각하지 못하는 사회는 아닐까? 그런 의미에서 동아시아의
일본이나 한국, 중국에서 '성스러운 동물성애자'는
커밍아웃하고 스스럼없이 자신의 파트너와 마음 놓고 사랑을
나누는 게 가능할까?

　　귀중한 참여 관찰을 경험했다고는 해도 저자가 폭력의
속박에서 해방되었다고 말하기는 어렵다. 하지만 저자에게는
무언가 어렴풋한 등불과 같은 것이 보이지는 않았을까.

이 책을 끝까지 읽으면서 떠오른 것은 독일 철학자
아르놀트 겔렌Arnold Gehlen의 주장이었다. 겔렌은 인간은
동물처럼 발달한 신체 구조나 예민한 본능을 가지지 못한 연약한
존재이기에, 자연 환경에 적응하기 위해 '문화'를 만들어내야만
했던 '결함 있는 존재'라고 말했다.

섹스나 섹슈얼리티를 둘러싼 다양한 터부와 규범이란
한마디로 넓은 의미에서 '문화'에 포함되는 작위적 소산에
지나지 않는다. 하지만 그것은 너무나도 자연스럽게 인간을
속박했고, 그렇게 정해진 규칙에 좌지우지되는 사회가
이어져왔다. 이러한 상황이 지속되면 근세 이후 이루어졌다는
'인간'의 발견이나 인간 가치에 대한 예찬, 나아가 무서울 만큼
'진보'한 과학, 기술과 발을 맞추며, 앞서 이야기한 '폭력의
존재론'에 속박된 사회에 다다르게 될 것이다.

'결함 있는 존재'인 인간이 그 '결함'이나 '결손'을
자각하지 못하게 될 뿐만 아니라 자신이야말로 생물의 위계에서
정점에 올라선 존재라고 자부할 때, 어떤 무서운 일이
벌어지는지는 20세기의 역사가 증명하고 있다.

인간은 "천사가 되려고 하다가 돼지가 된다." 그렇게
아이러니한 존재이며 그 존재 자체에 '결함'을 안고 있다.
프랑스 문학자 와타나베 가즈오渡辺一夫는 에세이 「광기에
대하여」에서 이런 사실을 자각하는 것이야말로 '광기'에 빠지지
않게 만드는 해독제라고 말한 바 있다.

'성스러운 동물성애자'를 '광기'라고 잘라 말하는
사람에게는 와타나베의 말을 전하고 싶다. 그리고 바로 그런
사람이야말로 이 책을 일독하길 권하고 싶다. 일본에서도,
한국에서도 "천사가 되려다가 돼지가 되고 마는" 아이러니한

존재가 인간이라는 사실을 자각하지 못하는 사람이 많은 듯하기 때문이다.

　　그런데 '성스러운 동물성애자' 중에 돼지를 '파트너'로 삼는 이는 없었을까? 그렇다면 돼지가 정말 가엾다.

한국어판 추천의 글   5
　　　〈성스러운 동물성애자〉로 깨닫게 된 사랑과 폭력을 향한
　　　근원적인 질문 ─ 강상중(도쿄대학 명예교수)

프롤로그   21

1장　　인간과 동물의 부도덕한 관계   33
　　　동물을 강간하는 짓이에요! + 소름 끼쳤던 〈지렁이
　　　남자〉 + 제타의 멤버와 접촉하다 + 개를 아내로 둔
　　　남자 + 유일한 동물성애 옹호 단체, 제타 + 첫 경험 +
　　　자연스럽게 시작된 섹스 + 인간과 동물의 존재감이
　　　동등한 공간

2장　　주파일과 보낸 나날   69
　　　동물의 퍼스낼러티 + 개와 말이 사랑받는 이유 + 쥐와
　　　함께 사는 남자 + 훈육이 필요한 대등한 존재 + 독일의
　　　개들 + 이름 없는 고양이 + 개는 배신하지 않아요 +
　　　성욕을 케어하다 + 동물성애와 소아성애

3장　　원하며 다가오는 동물   111
　　　녀석들은 성인군자야! + 개가 원하며 다가오다 +
　　　묶을까, 묶일까♀ + 일본에서 만난 청년 + 주파일
　　　레즈비언 + 냄새와 유혹 + 말에게 사랑을 느끼다 + 입이
　　　무거운 남자들 + 말하기 곤란함과 떳떳지 못함

4장   금지된 욕망   161

즐겁고 그늘 없는 섹스 + 성폭력의 기억 + 쾌락의
정글 + 나치를 향한 반동 + 성의 억압 + 동물성애는
합법인가♀ + 터부의 배반

5장   나눠 가진 비밀   191

주파일이 된다는 선택 + 장애를 지녔다는 것 + 몸을
맡기다 + 연인이 털어놓은 이야기 + '두 사람'과
'한 마리'의 실천 + 19세의 결단 + 커밍아웃

6장   로맨틱한 주파일들   237

동물을 향한 시선 + 병자 취급 + 성폭력의 본질 +
반론을 허락지 않는 사랑

에필로그   259
맺음말   263
주요 참고문헌   267

한국어판 해제   271

섹슈얼리티, 種종보다 관계성 — 정희진(이화여대
초빙교수)

프롤로그

나는 '사랑'을 잘 모르겠다.

뭉뚱그려 '사랑'이라 말했지만, 사랑에는 여러 가지 형태가 있을 것이다. 박애, 가족애, 이웃에 대한 사랑, 살아 있는 모든 생명체를 향한 사랑, 연인을 향한 사랑, 자애, 성애 등등, 셀 수 없이 많은 사랑의 형태가 분명히 존재한다. 그중에서도 내가 이해할 수 없는 것은 연인을 향한 사랑과 그와 연관되어 일어나는 성애다.

나는 '섹스'를 잘 모르겠다.

섹스란 세상에 존재하는 수많은 생명체가 유전자를 남기기 위해 해야만 하는 보편적 행위 중 하나다. 포유류인 인간 역시 이성과 섹스를 나누지 않으면 후세를 번영시킬 수 없는 운명이다. 여성인 내가 남성과 섹스를 하고 아이를 가져 출산하면, 인간이라는 종에게 부과된 과제 하나를 수행하는 셈이 된다. 섹스에 그 이상의 의미는 없다고 하면 이야기는 간단히 끝나겠지만, 섹스를 생식에만 한정된 행위로 단정짓는 것은 아무래도 한계가 있다.

스무 해가 넘도록 나에게 사랑과 섹스는 이해하기 어려운 것이었다. 이런 생각을 하니 불현듯 떠오르는 장면이 하나 있다.

열아홉부터 스물두 살까지, 나는 도쿄의 사립대학에 다니는 평범한 학생이었다. 그러나 집에 돌아가면 당시의 파트너에게서 성폭력을 비롯한 신체적, 정신적 폭력을 당하던 피해자였다.

　　　　방에는 차갑고 딱딱한 알루미늄 막대가 놓여 있었다. 창문 셔터를 내릴 때 쓰는 물건이었다. 어느 날 밤, 나는 쉴 틈 없이 그 막대기로 맞았다. 해 질 무렵부터 별안간 기분이 나빠진 그는 처음엔 말로 괴롭히기 시작했다. 나에 대한 비난은 대여섯 시간이 넘게 이어졌다. 내가 과거에 어떤 남성을 좋아했고, 어떻게 사귀게 되었으며, 어떤 식으로 섹스를 했는지에 관해서였다. 같은 질문과 대답이 몇백 번이나 반복되었지만, 그는 납득하지 않았다. 아니, 들으면 들을수록 분노가 몰아치는 듯 말투는 더욱 거칠어졌다. 한밤중이 되자 정해진 수순처럼 신체적 폭력으로 옮겨 갔다. 전화선을 뽑고 휴대폰을 빼앗은 후, 남자는 나를 마음껏 유린했다. 주먹질과 발길질을 당해 웅크린 나를 비웃더니, 결국 막대기를 휘둘렀다. 등과 옆구리, 무릎 뒤, 머리를 맞고 나서 소리 지를 기력마저 없었던 나는 아무 감정도 못 느끼는 상태까지 스스로를 내몰았다. 어떤 말도 나오지 않았고 눈물만 주르르 흘릴 뿐이었다. 폭력에 맞서 울부짖은 적도 있었지만, 그날 밤은 그저 체념하고 말았다.

　　　　때리는 쪽도 맞는 쪽도 지친 새벽녘, 몽롱한 채 침대에 눕자 "어이" 하고 부르는 낮은 목소리가 두어 번 들려왔다. "불이 났어." 남자가 침대 매트에 불을 지른 것이었다. 불길은 나를 에워싸며 바로 몇 센티미터 앞까지 들이닥쳤다. 하지만 나는 외마디 비명조차 지르지 않고 무심히 근처에 놓인 잡지를 집어서 탁탁 내리쳤을 뿐이었다. 꽤 큰 불이었지만 꺼졌다. '아, 또 죽지 못했구나,'라는 생각이 들었다. 지쳐서 말없이 다시 누워 잠을 청했다. 그러자 남자는 "역시 대단하네, 조금도 놀라지도 않고,"라며 빙긋 웃더니 갑자기 내 옷을 벗겼다.
전혀 반응하지 않는 내 육체를 유린하며 남자는 내 다리 사이에
투명한 젤을 마구 바르고 페니스를 삽입한 후 이내 사정하고는
곯아떨어졌다.

그 후로 4년간 거의 매일같이 비슷한 일이 반복됐다.
물론 몇 번이나 도망치려고 했다. 눈앞의 폭력에서 벗어나고
싶다는 마음만으로 2층 창문에서 맨발로 뛰어내려 한밤중에
동네를 헤매던 일이 어제처럼 생생하다. 경찰에 신고했던 적도
세 번이 넘는다. 당시에는 가정폭력에 대한 인식이 지금만큼 널리
퍼져 있지 않았기에, 출동한 경찰관은 귀찮은 내색을 숨기지
않았다. 수군거리는 말투로 현관 앞에서 "거, 사랑싸움은
적당히들 하세요."라며 성가시다는 듯 말하곤 끝이었다.

달아나는 것은 불가능했다.

6년이나 나는 그 남자와 관계를 유지했다. 각자
일을 시작하면서 함께 있는 시간이 줄어들어서인지 신체적
폭력은 잦아들었다. 하지만 정신적 폭력과 지배 관계는 당연히
지속됐다.

그 무렵에도 항상 탈출을 꿈꿨지만 현실은 그렇지
못했다. 그 남자를 사랑한다고 생각했던 적은 한 번도 없었다.
하지만 어쩔 수 없이 감내해야 할 속박이라는 모순된 생각에
사로잡혀 있었고, 그 이유는 스스로도 설명할 길이 없었다.
생긋거리며 미소 짓지 않으면 집에 돌아가 맞을지도 모른다는
이유로 겉으로는 이해심 많은 연인 역할을 연기했다. 웃고
있지만 속으로는 갈기갈기 찢기고 있다는 사실을 누구도
알아채지 못했다.

나는 스물여덟 살이 되었을 때, 그와 결혼했다. 지배와

종속으로 이루어진 둘 사이의 폐쇄적인 관계를 깨트릴 수 있는 방법은 결혼밖에 없다고 생각했기 때문이다. 오랫동안 그는 우리의 관계에 타인이나 가족이 끼어들지 못하게 했다. 하지만 결혼을 하면 그럴 수 없다. 두 집안이 한 가족이 되어 관계를 맺고 법률적으로도 관여하게 되기 때문이다. 나는 마지막 도박을 한 셈이었다.

만약 그가 더욱 교활하고 교묘한 수완을 발휘해서 폭력이라는 매개 없이 나를 지배했다면 그에게서 영원히 달아나지 못했을지도 모른다. 하지만 결혼 생활 중에 한 번이라도 폭력을 휘두르면 법률적으로 헤어질 여지가 생긴다. 가능성은 반반이었다. 도박에 진다면 나는 이 남자와 계속 살아야 한다. 그래도 괜찮은 걸까, 자문했다. 구타를 당했을 때처럼 체념의 눈물이 흘렀다. 어릴 적 상상한 것과는 너무나도 다른 결혼을 선택한 셈이었다.

9개월 후, 나는 이 도박에서 이겼다. 남자에게 신체적으로 폭력을 당하고 처음으로 양가에 모든 것을 말할 기회를 얻었다. 드디어 이혼에 성공한 날, 육신 속 알맹이가 모두 빠져나간 듯한 느낌이었다. 새 아파트에서 혼자가 된 나는 텅 비어 껍데기만 남았다.

그로부터 10년이 지났다. 이혼에 성공했다고 해서 바로 건강을 되찾을 리 없었다. 그 시간은 지금까지와는 또 다른 의미에서 괴로움의 연속이었다. 왜 하루빨리 도망치지 못했을까? 그렇게 자신을 책망했고, 폭력의 대상이 어째서 나여야만 했는지 끊임없이 분노했다.

그 무렵, 나는 사랑도 섹스도 경멸하면서 그런 것을 추구하는 세상에 코웃음 치며 괴로움에서 벗어나려 애썼다.

소심한 사람은 거짓으로 초연한 척한다. 그때의 내가 그랬다. 있는 힘껏 살아가긴 했지만 단지 삶을 유지하기 위해서였을 뿐, 마음의 여유는 조금도 없었다.

하지만 사랑과 섹스를 비웃고 경시하는 태도로는 결코 상처가 회복되지 않는다는 점은 명백했다. 마음 깊은 곳에는 사랑과 섹스가 무엇인지 이해하고 싶다는, 아주 강렬한 욕구가 생겨났다. 나 자신을 끊임없이 괴롭히는 문제에 나만의 관점을 가지고 싶었다.

겨우 그런 생각을 하게 되었지만, 현실에서는 계속 눈을 감을 수밖에 없었다. 진심으로 맞부딪혀보자는 생각이 들었을 때는 서른두 살이 넘었다. 폭력이 시작된 지 12년, 도망친 뒤로는 3년이 지났을 무렵이었다. 꾸물대는 자신의 행보에 초조해하면서, 이 문제에 정면으로 맞서보기로 했다. 우선 성폭력이나 가정폭력에 관련된 책을 닥치는 대로 읽었고, 이야기를 나눌 수 있는 상대에게는 속을 털어놓기도 했다. 그리고 가정폭력에 반대하는 집회에 참가했다. 이제는 움직여보자고 생각했기 때문이었다.

어느 날 집회를 마치고 가두 행진에 나섰다. 폭력 피해자들이 가면을 쓰고 하라주쿠에서 출발해서 오모테산도 거리를 걸었다. 그날 나는 단체에 소속된 것은 아니었지만 즉흥적으로 참가했다. 이제 냉정하게 이 문제에 맞설 수 있다고 생각했다. 당사자로서 다른 당사자와 만나고 그들과 교류하면서 어떤 식으로든 글을 써봐야겠다는 결심도 섰다. 하지만 실제로 거리를 행진하다 보니 어째선지 끊임없이 눈물이 흘렀다.

그날, 하늘은 화창했고 하라주쿠며 오모테산도도 행복해 보이는 쇼핑객으로 넘쳐났다. 가면을 쓰고 "성폭력

반대! DV(Domestic Violence, 가정폭력) 반대!"를 외치며 걷는 우리는 그 거리에서 이질적인 존재였다. 처량해 보이고 싶은 생각은 없었지만, 내리쬐던 햇살과 지나가는 사람의 시선 아래 우리 마음속에 자리 잡은 괴로움이 또렷이 드러났다. 시위 모습이 밝고 활기찰수록 마음속 어두움과 불편함도 거리낌 없이 드러나는 것 같았다.

지나치는 사람들의 시선이 우리에게 쏟아졌고, 나는 그럴 때마다 팽팽한 긴장감에 휩싸였다. 그 전까지 가두 행진이나 집회에 참가한 적이 없었기에 사람들과 발맞춰 걸으며 어쩔 수 없이 느낀 어색함도 처음 경험한 감정이었다. 긴장을 풀고 신경을 딴 곳으로 돌리려고 고개를 들면, 육교 위에서 내려다보는 행인의 눈길이나 우리를 찍으려고 들이대는 스마트폰이 기다리고 있었다.

모두 하나가 되어 걸었다고 생각했던 그날의 행진은 나에게는 고스란히 고통으로 다가왔다. 폭력의 경험에서 아직은 제대로 일어설 수 없다는 사실을 통감하자, 정면으로 이 문제에 맞서보려던 마음은 급격히 꺾여버렸고 더 이상 진전되지 못했다.

마음속 응어리는 풀리지 않았다. 사랑과 섹스가 서로 뒤얽히며 사람을 바꿔버리고 상처 입히고 결국은 갉아먹어 삼켜버리기까지 한 상황이었다. 나는 이런 상황을 다시 이해해야 했다. '해방'되고 싶었다. 그러므로 더욱 피하지 않고 이 문제에 맞서야만 했다.

또 다른 방법을 생각해내기까지 다시 몇 년이 흘렀다. 다음으로 선택한 계획은 대학원에 진학하여 사랑과 섹스에 관해 학술적으로 연구해보는 것이었다. 그동안 쌓아온 작가 경력이 단절될지도 모른다는 아쉬움 때문에 꽤 고민스러운 문제였다.

하지만 20년이나 지속되어온 고통과 싸우는 데 학문이 갑옷이 될지 모른다는 희망을 품고, 30대 후반에 큰맘먹고 교토대학 대학원에 입학했다. 선택한 전공은 문화인류학, 그중에서도 ˹섹슈얼리티sexuality˼였다.

섹슈얼리티 연구는 인간의 성과 관련된 사실과 현상, 성을 둘러싼 사회적 상황, 혹은 성의 역사에 다각적으로 접근하는 연구 분과다. 성에 관한 것이라면 무엇이든 연구 대상이 된다.

그래서 처음에는 성폭력 문제를 직접 다뤄보려고도 생각했다. 하지만 집회에 참가했던 경험을 되짚어보자, 공부가 상처를 더 후벼팔지도 모르니 효과적인 대책이 아닐 수도 있다는 생각이 들었다. 자신의 문제에 대해 아직은 조금 더 거리를 둘 필요가 있었다. 무언가 다른 방법을 통해 사랑이나 섹스를 재고할 수는 없을까?

그렇게 생각을 거듭한 끝에 발견한 주제가 ˹어떤˼ 특별한 섹슈얼리티에 관한 문화인류학적 고찰이었다. 바로 ˹동물성애˼라는 주제다.

내 연구 과제를 말하면 상대방이 보이는 첫 반응은 대체로 똑같다.

˝네?˝

전부 예외 없이 눈이 동그래진다. 그리고 몸을 앞으로 숙이고 한쪽 어깨를 조금 움츠리면서 내게 귀를 가까이 대며 다시 묻는다.

˝동물과……섹스하는 사람들?˝

그러고는 웃거나, 놀라거나, 곧바로 싫은 기색과 표정을 드러낸다. 반응은 이렇게 여러 가지지만, 십중팔구 ˝왜 그런 걸

연구해요?"라는 질문이 날아온다.

　　내 대답은 그때그때 다르다.

　　처음부터 성폭력 경험을 이야기하지는 않는다. 상대의
반응에 따라 "재미있을 것 같아서요. 이 주제를 연구하는
사람은 거의 없으니까요."라고 가볍게 넘기는 경우도 있다.
빈말은 아니다. 실제로 나는 아직 세상의 주목을 받지 않은
문제를 다뤄보고 싶다는, 탐욕에 가까운 호기심이 있다. 하지만
그것 때문만은 아니다. "문화인류학에서는 목축이나 수렵을
비롯하여 인간과 동물의 관계에 대한 연구가 축적되어 있지만,
어째선지 '성'이라는 관점은 빠져 있기 때문이죠."라며 학술적인
필요성을 늘어놓을 때도 있다. 한편 "지도교수가 해보면
어떠냐고 권해서요."라고 말하기도 한다. 이런 답변이 모두
빗나갔다고 할 수는 없지만, 전부 합쳐도 진짜 이유는 아니다.

　　당시 지도교수가 권유한 것은 사실이다. 성폭력이나
가정폭력에 관심이 많지만 연구 대상으로는 삼지 않는 편이
낫다고 생각했기에 그렇다면 어떤 주제가 좋을지 상담하러 갔다.
지도교수는 말했다.

　　"수간(일본어 발음은 '주칸')을 다뤄보면 어때요?"

　　나는 고개를 갸웃했다.

　　"융단(일본어 발음은 '주탄')이요? 저는 별로 흥미가
없는데요."

　　"아니, 수간."

　　비유도 과장도 아니라, 말 그대로 눈이 동그래졌다.
수간은 생각도 하지 못했다. 그런 행위가 있다는 것은 알고
있었지만, 수간을 융단으로 잘못 알아들을 정도로 내 삶과는
동떨어진 말이었다. 수간을 연구한다는 것은 대체 어떤

의미일까 그 당시 내 반응은 연구를 시작한 이후 수많은 사람이 내게 보였던 반응과 똑같았다. 지도교수의 의견을 받아들일 마음은 전혀 없었다. 하지만 묘하게 끌렸던 것은 사실이다.

어째서 '동물과의 섹스'에 신경이 쓰였을까?

내가 고민하던 사랑이나 섹스의 문제와 겹치는 주제는 아니었다. 그렇지만 이런 행위의 배경에서 인간의 성적 욕망이 지닌, 이해하기 힘든 측면을 엿볼 수 있다고 느꼈다. 나를 덮친 사건과는 다르다고 해도 어딘가 겹치는 부분이 있는 듯한, 직감이라고 할 수밖에 없는 끌림 같은 것이 있었다.

나는 수간에 관해 몰래 조사하기 시작했다. '수간'과 'bestiality'라는 단어로 검색을 계속했다. 역겨운 동영상과 사진을 보면서 기가 죽었다. '이런 것'은 연구할 수 없다는 생각이 들었다. 하지만 그러던 중에 '주필리아zoophilia'라는 말을 알게 되었다. '동물성애'라는 뜻이다.

동물성애란 인간이 동물에게 감정적인 애착을 가지고 때로는 성적인 욕망을 품는 성애의 양상을 가리킨다. 현재 동물성애에 대한 관점은 성도착증으로 보는 정신의학적 견해와, 동성애와 마찬가지로 성적 지향의 하나로 파악하는 성과학·심리학적 견해로 나뉘어 있다.

내가 동물성애에 관심을 갖는 데 결정적인 역할을 한 것은 짧은 다큐멘터리였다. 디지털미디어 웹사이트 vice에 공개된 〈Animal Fuckers〉라는 17분가량의 동영상으로, 동물성애자가 인터뷰에 등장한다. 그들은 독일에 있는 세계 유일의 동물성애자 단체 제타ZETA(Zoophilia Engagement fur Toleranz und Aufklarung), 즉

〔관용과 계몽을 촉구하는 동물성애자 단체〕의 멤버였다.

　　　　수간과 동물성애는 비슷하지만 다른 개념이다. 수간은 동물과 하는 섹스 그 자체를 가리키는 용어로, 때로는 폭력적인 행위까지 포함한다. 사랑의 유무는 전혀 문제가 되지 않는다. 반면 동물성애는 동물에 대한 심리적 애착 유무가 중요하다.

　　　　"동물과 섹스를 한다, 사랑하기 때문에." 동물성애자가 내세우는 섹슈얼리티에는 사랑과 섹스에서 생겨나는 어려움과 왜곡이 내재된 듯 느껴졌다.

　　　　동물성애자는 어떤 식으로 자신의 섹스와 마주하고 있을까? 이 문제를 진지하게 고민하는 사람들이라면 자신의 사랑과 섹스를 깊이 생각하고 타인에게 이야기하려고 할 것이다. 이야기를 듣고 그들에게 공감할 수 있는지는 미지수다. 하지만 우리를 고민에 빠뜨리는 문제에는 공통되는 면도 있는 듯했다. 그들과 만난다면 나는 무엇을 느끼게 될까?

　　　　사랑과 섹스를 둘러싼 문제는 마구 뒤엉켜버린 채, 이미 20년이 넘는 시간이 지나고 있었다. 동물성애자의 사랑과 섹스를 알아가는 것이, 내 마음 깊숙한 곳에서 뒤얽혀서 딱딱하게 굳어버린 응어리를 풀어내는 열쇠가 될 수 있지 않을까? 그런 생각이 들기 시작했다.

　　　　〔인간과 동물〕이라는 조합은 〔인간과 인간〕 사이에서 펼쳐지는 관계나 섹스 같은 행위마저도 추상화하여 드러내 주지 않을까? 동물과 사랑과 섹스를 한다는 극단적인 사례를 통해 "사랑이란 무엇인가?" 혹은 "섹스란 무엇인가?"라는 더 큰 질문을 다시금 살펴볼 수 있지는 않을까?

　　　　물론 이런 기대가 터무니없는 결과로 이어질지도 모른다. 그렇지만 분명 부딪혀볼 만한 가치는 있다. 나를 힘들게

30

하는 문제에 동물성애라는 새로운 질문을 덧붙여본다면 의외의
방향에서 답을 찾아낼 수 있을지도 모른다.

　　　사람과 동물이 종을 뛰어넘어 섹스한다는 것은 인간이
지닌 사랑과 섹스에 관한 의미를 근본적으로 되묻는 것인지도
모른다. 아주 작은 희망에 무모한 결의까지 담아 나는 제타
멤버와 접촉해보기로 마음먹었다.

1장

인간과

동물의

부도덕한

관계

동물을 강간하는 짓이에요.

　　"믿을 수 없는 질문이네요, 정상이 아니군요."

　　여성은 눈을 동그랗게 뜨며 분노와 기막힘이 뒤섞인
듯한 표정으로 나를 바라봤다. 방금까지 온화한 미소를 띠고
있던 얼굴이 180도 달라졌다. 그는 단체 티셔츠를 입고 곁에
서 있던 동료와 눈을 마주친 후, 고개를 돌리며 잘라 말했다.

　　"인간과의 섹스는 오케이, 동물과는 노."

　　내가 "동물과 섹스를 하는 행위가 지닌 가장 큰
문제점은 무엇인가요?"라고 묻자 그가 한 대답이었다.

　　절규에 가깝게 외치며 그들은 나를 매섭게 쏘아봤다.

　　화창한 일요일, 독일 브레멘에서 벌어진 일이었다.
2017년 6월 18일, 브레멘 중앙역 부근은 점심시간이 되기
전부터 사람들로 북적였다. 상점 앞에서 풍기는 구수한 소시지
냄새와 인파에서 빠져나와, 산책이라도 할 겸 관광 명소인
마르크트 광장으로 향했다. 그림 동화『브레멘음악대』로
잘 알려진 이 도시는 지금도 중세 독일의 정취가 남아
있는 곳이다. 동화에 나오는 당나귀, 개, 고양이, 닭을
모티프로 한 오브제와 조각을 길에서 몇 개나 마주쳤다. 도시의
상징이기도 한 고딕 양식으로 지은 시청 벽돌 건물 옆에도
브레멘음악대를 묘사한 유명한 동상이 서 있었다. 주변으로
가족 단위 여행객이 모여들었다. 다른 동물들을 떠받치듯 태운
당나귀의 앞다리를 만지며 소원을 빌면 이루어진다고 해서 모두
다닥다닥 붙어서 인증 사진을 찍는다.

　　동화 속 동물이 전해주는 정겨움 때문에 내 질문이

더 비정상처럼 느껴졌는지도 모른다. 경멸의 눈초리로 나를
쏘아봤던 여성들은 '악치온 페어플레이Aktion Fair Play'라는
동물보호단체의 스태프였다. 동물성애자를 박멸하는 것이
활동의 주안점이다. 그들이 규탄하는 대상은 동물을 '강간'하는
남자들이다.

그날 악치온 페어플레이는 브레멘 중앙역 앞 광장에
붉은 텐트를 치고 서명 활동을 펼치는 중이었다. 독일의 주요
도시를 돌며 부스를 마련하고 캠페인을 전개한다. 그들의 동향을
지켜보다가 브레멘에 온다는 소식을 하루 전에 듣고, 나는
이곳을 찾아왔다. 관광객인 양 거리를 어슬렁거리면서 몇 번이나
중앙역 광장으로 돌아와 그들이 홍보 활동을 준비하는 모습을
관찰했다.

대여섯 명쯤 되는 스태프는 주로 여성이었다.
텐트 오른쪽에는 손으로 만든 간판이 놓여 있었다. 성기와
항문이 부어오른 개의 사진과 함께 "인간 남성에게 페니스를
삽입당하고 성적 학대를 받은 동물들"이라는 설명문을
걸어두었다. 왼쪽에는 빨간색 양초 몇 자루와 조화를 놓아
두었고 개와 토끼, 양과 같은 동물의 낡은 봉제 인형도 보였다.
뒤편에는 손으로 그린 검은 십자가와 "성적 학대로 희생당한
모든 동물을 위하여"라고 쓰인 패널이 있었다. 기묘한 제단 같은
느낌이 들었다.

텐트는 단출했지만 눈에 잘 띄어서 5분에 한 명꼴로
손님이 찾아왔다. 머무는 시간은 3~5분 남짓이었다. 한 시간
정도 멀리서 지켜보다가 가까이 다가갔다. 텐트 안 사무용
책상에는 이미 15명 정도가 사인한 서명판과 단체의 명함,
홍보 전단, 잡지가 놓여 있었다. 독일에서도 무척 드물게

동물성애자로 커밍아웃했던 미하엘Michael이라는 남성의
인터뷰 기사가 실린 페이지가 펼쳐져 있었다.

　　　　잡지를 잠시 쳐다보다가 배포 자료를 손에 들고
그 질문을 던졌다.

　　　　"동물과 섹스를 하는 행위가 지닌 가장 큰 문제점은
무엇인가요?"

　　　　나를 평범한 관광객이라고 여겨 먼저 따뜻하게
말을 붙였던 그들이지만, 돌변한 태도는 다소 무섭게 느껴질
정도였다. 표정에는 이유 모를 혐오감이 가득 차 있었다.

　　　　악치온 페어플레이는 동물보호단체라서 "동물이
불쌍하니까 동물과 섹스를 해서는 안 되죠."라는 대답이
돌아오지 않을까 예상했다. 하지만 그들의 입에서 반사적으로
튀어나온 한마디는 '비정상abnormal'이라는 말이었다.
속마음이 드러나는 단어였다. 그들을 그렇게 공격적인 태도로
몰아간 것은 무엇보다 '보통'에서 벗어난, '이상함'을 향한
생리적인 기피감이었다.

　　　　쓸데없는 경계심을 줄 필요가 없다는 생각이 들어
끈덕지게 묻지 않고 중앙역 광장을 벗어나 다시 마르크트
광장으로 향했다. 시청 건물 근처에는 성 페트리 대성당의 첨탑
두 개가 푸른 하늘을 찌를 듯 서 있었다.

　　　　'비정상'이라는 외침의 배후에는 기독교 문화권에
뿌리내린 율법의 영향이 있다. 『구약성서』「레위기」18장에는
인간과 인간만이 섹스해야 하며 꺼림칙한 성행위는 해서는
안 된다고 기록되어 있다. "근친상간을 하지 말라, 월경 중인
여성과 관계하지 말라, 간통하지 말라, 남자들끼리 성교하지
말라, 동물과 성교하지 말라." 성경은 이렇게 엄격하게

섹스의 규칙을 정해놓았다. 또한 20장에는 "동물과 섹스한 사람은 반드시 죽여야 한다, 상대 동물 역시 죽이지 않으면 안 된다."라고 기록하고 있다. 기독교 문화권 사람들에게 이 금기는 무거운 규율이었다. 기독교적 가치관에 입각하면, 그리고 보수적일수록, 동물과의 섹스는 당치도 않은 일이다. 기독교가 정한 올바른 섹스의 양태에서 완전히 벗어나 있기 때문이다.

내 종교 역시 가톨릭이다. 그렇지만 자신의 의사로 가톨릭을 선택하지는 않았고, 부모의 의향에 따라 유아 세례를 받았다. 아버지의 직업 때문에 유소년기에는 독일 옆의 벨기에에서 자라며 가톨릭계 초등학교를 몇 년간 다니기도 했다. 귀국 후 다닌 중고등학교 모두 가톨릭 계열 여학교였다. 독실한 신자라고 자부하지는 못해도, 사춘기에 받은 기독교 교육은 내 사고방식에도 분명 영향을 주었다.

10대가 끝날 무렵 내가 처음으로 성폭력을 당했을 때, 바로 도망치지 못하고 도리어 자신을 책망했던 이유 중 하나에는 가톨릭의 영향이 있었다고 생각한다. 지금 눈앞에 있는 성 페트리 대성당에서는 성모마리아가 자비로운 표정으로 사람들을 지켜보고 있다. 성행위 없이 그리스도를 수태했던 마리아는 섹스를 피할 수 있었던 순결한 여성이다. 나를 때렸던 남자는 종교에 대해 잘 알지는 못했지만 "가톨릭 신자인 주제에 정조 관념도 없는 거야?"라는 말로 자신을 만나기 전부터 '처녀'가 아니었던 나를 비난하곤 했다. 반론하지 못한 까닭은 당시 내가 어렸던 탓이 가장 크지만, 가톨릭의 성적 가치관에 속박되어 있던 서글픈 미숙함 때문이기도 했다. 그럴 필요가 없었는데도 나는 그 남성의 시점에서 종교적으로 올바른 섹스관에 맞추려 했음을 인정할 수밖에 없다.

성 페트리 대성당을 바라보니 숨이 막힐 것만 같았다. 분위기만으로도 이미 지나치게 위압적이었는데, 정면 입구 위쪽에는 십자가형을 받는 그리스도를 그린 그림마저 걸려 있었다. 맞으며 고통당하는 미덕과, 그로 인해 내가 살아 있다는 죄책감을 강요당하는 듯 느껴져 바라보는 것만으로도 마음이 무거워졌다.

악치온 페어플레이의 여성 회원에게 동물과의 섹스는 기독교적 가치관에서 보면 당연히 혐오하고 경멸해야 마땅한 행위다. 그렇지만 동물과의 섹스를 비정상으로 보는 사고는 그들에게만 한정된 것은 아니다. 이상하다고 생각하는 쪽이 오히려 일반적이다. 기독교 문화권뿐만 아니라 역사적으로도 세계의 많은 나라와 지역에서 동물과의 섹스는 꺼림칙하며 비난받아야 할 행위로 여겨졌다. 유럽과 인도, 아프리카 등에서는 지금도 법률로 금지하는 나라도 많다.

요즘 들어 서구권에서는 악치온 페어플레이 같은 동물보호단체에서 동물과의 섹스를 규탄하는 일이 점점 늘어나는 추세다. 예컨대 미국에서 설립된 동물권 운동 단체 페타PETA(People for the Ethical Treatment of Animals)도 같은 주장을 펼친다. 2016년 6월 21일에 발표한 〈수간에 대한 성명〉을 통해 페타는 "합의에 기초한 섹스는 두 명의 인간 사이에서 이루어지는 행위이며, 인간에게 지배받는 동물과는 일어날 수 없는 일이다. (중략) 동물과의 섹스는 동물을 강간하는 것이다. 동물은 선택권을 가지지 못한다."라고 밝혔다.

소름 끼쳤던 '지렁이 남자'

동물과 섹스를 하는 사람에게 나 역시 거부감을 가지고 있었다. '어떤' 남자들에게는 본능적으로 혐오감을 느꼈던 경험도 있다.

2016년 겨울, 인간과 동물의 섹스에 관해 생각해보기로 작정하고도 어느덧 1년이 지난 무렵이었다. 하루하루 뜬구름 잡는 것 같았고, 미로를 헤매는 듯한 느낌이 들었다. 너무 힘든 주제에 손을 대고 말았다는 불안 때문에 종종 후회했다. 실마리는 없을까? 뜬구름보다 차라리 지푸라기라도 잡고 싶다는 심정으로 일본에서 동물성애에 관해 이야기해줄 사람을 찾아보기 시작했다.

동물과의 섹스를 욕망하는 사람을 찾을 가능성을 유일하게 발견한 곳이 인터넷 익명 게시판을 중심으로 돌아가는 성인 사이트였다. 며칠에 걸쳐 꼼꼼히 게시판을 읽은 끝에, 회원 가입을 하고 글 쓸 자격을 얻었다. 그 무렵 이미 독일에 가서 제타에서 활동 중인 동물성애자에 관한 첫 번째 조사를 마친 후였지만, 그들의 이야기만으로는 편향된 사고에 빠질지도 모른다는 조바심이 일었다. 그래서 유익한 정보를 줄 만한 일본인을 찾을 수 있지는 않을까 싶어 기대했다.

글을 올리자마자 반응이 올라왔고 메일이 쇄도했다. 하지만 내 바람을 비웃기라도 하듯 99퍼센트는 미심쩍고 저속한 내용이었다. 전부 남성이 보낸 메일이었는데, 개를 데리고 함께 섹스를 하자든가, 동물과 성행위를 하는 장면을 보고 싶다거나, 혹은 모욕적이고 악의적이기만 한 욕설을 길게 늘어놓았을 뿐이었다. 보낸 사람이 누구든 내용은 기분 나쁠 만큼 비슷했다. 어느 정도 예상은 했지만, 평정심을 유지하며 이런 종류의 메일이 쏟아지는 상황을 받아들일 수는 없었다. 견디기 어려워진 나는 쏟아지는 메일을 바로바로 삭제했다. 대화를 나누지도 않았고, 직접 위험에 노출되었다고도 할 수 없었다. 그렇게 무시해버리면 그만이었지만 나는 본능적으로 기분이 나빠졌다.

어째서 이들은 이렇게 열심인 걸까. 치졸한 메일에 담긴 의도는 당장이라도 〈사정〉하고 싶다는 열의뿐이었다. 상대는 누구라도 좋다. 답장이 온다면 뜻밖의 횡재라는 생각으로 매일 무작위로 송신하기 때문에 내용이 천편일률적인지도 모른다. 사정을 향한 그들의 집착과 뒤따른 행동력에 오싹해졌다.

그래도 극소수의 몇 명과는 연락을 취했다. 어떤 남성은 자신의 성적 실천에 관련된 〈연구〉가 담긴 메일을 몇 통이나 보냈다. 그는 인간이 아닌 생물과 여성이 벌이는 성행위가 얼마나 매혹적인지 사진을 첨부해가며 설명했다. 자신은 동물에 대해 어떤 애착도 없으며, 동물과 성적인 접촉도 하지 않는다고 했다. 그가 몰두하고 있는 행위는 성적 상대인 여성의 질에 자신의 페니스가 아닌 뱀장어나 지렁이를 삽입하고 여성의 반응을 보며 즐기는 것이었다. 자신은 여성을 존경한다고도 말했다. 아름답고 숭고하며, 이 지구상에서 가장 신성한 존재가 인간 여성이라고 했다. 〈존경하는 여성이 뱀장어나 지렁이 같은 이 세상에서 가장 기분 나쁘고 더러운 이종에게 능욕당하면서 성적인 쾌락을 얻는 모습, 그걸 볼 때 참을 수 없을 만큼 짜릿해지지요.〉

비슷한 이야기를 했던 남성이 한 명 더 있다. 그 사람 역시 자기는 동물과 관계를 맺지는 않는다고 했다. 〈나에게는

동물에 대한 사랑이나 성적 욕구는 전혀 없어요, 나는 여성과
개를 섹스하게 하고, 그 광경을 보는 게 전문이에요, 이러한
섹스를 즐기게 된 원점은 내 외모를 비웃고 나를 너덜너덜하게
만든 여성에 대한 복수였죠, 개에게 능욕당하며 인간 이하의
존재로 나가떨어지라는 의미죠, 그렇지만 지금은 여성을
존중하고 있습니다."

그들에게 생명이란 개건, 뱀장어건, 지렁이건, 여성이건
간에, 자신의 욕망을 충족하기 위한 도구에 지나지 않는다,
그러기 위해 뱀장어와 지렁이를 사육하고, 행위가 끝나면 거리낌
없이 죽인다,

나는 그들의 섹스에 공포감을 느꼈다,

하지만 아무리 씻어내기 어려울 만큼 혐오감을 느껴도
이를 근거로 그들의 성적 실천을 간단히 단죄할 수는 없다고
생각했다,

나는 인간의 섹슈얼리티나 섹스를 선악으로 가를 수
없다고 생각한다, 사람들이 욕망하는 섹스의 배경에는 저마다
다양한 욕구가 꿈틀거린다, 맹목적인 혐오감만으로 그들의
섹스를 나의 사고 바깥으로 밀어내버리면 논의는 더 이상
진전되지 않는다, 내가 생각해볼 점은, 인간의 본능적인 부분이
사회와 관련을 맺으며 어떻게 어긋나는가, 그리고 사회의
일부분임이 당연한 나 자신이 어째서 특정한 성적 실천을
받아들일 수 없는가에 관한 문제다,

나는 왜 그들이 기분 나쁘다고 느끼는가? 악치온
페어플레이 소속 여성의 "비정상이야!"라는 외침에 담긴
감정과, 내가 메일을 보내온 남자들에게 느낀 혐오 사이에는
어떤 차이가 있을까?

제타의 멤버와 접촉하다

일본에서는 여전히 동물성애라는 말이 사회적으로 스며들어 있지 않다. 물론 독일에서도 그다지 인지도가 높다고는 할 수 없다. 내가 이 주제를 연구하고 있다고 하면 독일 사람도 대부분 놀라워하는 표정을 짓는다. 일본과 그리 다르지 않은 셈이다. 유일한 차이가 있다면, 독일에서는 술에 취하지 않은 이상 대부분 웃지 않는다. 누구나 일순 당혹감을 감추지 못하더라도 한숨 돌린 후에는 진지한 태도로 바뀐다. 나를 우습게 여기지 않겠다는 의사 표시다. 다만 그들에게도 '동물과 섹스를 하는 사람들'의 이야기는 아닌 밤중에 홍두깨처럼 뜻밖의 주제인 것은 분명해서, "이 나라에 그런 사람들이 있다고? 농담이죠?"라는 말을 종종 듣곤 했다.

그렇지만 동물성애자가 조직한, 사실상 세계에서 유일한 단체 제타가 독일에 있다. 제타의 주요 활동 목적은 동물성애에 관한 이해를 촉구하고 동물학대를 방지하는 방법을 모색하는 것이다. 공식 웹사이트를 통해 독일어와 영어로 정보를 게시하고 미디어의 취재에 대응하거나, 학술 조사에 협조하고 있다. 이러한 활동이 가능한 환경이라고는 해도, 동물성애자라고 커밍아웃하는 일이 다른 나라에 비해 결코 쉽지는 않다. 악치온 페어플레이 같은 단체에 의해 공격받는 경우도 있다. 그렇기에 제타 안에서도 사회적으로 커밍아웃한 사람은 소수다.

그들이 누구에게나 우호적이지는 않기 때문에, 그들과 만나기까지 몇 개월간 노력했다. 제타의 존재를 알게 된 것이

2015년 말이었는데, 반년에 걸쳐 수간이나 동물성애에 관한 정보를 수집했다. 예비지식을 충분히 얻었다고 생각한 2016년 6월 말에 처음으로 제타의 공식 사이트로 메일을 보냈다. 처음 답장을 준 이가 제타 설립 멤버 중 하나인 미하엘이었다. 악치온 페어플레이가 책상 위에 열람용으로 펼쳐놓은 잡지에 등장했던 그 사람이다.

처음에 미하엘은 무척 쌀쌀맞았다. 당연한 것인지도 모른다. 나는 나대로 제타 멤버는 어떤 사람일까, 하는 불안감을 품고 있었기에 빈틈을 보이고 싶지 않아서 어깨에 힘이 잔뜩 들어갔다. 우리는 서로를 경계했다. 미하엘이 보낸 메일에서는 흥미 본위로 연락한 것이라면 사양하겠다는 의도가 강하게 전해졌다. 먼저 그는 제타 멤버가 대여섯 모이는 그룹 채팅에 나를 초대했다.

"당신은 동물성애자인가요?" 모두 그렇게 물었다. 그렇지는 않지만, 진지하게 이 문제와 씨름하고 있다고 대답했다. 처음에는 모두가 회의적인 태도를 보였다.

그때 내 안에서는 호기심보다도 불안감이나 염려 섞인 마음이 더욱 강했다. 제타의 사이트를 정성껏 읽고 "동물을 사랑하며 위해를 가하지 않는다."라는 그들의 주장을 이해하려 했지만, 그저 표면상의 방침에 지나지 않을 가능성도 없지는 않았다. 내가 경험했던 심한 성적 학대를 일삼거나, 폭력적인 성욕을 동물을 향해 발산하는 사람들일지도 모른다는 의구심도 있었다. 그런 불안감을 품은 채, 주저하면서 제타 멤버와 교류하기 시작했다.

나는 매일 그들과 소통하려 노력했다. 채팅은 음성이 아니라 자판을 통해 이루어졌다. 조사를 허락받으려면 먼저

신용을 얻어야 한다. 대화를 이어갔지만 좀처럼 잘 진행되는 것
같지 않았다. 미하엘은 가벼운 농담조차 던지지 않았고 "질문이
있으면 얼마든지 하시오. 대답할 필요가 있다고 생각되면
뭐라도 답변할 테니."라며 최소한의 대응만 할 뿐이었다. 그런
태도를 접하자 마음을 터놓을 실마리는 찾기 힘들어 보였다.
어쩔 수 없이 내 이야기를 자주 하게 되었다. 오늘은 이런 공부를
했다든가, 저런 책을 읽었다는 식으로.

　　　그래도 거리는 좀처럼 좁혀지지 않았다. 그들의 반응에
일희일비하던 석 달이 지나고 슬슬 지쳐갈 무렵, 미하엘이 영상
통화를 하자고 말했다. 9월 말이 되어 처음으로 컴퓨터를 통해
그의 목소리를 들었고 말할 때의 표정을 보았다. 얻을 수 있는
정보는 그리 많지 않았다. 독일어 억양이 섞인 미하엘의 영어가
알아듣기 쉽지 않고, 나를 시험해보기 위해 냉담했던 것이 아니라
원래 말수가 적은 사람이었구나, 하는 정도였다.

　　　하지만 미하엘과의 통화를 계기로 제타의 다른 멤버가
나를 어느 정도 신용하게 되었다는 사실을 느낄 수 있었다.
그날로부터 일주일에 걸쳐 몇 사람과 영상으로 통화하게 되었다.
대화를 통해 몇 명인가가 내 인터뷰 제안을 받아들여 갑자기
독일행이 결정됐다. 절호의 기회를 놓칠까 봐 서둘러 항공권을
구했고, 2016년 10월 20일 독일에 도착했다.

개를 아내로 둔 남자

2016년 10월 22일 아침, 55리터짜리 가방을 등에 지고 나는 베를린 중앙역에 서 있었다. 바람은 쌀쌀했다. 복잡한 거리 한복판에서 낯선 독일어에 귀기울이며 그 리듬에 익숙해지려 노력했다. 딱딱한 발음은 그리 듣기 좋지는 않았지만, 그런 사소한 것에도 불안해하면서 과연 이 나라 사람들에게 익숙해질 수 있을까 걱정이 됐다.

미하엘이 사는 시골 마을은 베를린에서 독일 국영철도로 세 시간 거리였다. 독일철도의 정식 명칭은 '도이치반'인데, 데베DB라는 약칭으로 알려져 있다. 독일 전역을 망라하며 배차도 많아서 편리하지만, 고속 차량은 일본의 신칸센만큼이나 비싸다. 게다가 연착하는 경우가 잦아서 시간의 정확성에 자긍심을 지닌 독일 사람에게는 불평을 듣기도 한다. 그래서인지 미하엘은 예정대로 차를 탔는지, 약속 시간에 맞출 수 있는지 확실해지는 대로 연락을 달라고 했다. "제시간에 도착할 것 같아요."라고 메시지를 보냈더니, 미하엘은 "오케이, 역까지 마중 나가겠소."라고 답신을 보냈다.

차창으로 전원의 풍경이 끝없이 이어졌다. 일본의 신칸센이 어디를 달리든 그다지 흥미롭지 않은 점마저 똑같아서, 바깥 경치를 보고도 감흥 같은 것은 느껴지지 않았다. 목적지에 도착했지만 미지의 땅이라는 실감조차 없었다. 평소 같으면 가슴 두근거렸을 여행의 설렘도 없었다. 긴장한 탓이었는지도 모른다. 어쨌건 이런 심정을 인정하고 싶지 않아서 기분이 처지는 이유를 디자인이 일률적인 데베 역 탓으로 돌렸다.

계단을 내려와 개찰구를 빠져나가서 미하엘과 만나기로 한 주차장으로 향했다. 나를 발견하고 차를 돌린 미하엘은 창문을 열고 "안녕하세요."라고 말하며 미소를 지어 보였다. 억지로, 어렵사리 입꼬리를 올린 것 같았다. 뒷좌석에는 커다란 검은색 저먼셰퍼트가 듬직하게 앉아 있었다. 차에서 내린 미하엘은 손을 내밀었다. 우리는 어색한 악수로 첫 만남의 인사를 마쳤다.

눈앞에 서 있는 미하엘은 키가 크고 배 둘레가 130센티미터는 넘어 보이는 덩치 큰 사람이었다. 영상 통화에서는 알 수 없었던 모습이었다. 아직 50대 초반인데도 여러모로 건강 상태가 좋지 않아 보였다. 무거운 몸을 힘겹게 틀어 차창 밖으로 고개를 내미는 모습으로 한눈에 알 수 있었다. 느릿느릿 움직이면서 들리지 않을 정도로 작게 한숨을 내쉬고는 미간에 희미한 주름을 지었다.

가방을 트렁크에 넣고 조수석에 앉았다. 개는 짖지는 않고 내게 천천히 코를 들이밀었다. 개의 움직임에 흠칫 놀란 나는 눈을 깜빡거리고 말았다. 냄새를 맡게끔 손을 내밀었다. 조사를 마쳤다는 듯 개는 조용히 뒷좌석으로 돌아가 포갠 앞다리 위에 턱을 괴었다.

"케시Cessy예요, 내 아내."

미하엘은 그렇게 말했다.

동물성애자는 자신이 사랑하는 특정한 동물 개체를 '파트너'라 부르며, 사람에 따라서는 '아내'나 '남편'이라고 표현한다. 그들에게 동물은 '펫'이 아니다. 동물을 한 마리 이상 키울 경우에는 "그는 파트너이고, 나머지는 펫"이라고 설명하기도 한다. 파트너는 한 사람당 하나인 경우가 많다.

이유를 물어보니 많은 이가 "그 동물만이 자신에게 특별한
존재니까요."라고 설명한다. 때로는 "경제적인 이유로
파트너를 여럿 두기는 어렵지요."라는 대답도 있었다.

　　　차는 속도를 높여 시골로 향했다. 집이 어디인지는 묻지
않았다. 처음부터 나는 자택에는 가지 않고 근처에 호텔을 잡을
테니 그쪽으로 와주었으면 좋겠다고 말했다. 그러나 미하엘은
자기 집 근처는 상업지구로 번화한 곳이 아닐뿐더러 관광지도
아닌 시골이라 묵을 만한 숙소가 없다고 했다. 교통수단도
한정되어 있어서 밖에서 만나기도 어려웠기에, 나는 어쩔 수 없이
최악의 사태까지 각오하고 그의 집에서 머물기로 결심했다.

　　　솔직히 말하면, 나는 피신할 곳을 찾아두어야겠다는
생각까지 했다. 그래서 차 안에서 잡담을 나누면서도
스마트폰에서 구글맵을 켜놓았다. 지금까지 여러 나라를 혼자서
여행하면서 그런 식으로 대비해왔기에 괜찮으리라 생각했다.
하지만 문제는 그렇게 간단하지 않았다. 미하엘의 차는 벽촌으로
향했다. 차로 언제까지 달릴지 알 수 없었고, 20분 정도
지나자 전파가 끊겨서 지도를 확인할 수 없었다. 아무것도 없는
곳임을 곧 깨닫게 만드는 풍경이 창밖에 펼쳐졌다. 미하엘은
거짓말쟁이가 아니었다.

　　　설마 독일에서 휴대폰 신호가 끊기리라고는 예상치
못했기에 내가 야무지지 못했구나, 하고 즉시 깨달았다. 차 안은
한기가 느껴질 정도였지만, 몸은 땀으로 흥건해졌다. 미하엘이
그런 내 모습을 눈치채지 못했을 리 없다. 그를 믿지 못한 것은
아니었지만 그렇다고 완전히 신용했다고 할 수도 없을 것 같다.
아무리 생각해봐도 나보다 힘이 세고 몸집이 큰 남성인 미하엘과
그의 '아내' 케시에 대해, 그리고 그들의 '섹스'에 관한 이야기를

들어야 할 참이었다. 무슨 일이 생길지 알 수 없었다. 내 몸을 지킬 수단을 잃은 채, 이젠 어쩔 도리가 없다는 심정이 되었다. 그렇다고 차에서 내리는 선택지를 바란 것도 아니었다. 하지만 내가 생각보다 훨씬 겁을 먹었다는 사실을 깨달았다.

이미 끊겨버린 가느다란 철로 옆을 따라 잡초가 무성한 도로로 접어들었을 무렵, 말 몇 마리가 풀을 뜯고 있는 모습을 발견했다. 눈앞에 목초지와 잡목림이 펼쳐졌다. 드문드문 집도 있었다. 차에서 내리자 공기는 한층 더 차갑게 느껴졌고, 동물의 배설물 냄새가 강하게 풍겨왔다. 무슨 냄새인지 살펴보니 미하엘이 사는 집 주변에도 넓은 방목지가 있어서 소 몇 마리가 태평하게 어슬렁거렸다.

미하엘이 차를 세운 작은 주차장은 정원으로 이어져 있었다. 안쪽에는 소박한 단층집 한 채가 보였다. 미하엘은 정원 울타리를 천천히 열고 먼저 케시를 들여보내고 그다음으로 나를 들어가게 했다. 겨울 기운이 제법 완연해서 정원의 나무는 거의 잎을 떨궜고 잿빛 하늘 아래 풀도 말라가고 있었다.

드디어 그의 집에 도착했는데도 무슨 이야기부터 해야 좋을지 몰라 나는 대화의 실마리를 찾으려고 애썼다. 그 모습을 살피던 미하엘은 이런저런 이야기를 먼저 걸었다. "오랜 비행으로 피곤한 건 아니에요? 시차 때문에 아직 멍하죠?" 누구라도 할 법한 당연한 대화부터 시작했지만, 분명 그는 겉치레 인사말에도 서툴렀다. 우리는 먼저 현관 근처에서 허브티를 마셨다. 그가 기르는 두 마리 검은 고양이가 이리저리 뛰어다니면서 힘을 합쳐 쥐를 가지고 놀고 있었다. 케시는 미하엘의 발밑에 조용히 엎드려 고양이를 지켜봤다.

날이 저물고 기온이 떨어져서 거실로 들어갔다. 남자

혼자 사는 것치고는 깨끗하게 정돈된 방에서 나는 테이블을
사이에 두고 미하엘과 마주 앉았다. 그리고 제타를 둘러싼
기본적인 사실을 확인하는 질문부터 시작했다.

유일한 동물성애 옹호 단체, 제타

제타는 온라인 커뮤니티의 성격이 강하다. 멤버가
한곳에 모이는 사무실도 없으며, 일주일에 한 번씩 열리는 정기
모임도 온라인으로 이루어진다. 실은 동물성애자와 인터넷의
관계는 밀접하다. 동물성애라는 행태가 사회적으로 분명히
드러날 수 있던 것은 인터넷의 발달과 웹 커뮤니티의 익명성이
연관되어 있다.

일설에 따르면, 동물과의 성행위에 관한 온라인
커뮤니티는 1980 ~ 1990년대에 이미 형성되기 시작했다고
한다. 이는 인터넷의 보급과 함께 더욱 확산되었다. 웹에서
익명으로 활동하면서 사회적 편견으로 인한 공포에서 벗어날 수
있었고 자신의 성적 관심사에 대해서도 말할 수 있었다. 그 결과,
동물과 벌이는 성행위가 특수한 문화라거나 일부 지역에 남아
있던 풍습이나 먼 옛날에 사라진 인습이 아니라, 지금도 다양한
지역에서 종종 볼 수 있는 현상이라는 사실이 밝혀졌다.

인터넷의 가상 커뮤니티는 세간의 상식이나 동조
압력(同調 圧力, Peer pressure, 직장 등 어느 특정의 또래
집단에서 의사결정을 내릴 때, 소수 의견을 가진 사람에게
암묵적으로 다수의 의견에 맞추도록 강제하는 것/편집자)에서
벗어날 수 있어서 동물을 성적 욕망의 대상으로 여기는 사람의

안식처나 피난지가 되었다. 미하엘도 이러한 상황에 영향을 받은 사람 중 하나다. 전화 회선을 통해 인터넷이 연결되던 무렵부터 밤마다 웹사이트에 접속하여 정보를 수집했다. "이런 성적 욕망을 가진 사람이 나 혼자만이 아니라는 사실을 알고서 얼마나 구원받은 느낌이었는지……"

독일에도 동물과의 섹스를 주제로 삼은 온라인 포럼이 몇 개인가 생겼다. 그런 커뮤니티에는 동물에게 끌리는 마음을 고민하며 누군가와 의견을 나누길 바라는 사람이 있는가 하면, 동물을 포함시켜 벌이는 난교에 참가할 사람을 찾거나, 동물에게 성적 학대 행위를 서슴없이 저지르는 사람까지 마구 뒤섞여 있다고 한다.

2000년대 중반부터 독일에서는 동물보호법에 동물과의 성행위를 금지하는 새로운 항목을 추가하려는 움직임이 일어났다. 동물에게 심리적 애착을 품고 동물성애라는 성적 지향을 가졌음을 자인하는 사람들은, 자신의 섹스가 금기의 대상이 될 수 있는 분위기에 위기감을 느꼈다. 그 결과 2009년에 발족한 단체가 제타였다.

독일에서는 법인 자격을 갖춘 단체를 설립하기 위해서는 대표자의 성명이나 주소를 명확히 밝히는 행정상 절차가 필요하다. 제타를 설립한 사람들은 온라인 커뮤니티의 익명성에서 빠져나와 자신의 존재를 드러내야 했다.

온라인 커뮤니티에 숨어서는 법 개정 반대 운동을 펼치려 해도 할 수 있는 일이 한정적이다. "정치적으로 호소하기 위해서는 정당한 수속을 밟아 시민으로서 우리의 존재를 보여줄 필요가 있었던 거죠. 그래도 일이 그리 간단하지는 않았어요. 여러 가지 벽에 부딪혀 등록 자체가 인정되지 않았던 거지요."

미하엘은 아직도 제타에 남은 유일한 창설 멤버다.

발족 후, 제타는 두 번에 걸쳐 법인 단체로 등록을 신청했지만, 두 번 다 승인받지 못했다. 그래서 제타는 베를린 상급지방재판소에 이의를 신청했지만, 단체의 활동 내용이 미풍양속에 저해된다는 이유로 기각되었다. 2011년 말, 재판소가 이 결정을 언론 기관에 발표하면서 수많은 매체에서 제타를 다루는 바람에 일반인에게도 알려졌다. 세상은 이 사실을 충격적으로 받아들였다.

제타는 설립 때부터 동물과 평화적인 공존을 목표로 삼는 동물성애자의 플랫폼으로서 활동을 전개해왔지만, 아직도 법인은 되지 못했다.

동물과의 성행위를 금지하는 새로운 항목을 담은 동물보호법 개정에 관한 논의는 활발하게 진행됐다. 악치온 페어플레이처럼 반동물성애를 내건 단체의 활동 또한 격렬해졌다. 이러한 상황에서 제타는 회원들의 가입과 탈퇴를 거듭하며 현재까지 활동을 이어가고 있다. 제타가 저항해온 개정 법안은 결국 2013년 2월 1일에 통과되어 같은 해 7월부터 시행되었다. 제타는 2월 1일을 '동물성애자 권리의 날Zoophile Right Day'로 정하고, 2014년과 2015년에 베를린에서 시위를 벌였다.

'동물성애'라는 용어가 사용되기 시작한 것은 19세기 말로 거슬러 올라간다. 독일 출신 정신의학자이자 성도착에 관한 연구를 남긴 리하르트 폰 크라프트에빙Richard von Krafft-Ebing이 1894년에 출판한 저서『광기와 성Psyhopathia Sexualis』제9판에서 이 용어를 처음 사용했다. 크라프트에빙이 주목한 점은 병리성의 유무였다. 그는 비병리적

행위를 '수간bestiality', 동물을 향한 성적인 페티시즘이
보이면 '주필리아 에로티카Zoophilia erotica'라고 정의했다.
이전에는 동물과 벌이는 섹스는 무조건 수간으로 부르는
경향이 있었지만, 크라프트에빙 이후로 이들의 행위도 구분되어
'동물성애'라는 용어는 주로 의학적인 영역에서 사용되고 있다.

현재 정신의학에서는 동물성애를 패러필리아parafilia
(이상성애, 성적 도착), 즉 성과 관련된 일종의 정신질환으로
여긴다. 미국 정신의학회가 발간한 DSM(정신질환의
진단·통계 매뉴얼) 제5판에서는 동물성애를 '기타 특정
패러필리아 장애'로 분류하고 음란 전화, 사체 성애, 배설물
성애, 관장 애착증Klismaphilia, 요尿 성애 등과 동일한
범주에 포함했다.

한편 2000년대 이후, 미국 성과학자 하니
밀레츠키Hani Miletski를 중심으로 동물성애를 병리적인
증상이 아니라 성적 지향의 하나로 파악하려는 움직임도
일어났다. 성적 지향이란 "누구에게, 혹은 무엇과 정서적 결합을
느끼는가?", "누구와, 혹은 무엇과 섹스를 꿈꾸는가?",
"누구와, 혹은 무엇과 섹스하기를 즐기는가?"라는 세 가지
측면의 상호적인 관계에서 생긴다고 여겨진다. 그러므로
밀레츠키의 관점에서 동물성애는 성적 지향의 일종이라고 할 수
있다.

요즘 들어 동물성애와 관련된 세계적인 논의는
이 행위가 동물학대인가, 아닌가에 초점을 맞추는 경우가
많다. 논의는 주로 성과학, 심리학, 범죄학, 철학 등의 분야에서
학제적으로 이루어진다.

동물해방론으로 잘 알려진 철학자 피터 싱어Peter

Singer는 2001년에 미국 웹 매거진 〈너브닷컴Nerve. com〉에 '진한 애무Heavy Petting'라는 제목으로 논고를 발표했다. 싱어는 잔학한 행위를 동반한 동물과의 섹스를 부정적으로 바라보면서도, "하지만 동물과의 섹스가 항상 잔혹함을 동반할 리는 없다. (중략) 때로는 [인간과 동물이] 서로 만족하는 성행위로 발전할 수도 있을지 모른다."라고 썼다. 폭력 행위를 동반하지 않는 한 동물과의 성적인 접촉이 용인될 수 있다고 해석될 만한 싱어의 주장은, 그 후 논쟁을 불러일으켰다. 비판적인 의견이 제기되었던 것은 말할 것도 없다.

성과학이나 심리학, 철학 등이 인간의 성이 나타나는 양상에 초점을 두고 동물성애의 문제를 검토하는 데 비해, 범죄과학에서는 동물과 벌이는 성행위를 어떤 경우에든 동물학대로 여기고 단죄한다. 예컨대 피어스 베언Piers Beirne은 그런 입장에 있는 범죄과학자다. 베언이 제시한 가장 큰 논거는 "동물은 말을 할 수 없으며, 인간이 이해할 수 있는 형태로 합의를 전달할 수 없다."라는 점이다.

동물성애는 다양한 면에서 논의할 수 있는 섹슈얼리티다. 섹스나 사랑을 둘러싼 문제인 동시에, 동물과의 관계성도 얽혀 있다. 어떤 사람에게 있어 동물성애는 범죄와 마찬가지이지만, 어떤 사람에게는 인간과 동물의 경계를 다시금 생각하게끔 하는 행위다.

동물성애가 병리적인 것인지, 그렇지 않으면 성적 지향의 일종인지에 관한 견해는 현 단계에서는 아직 통일되어 있지 않다. 그러나 제타는 후자의 입장이며, 편견과 차별로부터 해방되는 것을 목표로 삼는다.

동물성애자를 향한 편견은 독일 사회에서도 뿌리 깊다.

제타 회원 일부는 스토킹을 비롯하여 자택에 혐오 낙서를 당하는
등 여러 가지 피해를 입기도 했다. 미하엘의 집 앞에서는 격렬한
항의 집회가 벌어졌고, 비방하는 말과 함께 그의 얼굴과 집,
차 사진이 인터넷에 뿌려지기도 했다. 결국 경찰이 출동하는
사건으로까지 발전했다.

　　　　제타의 활동은 예전만큼 활발하지는 않다. 현재 제타는
데모나 집회 같은 활동은 중지한 상태다. 2016 ~ 2017년에
걸쳐 내가 보았던 제타의 실상은 섹슈얼리티 해방
단체라기보다는 친목과 자기 발전을 도모하는 그룹에 가까웠다.

　　　　독일 전역에 흩어져 여러 도시에 사는 멤버들은 채팅과
메일로 자주 연락을 취하며 서로 근황을 보고한다. 파트너의
건강을 상담하거나, 일상에서 일어나는 작은 이야깃거리를
가지고 왁자지껄 떠들고, 힘든 속사정을 공유하는, 친구들
모임과도 비슷해 보였다.

　　　　현재 제타에 소속한 멤버는 30명 정도다. 대부분이
독일에 거주하는 독일인이며, 남성이 압도적으로 많다는 특징이
있다. 그중에서도 활발히 활동하는 사람은 10명 남짓이다.
연령층은 10대 후반에서 60대까지 폭넓지만, 30대가 가장
많다.

첫 경험

　　　　동물성애자들은 스스로를 '주Zoo'라고 부른다.
동물성애자를 의미하는 '주파일Zoophile'을 줄인
말이다(원서에서 저자는 동물성애자를 '주'라고 지칭하지만

한국어판에서는 '주파일'로 표기한다 — 번역자).

　　나는 2016년 가을에 한 달, 2017년 여름에 석 달, 합해서 4개월가량을 독일에서 생활하며 제타와 그 주변의 주파일까지 포함해 22명과 알게 되었다. 남성이 19명, 여성이 3명이다. 남성 가운데 둘은 채팅으로만 이야기를 나눴기에 그다지 정보가 많지 않다.

　　직접 접촉할 수 없었던 두 사람을 제외하면, 20명 가운데 "태어나면서부터 주파일"이라고 대답한 사람은 12명이고 전부 남성이었다. 단순하게 계산하면, 내가 만난 사람들 중 60퍼센트가 태어나면서부터 주파일이었다고 느낀 셈이다. 남성만 계산하면 17명 중 12명으로 비율은 70퍼센트까지 높아진다. 참고로 지금까지 만났던 여성 주파일 가운데 "태어나면서부터 주파일"이라고 말한 사람은 없었다.

　　자신이 타고난 주파일이라고 느끼는 남성들은 "섹스의 의미나 방법 등 성과 관련된 지식이 없었던 어린 시절부터 동물에게 강한 애착이 있었다."라거나, "유소년기부터 사춘기에 걸쳐 자신의 성적 지향을 깨달았다."라고 말했다. 이구동성으로 "동물을 향한 애착이나 성적 욕구는 어떻게 할 수 없는, 미리 갖춰진 감각"이라고 했다. 자각하게 된 계기는 사춘기 이후 동물과의 직접적인 성적 접촉이었던 경우가 많다. 접촉이란 개와 같은 가까운 동물이 얼굴이나 신체 일부를 핥는 행위처럼, 사람에 따라서는 성적이라고 느낄 정도는 아닌 가벼운 신체 접촉도 포함한다.

　　미하엘도 이러한 경로를 거쳐 자신이 주파일이라는 사실을 자각했다. 처음 깨달았던 때는 열세 살 무렵이었다고 한다. 주위의 친구들은 어려서부터 이성을 의식하기 시작했다.

미하엘은 다음과 같이 회상했다.

　　"하지만 나는 친구들이 여자아이에 대해 끊임없이
이야기하는 걸 꽤 거북스러워했어요. 그런 분위기 자체가
힘들었지요. 나에게는 좋아하는 여자아이가 없었어요. 좋아해야
하는 상대가 '여자'라고 굳게 믿고는 있었지만."

　　당시 미하엘이 살던 집 근처에 수컷 개 한 마리가
살았다. 보통은 미하엘을 보면 심하게 짖어대서 항상 피해
다녔지만, 어느 날 기척이 없어서 개집 근처에서 놀았다고 한다.
문득 느껴지는 시선에 뒤를 돌아보니 그 개가 미하엘을 조용히
바라보고 있었다. 어째선지 공포심이 싹 사라졌다. 미하엘은
이상하게도 개를 만져보고 싶어졌다. 둘 사이에 울타리가
있었기에 철망 너머로 손가락을 내밀었다. 그러자 개는 냄새를
맡다가 그의 손가락을 핥았다.

　　"그 순간, 지금까지 느껴본 적 없는 충격을 받았어요.
말로 표현하기는 무척 어려워요." 미하엘은 소파 베드에 누운
상태였고, 나는 긴 의자에 책상다리를 하고 앉아 있었다. 밤이
이슥해지면서 우리는 조금씩 마음을 터놓기 시작했다.

　　"구체적으로 신체에 변화가 있었어요? 말하자면 땀이
흘렀다든가…… 발기했다든가……"

　　내 질문에 미하엘은 고개를 끄덕였다.

　　"아아, 발기했죠."

　　그때 어떤 느낌이었는지, 어떤 행동을 했는지 그에게
이야기해달라고 했다.

　　"나는 조금 더 가까이 가고 싶다고 생각했죠. 그래서
울타리 너머로 되는대로 길게 팔을 뻗어 쓰다듬어봤어요.
개의 자세 탓인지 내 손에 페니스 부분만 닿았어요. 그래서

만져봤지요. 무언가 이상한 느낌이 들었어요. 다른 쪽
손도 내밀어보니, 그가 내 손가락을 다시 핥았어요. 그때
신체적으로도, 감정적으로도, 무언가가 폭발할 듯한 느낌이
들었어요."

　　　　미하엘은 눈을 가늘게 뜨고 무언가를 떠올리려는 듯,
어쩌면 힘겨운 듯, 가늠하기 어려운 표정을 지었지만, 목소리는
부드럽고도 차분했다.

　　　　"울음이 터질 것 같았고, 쌕쌕거리며 숨이 잘 쉬어지지
않았어요. 흥분이었는지, 사랑과 같은 감정이었는지……
그다음에는 마음이 편안해졌고, 여러 가지가 뒤범벅된 감정의
파도가 밀어닥쳤어요."

　　　　그날 더 이상의 접촉은 없었다고 미하엘은 말했다.
하지만 그때의 일로 자신이 동물을 향해 '보통'이 아닌 감정을
갖고 있다는 사실을 깨달았다. 그 뒤로는 밤중에 몰래 집을
나와 그 개를 만지러 가는 날이 이어졌다. 미하엘은 그 개 역시
기뻐한다는 사실을 알 수 있었다고 말했다. 한밤의 밀회가
거듭되는 사이, 그는 마음속에 품고 있는 것이 성적인 욕구임을
자각하게 되었다. 미하엘은 개가 자신에게 다가와 덮쳐 오기를
기대하고 있었다. 하지만 그런 일은 일어나지 않았다.

　　　　당시 미하엘은 주파일이라는 존재에 대해 전혀 알지
못했다. 자신의 성적 지향을 자각하면서도 받아들일 수 없었고,
스스로 '비정상'이라고 생각하게 되었다. 20대에는 우울증이
찾아왔다. 청년기에 특히 고민스러웠던 일은 "언제 여자 친구
데리고 올래?"라는 친척의 질문이었다. 양친이 모두 교사였던
미하엘은 엄격한 가정교육을 받으며 자랐다. 친척이 아무 생각
없이 인사치레로 던진 질문은 미하엘이 따라야 하는 상식을

상징하는 것이었는지도 모른다. 자신을 속이는 괴로움을
느끼면서도, "마음속 깊은 곳에서부터 '정상'이 되고 싶다고
외쳤죠."라고 지금도 고통스럽다는 듯 말했다.

'정상'이 되기 위해서 그는 여러 가지를 시도해봤다.
상담하러 다니기도 했다. 성매매 종사자를 찾아간 적도 있었다.

"억지로 사정을 시키려는 감각이었어요. 손으로
서비스를 받았지만, 정말 역겨운 느낌이 들어 참지 못하고
도망쳐 집으로 돌아왔죠."

옛날이야기를 하면서도 아직도 소름 끼쳐 한다는 걸
알 수 있었다. 말하는 도중에도 어깨를 움츠리며 "아아" 하고
탄식했다.

미하엘의 몸짓을 보고 나는 조금은 공감했다. 실제로
만나기 전까지는, 동물과 섹스하는 사람들을 어딘가 무섭다고
여길 수밖에 없었다. 혹시 동물을 향해 폭력적인 성욕을
발산하는 사람이면 어쩌나 싶은 불안도 있었다. 하지만 미하엘은
그런 사람은 아닌 것 같았다. 자신의 섹스 경험으로 인해 충분히
괴로워했다는 걸 상상할 수 있었다.

미하엘은 자신을 '정상적'인 세계로 '교정'하기
위해 스물여덟 살 때 가장 큰 도전을 감행했다. 결혼이었다.
결혼 상대를 찾는 광고를 신문에 올리자, 어떤 여성에게서 답이
왔다. 그녀는 경제적으로 곤란한 상황이어서 결혼이 필요하다고
했다. 둘은 먼저 동거를 시작했다.

미하엘은 열세 살 때의 경험 이후로 동물을 향한 욕망을
계속 품었지만, 실제로 섹스를 한 적은 한 번도 없었다. 동물은
물론 인간 여성과도, 남성과도 관계는 없었다. 동거를 시작하고
처음으로 섹스가 생활로 들어왔다.

"섹스에 대해서는 아무것도 몰랐으니까 전부 가르쳐달라고 그녀에게 솔직히 말했어요. 그 사람은 하나하나 친절히 가르쳐줬죠. 나는 열심히 따랐어요. 하지만 정말 힘들었어요. 남자와 여자는 정기적으로 섹스를 해야 한다고 그녀가 말했기 때문에 나는 '의무'로 했죠."

고행과도 같은 일이었다. 두 사람은 동거 기간을 거쳐 결혼까지 했지만 결혼 생활은 10년으로 끝을 맺었다. 밤마다 인터넷 회선을 통해 주파일에 대해 조사하기 시작한 것은 이혼하기 몇 년 전부터였다.

이혼 후 미하엘은 처음으로 수컷 개 파트너가 생겼고, 처음으로 동물과 섹스했다. 그리고 자신을 속이는 괴로움과도 결별하고, 독일에서도 거의 처음으로 주파일이라는 사실을 커밍아웃한 인간이 되었다. 블로그를 운영하기 시작하면서 동물성애에 관한 정보도 제공했다. 현재 제타 멤버 중에도 미하엘의 블로그에 도움을 받은 젊은 세대가 많다.

"나에 대해 글을 쓸 때는 가명을 쓸 필요가 없어요. 나에 대해서도, 내 파트너에 대해서도 본명으로 써줬으면 해요."

첫 대면 때부터 미하엘은 나에게 그렇게 말했다.

"나는 잘못한 것도, 부끄러운 것도 없어요. 스스로를 숨길 필요가 없죠."

그의 뜻에 따라 '미하엘'과 그의 파트너 '케시'는 본명으로 표기한다. 하지만 이 책에 등장하는 다른 인물들은, 파트너의 이름까지 포함하여 모두 가명으로 썼다. 또한 그들의 사생활을 보호하기 위해 거주 지역에 관한 상세한 정보는 밝히지 않는다.

자연스럽게 시작된 섹스

주파일에도 여러 종류가 있다. 미하엘은 동물에게만 성적 욕망을 느끼지만, 내가 만난 주파일 중에는 인간과도 연애나 섹스를 하는 사람도 있다.

성적 대상이 되는 동물의 성별에도 차이가 있다. 남자 주파일의 파트너 동물이 수컷인 경우 '주파일 게이'라고 부른다. 파트너를 암컷으로 두는 여성은 '주파일 레즈비언', 파트너의 성별에 상관하지 않으면 '주파일 바이섹슈얼'이라고 한다. 물론 자신과는 다른 성별인 동물을 좋아하는 '주파일 헤테로'도 있다. 또한 섹스에서 취하는 입장을 가리키는 말도 있는데 수동형을 '패시브 파트', 그 반대를 '액티브 파트'라고 한다.

"나는 수컷 동물을 상대로 삼으니 '주파일 게이 패시브 파트'지요."

미하엘은 그렇게 말했다. 다시 말해, 미하엘은 수컷 동물을 사랑하고, 섹스에서는 동물의 페니스를 자신의 몸으로 받아들이는 방법을 취한다. 자신의 페니스를 동물에게 삽입한 적은 없다.

하지만 미하엘의 현재 파트너 케시는 암컷이다. 이상해서 이유를 묻자, 거꾸로 질문이 돌아왔다.

"주파일이라고 해서 꼭 섹스해야만 하는 이유라도 있나요?"

케시는 미하엘의 두 번째 파트너다. 최초의 파트너였던 수컷 개를 노환으로 먼저 보내고 잠시 혼자 지냈다. 마음의 상처가 아물 무렵에 동물보호시설에서 케시를 입양했다. 나이를 먹으면서 쇠약해지는 몸과 지병 때문에 미하엘은 "활발하고 건강한 수컷 개를 상대하기에는 자신이 너무 늙었다"고 느꼈다.

"수컷을 기르는 일은 힘들어요. 매일 건강하게 지낼 수 있도록 충분히 산책하고 놀아주려면 나 역시 건강해야 하니까요. 케시는 얌전한 성격이라 함께 지내기 편할 것 같다고 생각했어요. 파트너란 함께 살아가는 상대라는 의미지요. 섹스를 목적으로 누군가와 함께 산다는 일은 불가능해요."

실제로 미하엘은 케시와 섹스한 적이 없다. 하지만 그에게 그녀는 '아내'다. 케시와 섹스하지 않는 이유를 묻자, 그는 이렇게 대답했다.

"그녀가 바라지 않으니까요. 동물에게는 저마다 개성이나 성격, 취향이 있어요. 인간과 마찬가지죠. 케시는 섹스를 좋아하지 않는 타입이었어요. 혹시 그녀가 바랐다면 나는 거기에 응했으리라 생각해요. 페니스를 삽입하는 행위는 좋아하지 않지만."

나도 예전에 암컷 개와 함께 살았던 적이 있다. 부모님과 함께 살던 집에서 키우던 소형견으로, 실내견이라 중성화 수술을 할 필요가 없어서 생식 기능은 남아 있었다. 하지만 나는 그녀가 '섹스하고 싶다'고 어필하는 것을 느낀 적이 없다. 그렇다고 섹스를 좋아하지 않는 성격인지도 알 수가 없었다. 그래서 미하엘에게 개가 섹스를 원하는지, 그렇지 않은지를 어떻게 아느냐고 물었다.

"오히려 나는 어째서 사람들이 알아차리지 못하는지 궁금해요. 목이 마르다든가, 배가 고프다든가, 놀고 싶다든가 하는 마음은 잘 알면서, 어째서 섹스에 대해서만은 모를 수가 있지요? 개를 좋아하는 사람도 그런 건 잘 모르겠다고

하죠, 동물과 진짜로 함께 살아간다면 당연히 알 수 있으리라
생각합니다만."

　　　그리고 나를 당혹스럽게 만든 말을 뱉었다.

　　　"개와의 섹스는 자연스럽게 시작됐어요."

　　　이 말을 대체 어떻게 해석하고 상상하면 좋을까?
나는 긴 의자에 발을 뻗은 채 침묵했다. "자연스럽게 시작된
섹스"란 과연 어떤 것일까?

　　　주체를 인간으로 바꿔 생각해봐도 이미지가 떠오르지
않았다. 섹스라는 행위가 너무나도 형식화되어 있기 때문이다.
인간의 섹스는 밀실 같은 공간에서 일대일로 이루어지는 경우가
많으며, 그 장면에 이르기까지 데이트를 하거나 함께 식사하며
대화를 나누곤 한다. 일부러 차려입고 온 옷을 벗는다. 누구라도
그러리라고 예상할 수 있는 일반적인 절차가 있으며, 처음
섹스하는 사람들도 대체로 비슷한 순서를 밟는다. 보통 다들
그러리라 상정하는 방법을 그대로 따라 진행되며 섹스는 하나의
'의식'이 된다. 이러한 의식 중에 "자연스럽게 시작"하는 순간은
과연 있을 수 있는 걸까?

　　　혼란스러웠던 나는 미하엘이 말한 '자연스럽게'의
의미를 다시금 물었다. 미하엘은 잠시 생각하다가 이렇게
말했다.

　　　"개뿐만 아니라 동물은 하고 싶을 때 해요. 먹는 일,
노는 일과 다를 바가 없죠. 그게 무척 자연스러운 거예요. 그저
원하는 것을 즐기는 거죠."

　　　미하엘이 말하는 '자연스러움'은 바꿔 말하면 '본능'에
가까운 의미일까? 의식화되고 사회화된 인간의 섹스와는 다른
차원이라는 점은 이해가 된다. 그래도 개와 섹스를 시작하는

방법은 머리에 그려지지 않았다. 예컨대 인간이라면 자기 전에 침대에서 섹스하는 사람이 많지 않을까? 또한 섹스하고 싶어졌을 때 상대방에게 의향을 물을 필요도 있다. 동물과는 그런 과정이 성립할까? 미하엘은 동물 중에서도 수컷 개하고만 경험이 있으므로 그 경우는 어떤지 물어봤다.

"당신이 섹스하고 싶어졌을 때, 타이밍이 맞아떨어져서 수컷도 하고 싶어지는 건가요?"

"그렇지 않아요. 개가 먼저 원해서 다가오는 거예요."

나는 다시 말문이 막혔다. 개가 섹스를 요구한다는 이야기를 어떻게 믿어야 할까? 미하엘은 이야기를 이어갔다.

"수컷 개는 대체로 밥을 먹고 난 후에 섹스하고 싶어 해요. 내 첫 번째 파트너도 항상 그랬죠."

"식사를 끝낸 개가 조르면 섹스를 한다는 말인가요?"

"그렇죠."

"항상?"

미하엘은 고개를 저었다.

"설마요. 상대가 하고 싶다고 해도 나 역시 하고 싶을 때 하는 거죠. 그런 게 섹스라고 생각해요."

첫날 밤, 독일식 음식을 대접하겠다며 미하엘은 부엌으로 들어갔다. 레토르트 식재료를 써서 만든 음식은 감자 경단에 브라운소스를 끼얹고 통조림에 든 적양배추 피클을 곁들인 요리였다. '크누델knödel'이라고 했다.

처음 먹어본 크누델은 뭔가 밍밍한 맛이었다. 비슷한 음식을 먹어본 것 같기도 하고 아닌 것 같기도 한, 딱히 특징이 없는 요리라는 생각이 들었다. 미하엘은 꽤 걱정되는 듯 "어때요? 맛있어요? 먹을 만해요?"라고 물었다. 아무래도 맛을 표현할 말이 떠오르지 않아서 "네."라고 대답할 수밖에 없었다. 그때는 서로 긴장이 약간 풀려서 미하엘은 놀리듯 웃으며 말했다.

"처음에는 우리 집에서 머물고 싶지 않은 것처럼 보였어요. 무서웠나요?"

당황한 나는 그렇지 않다고 부정했다. 몇 시간 전, 차 안에서 긴장했던 내 모습을 그는 꿰뚫어 보고 있었다.

"주파일은 어떤 짓을 저지를지 모르는, 무서운 괴물이라고 생각했나요?"

어떻게 답해도 실례가 될 것 같아 곤란했다. 얼버무리듯 나는 감자 경단을 꾸역꾸역 입에 집어넣고 한 접시를 비웠다.

식사 중에도 대화는 띄엄띄엄 이어져서 순서 없이 늘어놓는 그의 이야기를 노트에 받아 적었다. 그가 마련해준 침실에서 한밤중까지 그 이야기를 다시 읽어봐도 내 안의 혼란은 가시지 않았다.

개가 욕망을 드러낸다는 것.

개가 인간과의 섹스를 원하며 다가온다는 것.

그 후, 이런 상황에 대해 거듭 생각해보았다.

인간과 동물의 존재감이 동등한 공간

넉 달간 독일에서 머물면서, 나는 되도록 주파일들과 일상을 함께했다. 처음 갔을 때는 미하엘의 집에서 사흘만 머물렀지만, 2017년 여름에는 2주 정도 묵었다. 함께 밥을 먹고 같은 공간에서 시간을 보내고 산책도 갔다. 평범한 일상을

되도록 많이 공유하는 것이 내게는 중요했다. 아무래도 상관없는
잡담을 나누면서 서로를 알아갈 수 있기 때문이다.

질문하고 답하는 '인터뷰'식 만남을 통해서는
그들이 끊임없이 반복해서 생각하는 일, 즉 이미 머릿속에서
논리가 서 있는 말 이외에는 나오지 않는다. 물론 그런 내용도
중요하지만, 내가 수동적으로 경청할 수밖에 없으므로 될 수
있으면 그런 방식의 대화는 피했다. 함께 빈둥거리며 시간을
보내고 농담을 주고받고 식사 준비와 빨래, 청소 같은 이런저런
일상적인 일을 함께 하고 있으면, 무언가가 조금씩 보이기
시작한다. 어떤 버릇이 있으며, 어떻게 자신의 생활 공간을
만드는지, 동물과 어떻게 삶을 공유하는지를, 언어 이상의
정보가 일상생활에서 때때로 드러난다.

예를 들어 미하엘의 집은 정원, 거실, 부엌, 침실을
막론하고 어느 곳이든 동물의 기운으로 충만했다. 거실에
틀어박혀 미하엘과 이야기를 나눌 때면, 나는 어째선지 개와
고양이도 함께 상대하고 있는 듯한 느낌이 들었다. 미하엘의
집에서는 개나 고양이가 인간과 동일한 '힘'을 가지며 언제나
함께 '존재한다'.

그런 공간은 서로 시선이 교차하는 양과 질에서
만들어지는 것은 아닐까 생각했다. 미하엘은 더듬더듬
이야기하지만, 쓸데없는 말은 하지 않는 사람이다. 말이 끊길 듯
이어지는 게 처음에는 그의 성격 탓이려니 했다. 하지만 시간을
함께 보내는 동안, 그가 나보다는 동물들에게 더 주의를 쏟고
있음을 깨달았다. 케시의 섬세한 움직임이나 고양이의 시선에
끊임없이 집중하고 있었다. 때때로 말을 중단하는 이유는 그
때문이었다. 대개 다른 사람과 이야기하고 있을 때, 반려동물이

말썽을 부리지 않는 한 특별히 상대하지 않는다. 개는 인간의
대화에는 끼어들지 않는다. 하지만 미하엘과 개와 고양이는
빈번히 눈을 맞추며, 종종 서로를 지긋이 쳐다본다.

만약 그들의 시선 교환을 실로 이어보면, 몇십 분 만에
촘촘한 그물코를 지닌 망이 방 한가운데 펼쳐질 것이다.
그 그물망 안에 있는 나까지 개나 고양이와 서로 뒤얽혀 있는
기분이 들었다.

그 공간은 독특했다. 주파일의 집에서는 인간과 동물이
함께, 그리고 완벽히 동등한 강도로 존재하고 있었다.

2장

주파일과

보낸

나날

동물의 퍼스낼러티

독일에서 주파일과 함께 지내며 그들을 알아가는 동안
나는 개와 고양이, 말, 쥐, 새, 도마뱀과 물고기까지 수많은
동물과 만났다. 개와 말 이외에는 주파일의 파트너가 아니라
펫이었다. 주파일은 뼛속까지 동물을 사랑하는 사람이며, 동물
없는 삶이란 생각한 적도 없는 듯했다.

주파일의 집은 동물의 냄새로 가득하다. 개나 고양이의
털이 날아다닌다. 때로는 재채기가 멈추지 않아 천식 증상도
생겼다. 대부분 침실을 내줘서 혼자 잤지만, 동물의 냄새는
시트나 양탄자, 커튼에도 배어 있는 것 같아 항상 그들을 느꼈다.
개와 함께 살던 부모님의 집보다 동물의 기운은 매우 짙었다.

그 기운이 너무 가까운 곳에서 느껴져서 흠칫 놀란
적도 있다. 어느 날 미하엘의 부엌 바닥에 핏자국이 들러붙어
있어서 놀라 물어봤더니, "고양이가 쥐를 잡았을 때의 자국일
거예요."라고 대답했다. 마침 저녁밥을 만들고 있던 참이라
말라붙은 핏방울 위로 마카로니가 몇 개 떨어졌다. 미하엘은
조금도 개의치 않고 마카로니를 주워 그대로 접시에 집어넣었다.
나도 그 음식을 받았지만 먹으려니 꽤나 단단한 각오가
필요했다.

늘 청결했던 미하엘의 집에 쥐가 흘린 피가 방치된 것은
이례적인 일이었다. 그럴 만한 이유가 있었다. 내가 독일에서
돌아온 후 미하엘은 아내 케시를 떠나보냈다. 2017년 여름,
거의 여덟 달 만에 만난 미하엘은 전보다 한층 과묵했다.
케시의 부재는 집에도 변화를 일으킨 모양인지, 집 안은 어질러

있지는 않았지만 어수선했고 어딘지 힘이 빠진 듯 어슴푸레한 느낌까지 들었다. 미하엘은 말했다. "최근엔 청소하는 것도 힘에 부쳐서……"

독일에 두 번째로 체류했을 때는 미하엘 집에서 2주 남짓 머물렀다. 미하엘은 케시 이야기를 먼저 꺼내려고 하지는 않았다. 대신 몇 번이나 자신의 장례식 이야기를 꺼냈다.

"내가 죽으면 묘지는 쓰지 않고 화장할 거예요. 거기에 케시나 앞으로 죽게 될 고양이들의 뼛가루를 섞어주었으면 해요. 그것을 바다에 뿌리려고요. 장례식에 오는 사람들은 보트를 타고 바다 위에서 한잔 마시면서 말이죠. 암스테르담에서 출항하는 배를 이미 예약해두었어요."

이 이야기를 할 때마다 미하엘은 조금은 마음이 놓이는 듯한 표정을 지었다.

파트너와의 수명 차이가 주파일의 가장 큰 고민이라는 이야기를 듣곤 했다. 서로 다른 종이 가진 차이인지라 어쩔 도리가 없다. 자신의 장례식을 예약하는 일, 그리고 나에게 반복해서 그 이야기를 하는 것이 미하엘에게는 일종의 장례를 치르는 작업이었으리라.

2주간 함께 지내면서 미하엘은 조금씩 쾌활함을 되찾고 농담도 하게 되었다. 그리고 어느 토요일 오후에는 "좋아, 잔디를 깎아야겠어, 좀 도와줘요."라고 말했다.

여름 볕에 무성해진 정원의 잡초는 쑥쑥 자라서 내 무릎 위로 올라왔다. 미하엘은 뒤뜰 창고에서 대형 예초기를 꺼내 시동을 걸었다. 그를 따라 나도 도전해봤다. 처음 써보는데, 나보다 기계가 커서 잘 다루지 못해 전혀 앞으로 나가지 않았다. 미하엘이 나를 보고 웃는 사이에 혼자서 씨름해봤지만, 뒤를 돌아보니 엉망진창으로 깎여서 잔디밭에는 삐뚤빼뚤 좁은 길이 생겼다. 한 시간이나 그러고 있었더니 예초기 소리를 듣고 이웃 방목장의 소 네다섯 마리가 정원 울타리 근처로 몰려왔다. 호기심이 왕성한 녀석은 코끝을 울타리에 들이밀고 정원에서 무슨 일이 벌어지는지 추리라도 하는 듯 보였다. 나는 소에게 가까이 갔다. 손을 뻗으면 핥을 것 같았지만, 조금 무서워서 그만뒀다. 미하엘도 내 곁에 섰다.

불현듯 질문이 떠올라 나는 물었다.

"저기, 미하엘, 이 소들을 섹시하다고 느껴요?"

"아니요." 그러고는 미하엘은 조금 생각하더니 이렇게 말했다.

"그렇지만 혹시 관계가 가까워진다면, 한 마리 한 마리의 '퍼스낼러티personality'가 느껴진다면, 달라질지도 모르지요."

석연치 않은 표정을 짓는 나를 보며 미하엘은 말을 이었다.

"동물에게는 인간과 마찬가지로 퍼스낼러티가 있어요. 퍼스낼러티는 시간을 들이지 않으면 보이지 않아요. 나와 그 동물이 느긋이 함께 지내다 보면 퍼스낼러티를 알 수 있어요. 예를 들면 나에 대한 동물의 반응 방식이랄까, 그런 것들로부터 보이는 거죠."

미하엘뿐만 아니라 많은 주파일이 "동물에게는 퍼스낼러티가 있다."라고 말한다. 처음에는 좀처럼 그 의미가 다가오지 않았다. 그들은 자신이 아무리 동물을 사랑한다고 해도, 어떤 동물이든 좋다는 의미일 리가 있겠냐고 말한다. 물론 사람에 따라 "특히 개가 좋아." "무엇보다 말이 마음에 들어, ''라는 식으로 종에 대한 선호는 있지만, 그렇다고 〈개라면 어떻든 상관없다〉'는 의미는 아니다. 같은 견종이라도 주파일이 〈사랑〉하는 대상은 그중 자신의 파트너뿐이다.

예컨대 수컷 둘과 암컷까지 개를 세 마리 기르는 주파일이 있었다. 주파일 게이인 그는 수컷을 좋아하는데, 파트너로 여기는 대상은 두 수컷 중 한 마리뿐이었다. 만약 파트너를 제외하고 모두 암컷이었다면, 성별로 파트너를 선택했다고 의심할 수 있겠지만 그렇지 않다. 그는 파트너를 향한 마음을 ''그의 퍼스낼러티를 사랑하고 있어요.''라며 거듭 강조했다. ''나와 그는 주인과 반려동물 사이가 아니에요. 형제도, 동료도, 가족도 아니죠. 파트너라는 말이 딱 맞아요. 그가 아니면 안 되는.'' 파트너와 그렇지 않은 존재를 나누는 기준이 바로 주파일을 매료시키는 〈그 동물만의 퍼스낼러티〉다.

퍼스낼러티를 직역하면 〈인격〉이나 〈개성〉이 되겠지만, 그렇게 옮긴다 한들 그들이 가리키는 의미를 정확히 전달할 수는 없다.

미하엘이 말하는 동물의 퍼스낼러티는 〈캐릭터character〉보다는 판별하는 데 시간이 걸리는 개념이다. 캐릭터는 직역하면 〈성격〉이나 〈성질〉이지만, 구체적으로 동물 저마다가 지닌 기질과 특성이라고 하면 이해하기 쉬울 것이다. 거친 말, 점잖은 개, 장난꾸러기 고양이처럼 형용사로 표현할 수 있는 개념이 캐릭터, 즉 성격과 성질이다. 누가 보더라도 어느 정도는 비슷한, 그 동물이 지닌 어떤 특징이라고 할 수 있을 것이다.

반면 퍼스낼러티는 자신과 상대의 관계성을 통해 생겨나거나 발견되는 개념이다. 충분히 함께 시간을 보내면서

상호 작용을 통해 서로를 향한 반응이 나타난다. 주파일들은
그렇게 주고받으며 나타나는 관계의 특별함을 특정 동물이 갖춘
퍼스낼러티라고 표현한다.

그렇다면 상대방의 퍼스낼러티는 자신이 존재함으로써
비로소 생겨나며, 자신의 퍼스낼러티 또한 상대방이
있어야 성립한다. 말하자면 유동적이고 가변적인 상태로,
상호관계에서 생겨나고 발견되며 그 관계를 통해 즐겁게
음미하고 이해할 수 있는 것이다. 캐릭터가 항목별로 나열해서
쓰는 개조식 문장이라면, 퍼스낼러티는 산문으로 비유할 수
있다. 그 배경에 함께 보낸 시간, 달리 말하면 '사적인 역사'가
있어서 그 문맥에서 생겨나는 성격을 퍼스낼러티라고 할 수
있지 않을까? 그래서 궁합이 맞지 않는다든가 기계적인
주고받음밖에 없는 사이(인간과 개라면 때 맞춰 먹이를
챙겨줄 뿐이라든가, 산책이나 시켜주는 정도의 관계)라면,
퍼스낼러티를 끌어내는 것은 불가능하다.

생각이 여기까지 미치면, 인간이 맺는 관계라고 해도
캐릭터와는 다른 퍼스낼러티가 생성되는 상황이 머릿속에
그려진다. 한 사람에게 누군가가 특별한 까닭은 공유한 시간을
통해 형성된 그 사람만의 독특한 퍼스낼러티에 매료되어서다.
퍼스낼러티는 계속 변화하면서 동시에 생성되기 때문에,
그 사람과 더 긴 시간을 함께 보내고 싶어진다. 그리고
그 사람과 함께하는 동안 계속 새롭게 형성되는 자기 자신의
퍼스낼러티에도 끌린다.

퍼스낼러티는 받아들이는 사람에 따라 느끼는 방법이
달라지기도 한다. 연인 사이가 아니라면 알 수 없는 퍼스낼러티,
가족끼리만 이해하는 퍼스낼러티처럼 말이다. 이렇듯 관계성에

의해 형성되는 퍼스낼러티는 인격이나 개성, 성격과는 다른
개념이다.

다른 펫이나 동물과 비교하여 '자신의 파트너만이
특별하다.'고 하는 것은 주파일과 파트너 사이에 둘만의
상호관계가 성립되었다는 뜻이다. 그 관계에서만 파트너의
존재를 느낄 수 있기에 헤어 나오기 힘든 매력이 형성된 것이다.

하지만 인간이 '동물의 퍼스낼러티'에 끌려 특정 개체와
파트너십을 이룬다는 주장 역시 인간이 자기 본위로 생각하는
일종의 망상이 아닐까 하는 의문도 떠오른다. 동물은 과연
'인간의 퍼스낼러티'를 인정하고 있을까?

잔디 깎기를 마친 우리는 기분 좋은 피로감을 느끼며
거실에서 쉬고 있었다. 선잠이 든 미하엘에게 고양이들이
다가왔다. 식사 시간이라며 재촉하는 모습이었다. 미하엘은
잠든 지 10분도 되지 않아 "그래, 그래, 알겠어, 배고프다는
거지?"라며 일어났다. 그는 고양이 두 마리에게 밥을
챙겨주고는, 내친김에 밖으로 나가 앞마당에 고양이 사료를
한 접시 가득 채웠다.

바로 그때 갈색 줄무늬 수컷 고양이가 나타났다. 엄마를
잃고 버려졌는지 녀석은 정원을 서성거리더니 미하엘의 검은
고양이와 함께 놀기 시작했다.

줄무늬 녀석은 때로 집으로 들어오려고도 했다.
그때마다 미하엘은 엄한 태도를 보였다. 일주일 전만 해도
그랬지만, 지금 미하엘은 줄무늬가 배고프지 않도록 잊지 않고
사료를 챙겨놓는다. 보아하니 줄무늬 녀석은 현명하게도 미하엘
주변에 머물며 끼니를 해결하는 듯했다.

저번에 쫓아버리려 한 이유는 무엇이냐고 묻자,

미하엘은 한숨을 쉬며 말했다.

　　"음, 뭐……."

　　나는 무심결에 웃음을 터트리고 말았다.

　　"동물들은 정말 능수능란하게 나를 조종해요. 어떻게
하면 내가 자기들 바람대로 움직일지 잘 알고 있기 때문이죠.
내 퍼스낼러티는 완벽히 파악되지요. 에휴……."

　　미하엘은 다시 탄식하며 곤란하다는 듯 미소 지었다.
그 후 며칠이 지나자 줄무늬는 드디어 거실까지 진출했다.

　　"아…… 뭐, 별수 없지. 그래도 뭐, 나는 저 녀석이
좋은걸……."

　　미하엘은 이미 줄무늬의 퍼스낼러티를 찾아냈다.
녀석에게 미하엘의 퍼스낼러티를 파악했느냐고 물어본다 한들
답을 들을 수는 없다. 하지만 고양이들은 언제나 미하엘을
쥐락펴락하고 이것저것 요구하면서 마음대로 살고 있다. 한편
미하엘은 줄무늬를 포함한 주변 동물에게 자신의 퍼스낼러티가
노출되고 파악된다고 느낀다.

개와 말이 사랑받는 이유

　　동물의 퍼스낼러티가 관계성에서 생겨난다면, 상대가
어느 정도 커뮤니케이션이 가능한 종이어야 하지 않을까?
실제로 내가 만난 주파일이 파트너로 둔 동물은 몇 종류로
한정되어 있다.

　　2003년, 사회학자 콜린 윌리엄스Colin J.
Williams와 마틴 와인버그Martin S. Weinberg는 남성

동물성애자 114명을 대상으로 앙케트를 실시하여 성적 대상이
되는 동물의 종류를 분석했다. 개가 51%, 나귀를 포함하여 말이
37%여서, 이 두 종류만으로 88%에 달했다. 소수파 중에는
염소, 돼지, 고양이, 양을 대상으로 삼기도 했다.

　　　　일반적으로는 어린 시절에 접촉했던 반려동물이나,
농장에서 기르던 동물이 성적 대상이 되기 쉽다고 한다. 타당한
의견이라고 생각한다. 내가 직접 이야기를 들은 경우로만 봐도
최초의 성적 접촉은 개를 비롯한 주변 동물과 경험한 주파일이
많았고, 그 후 자신의 섹슈얼리티를 자각했기 때문이다.

　　　　내가 만난 주파일도 개를 파트너로 하는 사람이
압도적으로 많았고, 그다음이 말이었다. 22명 중 17명이
개를 성적 대상으로 여겼다. 말은 8명, 개와 말 모두인 경우는
4명, 그리고 소를 파트너로 둔 사람이 1명 있었다. 윌리엄스와
와인버그의 조사 결과와 달랐던 점은 제타에서 고양이를
반려동물로 키우는 사람은 있어도 파트너로 삼은 사람은 없다는
사실과 염소, 돼지, 양을 성적 대상으로 삼은 사람도 없었다는
것이다.

　　　　제타에서 고양이를 파트너로 둔 사람이 없는 이유는
명확하다. 그들에 따르면, 고양이는 인간과 체격 차가 크고
성기도 작아서 애초에 섹스가 성립될 수 없다. 고양이를 상처
입히지 않고 섹스하는 것은 불가능하기에 주파일은 고양이를
파트너로 삼지 않는다고 말했다. 또 고양이의 혀는 까칠까칠해서
오럴섹스를 해도 아플 것이라는 의견도 있었다. 동물을 괴롭히지
않는다는 점에 자부심을 갖는 제타 회원에게 동물의 크기는
중요한 문제다. 그렇기에 개 중에서도 소형견을 파트너로 삼은
사람은 없다. 인기 있는 견종은 저먼셰퍼드나 로트와일러,

래브라도리트리버, 도베르만 같은 대형견이나 그 잡종이다.

왜 이렇게 개와 말이 인기가 있을까? 수의학자 제임스 서펠James Serpell이 펴낸『가정견 — 진화 · 행동 · 사람과의 관계The Domestic Dog: Its Evolution, Behaviour and Interactions with People』에 따르면 개의 가축화가 시작된 시점은 마지막 빙하기가 끝날 무렵이다. 당시 인간은 수렵하거나 나무 열매를 채집하며 생활했다. 최초의 개(가축화된 개)가 남긴 가장 오래된 뼈는 지금으로부터 1만 4000년 전의 것이며, 독일 본오베르카셀Bonn-Oberkassel에 있는 후기 구석기 동굴에서 발견되었다고 한다. 인간과 개가 공생했다는 가장 오래된 증거가 독일에서 발견된 것은 단순한 우연이겠지만, 적어도 유럽에서 사람과 개가 태곳적부터 함께 생활했음을 알 수 있다. 일본에서도 예로부터 사람이 개와 함께 살았다는 증거가 있다. 조몬繩文시대(기원전 14000년 ~ 기원전 1000년) 여러 유적에서 매장된 개의 유골이 발견됐는데, 그중에는 골절된 개에게 치료해준 흔적도 있다. 이때부터 개를 사역 동물이 아니라 인간과 공생하는 동료로 여기지는 않았을까 추측하기도 한다.

한편 말의 가축화는 개보다 역사가 짧다. 어떤 설에 의하면 기원전 4000년 무렵에 지금의 우크라이나 지역에서 기르기 시작했다고 한다. 개가 수렵에 도움을 주었다면, 말은 고속 이동을 실현해주었다. 유럽인이 말에게 느끼는 강한 동경은 주요 도시마다 기마상이 많은 사실을 보면 알 수 있다. 역사 속 영웅은 말 위에 걸터앉아 오늘도 거리를 굽어보고 있다.

이렇듯 개와 말은 역사적으로 인간 사회에서 지극히 가깝게 생활해온 동물이다. 인간과 관련이 깊기 때문에 특별한 애착의 대상이 되었을지도 모른다.

특히 개는 현대 도시 생활자에게 함께 생활하기 가장 쉬운 동물의 대표격이라고 말할 수 있다. 개는 개인도 사육할 수 있고, 경제적 부담도 그리 크지 않다. 집 안이라는 사적 공간에서 접촉할 기회도 많다.

말은 개에 비해 사육 비용이 많이 든다. 독일에서는 도시에서 조금 떨어진 곳에 목초지가 펼쳐져 있고 느긋하게 거니는 말을 볼 수 있다. 아시아와는 달리 말과 거리가 가까운 사회다. 그렇다고는 해도 말을 사육하는 것은 보통 어려운 일이 아니다. 그러므로 내 주위의 주파일 중에서도 말을 동경하는 사람은 많지만, 소유한 사람은 매우 적었다.

이러한 이유로 주파일이 파트너로 삼는 동물은 개가 가장 많고 그다음이 말이라고 추측할 수 있다. 개와 말은 다른 종에 비해 인간과 커뮤니케이션을 하기 쉬운 점도 큰 특징으로 꼽는다. 개와 말이 원래 지닌 성격 때문일 수도 있지만, 오랜 역사를 통해 인간 사회에서 이 두 동물과 관계를 맺는 방법이 확실하게 축적되어왔기 때문일 것이다.

앞서 말했지만, 주파일에게 중요한 '동물의 퍼스낼러티'는 공생하는 상호 관계를 기초로 생겨난다. 그러므로 당연히 의사소통이 쉬운 동물이 우선 파트너가 된다. 곤충류를 파트너로 두는 사람이 내 주위에도, 윌리엄스와 와인버그의 조사 결과에서도 발견되지 않는 점이 그 증거다.

실제로 나는 두 번이나 주파일이 파리를 싫어하는 장면을 우연히 보았다. 그중 한 명이 미하엘이다. 주변 방목장에서 쇠파리가 날아왔는데, 흡혈 파리라서 소나 인간을 문다고 했다. 미하엘은 허둥대며 파리채를 꺼냈고 서둘러 방으로 돌아와 내게 문과 창을 닫으라고 말했다. 곧 방 안에서 파리를 상대로 분투하는 미하엘을 지켜봤다. 그 일이 있기 며칠 전만 해도 미하엘은 잡담을 하며 "난 어떤 생명체든 영혼이 있다고 생각해요."라고 말했는데, 흡혈 파리는 '그 생명체'에 들어가지 않는 걸까 싶은 생각에 신기했다. 아니면 미하엘에게 저 파리는 혼을 가지고는 있어도 쫓아버려야 할 대상이었을까?

내가 흥미롭게 바라본다고 생각했는지, 파리와 혈투를 끝낸 미하엘은 방으로 돌아와 이렇게 설명했다.

"저 파리만은 정말 위험한 녀석들이에요. 물리면 걷기 힘들 만큼 아프다고요."

또 어떤 사람은 부엌 창문에 파리 잡는 끈끈이를 붙여놓았다. 내가 별생각 없이 바라보고 있으니 그는 말했다.

"파리는, 아니, 그보다 곤충은…… 아무래도 힘들어요. 뭐랄까, 나랑은 너무나도 다른 존재 같아서……"

주파일이라고 해도 모든 생명체와 평화롭게 공존하기란 불가능한 듯싶다.

쥐와 함께 사는 남자

제타에서도 흥미로운 인물이 있다. 쥐와 같이 사는 자샤Sascha다. 과연 쥐는 커뮤니케이션이 쉬운 동물로 꼽을 수 있을까?

자샤가 괴짜인 데다 빈정거리길 좋아하는 인물이라는 점은 채팅을 하면서 이미 짐작하고 있었다. 처음 그의 집에 갔을 때, 자샤는 독특한 어투로 장문의 메일을 써서

구구절절하고 정중하게 길 안내를 해주었다. 메일을 거듭 읽으며
차를 갈아타고 가장 가까운 버스 정류장에 내렸을 때, 파카에
스웨터를 입은, 조금은 살이 찐 30대 남성이 기다리고 있었다.
상상했던 대로 '괴짜 같고 냉소적인 너드 타입'이었기에, 한눈에
자샤라는 걸 눈치챘다.

　　　그는 나를 보자마자 "이야, 잘 왔어요."라며
싱긋 웃었다. 웃는 얼굴이 매력적이어서 나는 꽤 의외라고
생각했다. 거리낌 없이 서글서글한 사람이었다. 찌푸린 얼굴로
대응하리라는 예상이 만나자마자 날아갔다. 놀라울 만큼
달변가였고, 위트 넘치는 영어를 유창하게 구사했다.

　　　자샤의 집은 내가 지금까지 보았던 어떤 혼돈과도
비교할 수 없을 만큼 무질서의 극치였다. 20년 전 홍콩의
뒷골목에서 본 건물보다도, 7년 전 호치민 시에서 다섯 명이
탄 오토바이가 내달리던 거리보다도 혼란스러웠다. 모든 게
뒤죽박죽이고 수상쩍은 냄새가 풍기는, 청결과는 아주 거리가
먼 공간이었다. 아파트의 방은 두 칸이었지만, 물건이 마루를
뒤덮고 여기저기 흩어져 있어서 어떤 물건이 어디에 놓여 있는지
도대체 알 수 없었다.

　　　하지만 그에게는 나름의 확실한 규칙이 있어서,
정리정돈하지는 않아도 이 공간을 이해하고 있는 듯했다. 자샤가
방 안쪽에 있는 소파 베드에 앉으니, 공간이 단번에 완성도
있는 하나의 소우주로 정리되는 느낌이었다고나 할까. 방에는
침대보다도 큰 우리 안에 일곱 마리 생쥐가 살고 있었다. 번식을
방지하기 위해서라도 전부 암컷이었다. 대충 만든 우리에서
뛰쳐나와 자샤의 방을 자유분방하게 뛰어다녔다. 그 속에서
자샤는 침착하고 평온한 모습이었고, 쥐들과 일체화된 공간의

지배자처럼 보였다.

　　　아무래도 마음이 진정되지 않아서 나는 우선 화장실에
갔다. 하지만 좋은 판단은 아니었던 것 같다. 자샤가 이렇게
말했던 것이다.

　　　"화장실 가시게? 부디 물이 잘 나오면 좋겠네."

　　　불길한 마음으로 화장실에 가보니, 당연하게도 변기는
청결하지 않았다. 하지만 물이 내려가는 소리를 들었는지 자샤는
"축하해요, 운이 좋네요, 당신은."이라고 말했다.

　　　"그런데 오늘 우리 집에서 묵을 거죠? 목욕은 못 해요.
변기에는 아직 물이 나오지만, 샤워기 쪽은 완전히 끊겼어. 나도
2주 정도 씻지 못해 냄새가 나서 미안하네요."

　　　아마 냄새는 그 탓만은 아니었겠지만, 나는 괜찮다며
고개를 끄덕였다.

　　　자샤와 이야기하는 데 집중하려 해도 쥐가 신경
쓰였다. 말을 이어가는 자샤의 몸 위로 흰 쥐가 기어오르거나,
머리 위에 한가롭게 자리 잡고서 그의 이마 쪽으로 꼬리를
늘어트렸다. 그런데 전혀 신경 쓰지 않고 자샤는 계속
이야기했다. 이런저런 이야기를 하고 있자니, 또 다른 한 마리가
내 무릎 위로 기어올라서 그대로 가슴께까지 올라왔고 결국
셔츠 안으로 들어왔다. 살면서 처음으로 쥐를 키우는 사람과
만난 것이 40분 전이고 처음으로 아주 가까이에서 쥐를 본 것이
30분 전이었다. 그런데도 나는 이미 아무렇지 않게 쥐를
받아들이고 말았다.

　　　"싫으면 참지 말아요. 잡아서 내려줘도 괜찮으니까."

　　　자샤는 그렇게 말했지만, 잡을 수가 없어서 허둥댈
수밖에 없었다. 쥐는 내 배를 지나 셔츠 옷깃 사이로 머리를

내민 뒤, 이번에는 다리를 따라 기어 내려갔다.

"당신이 마음에 드나 봐. 셔츠에 들어간 녀석은 스테이시예요."

자샤는 모든 쥐를 구별할 수 있었고, 이름도 붙여줬다. 나는 전혀 알아볼 수 없었다. 크기도 엇비슷한 데다가 색도 같았고 움직임도 똑 닮았다. 게다가 항상 재빠르게 내달리므로 얼굴을 보지 않고서야 어느 쥐든 똑같아 보였다.

왜 쥐가 좋냐고 묻자, 자샤는 이렇게 대답했다.

"개처럼 인간을 따르지 않으니까."

그 시니컬함에 나는 소리내서 웃었다.

"쥐는 자유롭고 대담하고 놀기를 좋아해요. 지혜가 있고 인간보다 잽싸지요. 인간 따위는 개의치 않고 씩씩하게 살아가요. 아니, 오히려 인간을 놀려대면서 말이죠. 그 점이 최고예요. 게다가 쥐들은 일단 인간을 인정하게 되면 친구로 여겨주고 신뢰하는 동물이죠."

쥐들 중에 파트너가 있냐고 묻자, 자샤는 고개를 저었다.

"아니, 아니, 그렇지 않아요. 그녀들은 파트너가 아니라 함께하는 '무리'라고나 할까요? 쥐들과는 섹스를 하지 않는걸요. 그럴 수가 없잖아요. 아무리 생각해도, 어떻게 섹스를 할 수 있겠어."

자샤에게 쥐는 성적 욕망의 대상이 아니라, 함께 생활하는 소중한 '무리'다. 그가 자신을 주파일이라고 자각한 건 처음 사육했던 쥐들을 잃었을 때라고 했다.

"쥐는 수명이 짧아서, 2~3년이면 죽고 말아요. 게다가 무리 중 한 마리가 죽으면 나머지 쥐도 차례차례

죽어가지요, 몇 번이나 수의사를 찾았고, 수술도 해봤어요, 그래도 살리지 못했죠, 결국 무리를 모두 잃었을 때 나는 견딜 수 없이 우울했어요, 지금껏 경험해본 적이 없을 정도로 괴롭고 깊은 우울감이었죠, 그래서 쥐를 향한 내 애착이 평범한 것은 아니지 않을까 생각했지요,"

자샤는 동물을 향한 애착에 관해 조사하면서 동물성애를 이해하고 제타까지 알게 되었다, 그리고 자기와 같은 감각을 공유하는 동료가 제타에 있다고 느꼈다,

"당신은 동물과 섹스를 한 적이 있나요?"

"없어요, 내가 꿈꾸는 것은 암컷 말과 나누는 섹스지만, 실제로 해본 적은 없어요, 그다지 알려지지 않은 사실이겠지만, 주파일이라고 자각하는 사람 중에 동물과 섹스를 체험하지 못한 사람도 무척 많을 거예요,"

자샤는 쥐에 대한 애착과 말을 향한 성적 욕망을 근거로 자신을 주파일이라고 생각하는 듯했다,

"동물은 나에게 있어 '퍼슨Person'이에요,"

자샤는 그렇게 말했다, '퍼슨'에 대한 자샤의 정의는 이랬다,

"퍼슨이란 퍼스낼러티를 갖추고 있다고 인식할 수 있는 존재를 뜻해요, 예컨대 쥐들과 함께 지내면서 잘 살펴보면, 각각 무엇을 하고 싶은지, 무엇을 바라는지 알 수 있어요, 이렇게 무엇을 하고 싶은가라는 것의 바탕에 있는 게 퍼스낼러티겠죠,"

자샤 또한 관계성을 통해 동물의 퍼스낼러티를 발견하고 있었다,

어느 날, 쥐 한 마리가 마루에 던져놓은 자샤의 외투 주머니에서 초콜릿 바를 꺼냈다,

"패트리샤는 스니커즈를 정말 좋아하죠, 맛있는 건 잘도 알아, 정말, 그녀는 빈틈이 없으니까 내 것을 잘도 가로채요."

자샤는 패트리샤를 책망하지 않고 포장을 뜯어 조금씩 먹여주었다. 초코바를 잽싸게 뺏어서 다시 되돌려주거나 나눠 주거나 하면서, 자샤는 쥐들과 관계성을 쌓고 한 마리, 한 마리의 퍼스낼러티를 찾아내는 것 같았다.

"쥐는 표현력이 풍부해서 인간과 커뮤니케이션을 할 수 있어요."

자샤와 달리, 나라는 사람은 쥐와 관계성을 만들 수 있으리라고는 생각하지 않는다. 즉, 관계성과 퍼스낼러티의 유무는 동물이 어떤 종인지의 문제라기보다는 그 사람이 '어떤 개체와 커뮤니케이션이 가능한지'를 느끼는가 그렇지 않는가에 달려 있을 것이다.

날이 저물어 자샤와 나는 저녁 식사를 준비하기 위해 슈퍼에 갔다. 자샤가 고른 것은 엄청난 양의 즉석식품과 열다섯 개들이 감자 한 주머니였다. "저녁 준비 도와줄까요?"라고 묻자 "아니요, 아니에요, 거의 레토르트 음식이니까 아무것도 안 해도 돼요."라고 대답했다.

그는 감자망을 방으로 가지고 들어와 하나하나 껍질을 벗기기 시작했다. 언제까지 할까 싶었는데, 그는 감자 전부를 매끈하게 벗기는 데 30분 이상 걸렸다. 그새도 물론 쥐들은 분주히 왔다 갔다 하며 껍질을 벗긴 감자가 쌓인 그릇 위로 뛰어다녔다. 자샤는 쥐들이 마음대로 하게 두면서도 칼에 닿지 않도록 주의하면서 말을 이었다.

"섹스를 화제로 삼아야 센세이셔널하니까, 대부분

주파일에 관해 이야기할 때 성행위에만 한정해서 다루곤 해요. 하지만 문제의 본질은 동물이나 세계와 맺는 관계성에 대한 이야기예요. 무척 어려운 문제지요. 세계나 동물을 어떤 식으로 바라보는가에 관한 논의니까요. 주파일을 비판한다는 것은 다른 종을 향한 공감이라는 중요한 감각을 비판하는 셈이죠. 누구를 사랑하는가, 무엇을 사랑하는가, 그런 것을 두고 타인에게 간섭받아서는 안 된다고 생각해요."

자샤가 열변을 토하는 사이에도 쥐들은 감자를 담은 그릇에서 뛰놀았다. "케이티는 참 활발하기도 하네!"라고 자샤는 감탄했다. '설마 저 감자를 생으로 먹지는 않겠지, 찌거나 굽거나 익히기는 할 거야.'라고 속으로 생각하며 나는 아무렇지도 않은 듯 굴었다.

다행히 쟈사는 쥐가 밟고 다니던 감자를 15분 정도 삶았다. 거기에 즉석 소스를 끼얹었다. 크누델과 비슷하지만 감자 경단도 아니고, 자주색 양배추 피클을 곁들이지도 않았다. 내게는 크누델보다 조금 더 맛있게 느껴졌다.

이런 생활을 통해 쥐 한 마리, 한 마리가 퍼스낼러티를 갖춘 '퍼슨'이 되어 자샤를 에워싼다. 그리고 그들은 숙식을 함께 하는 '무리'가 된다.

훈육이 필요한 대등한 존재

"모두들 주파일의 이야기는 섹스에 관한 이야기라고 생각해요. 하지만 사실은 그렇지 않아요. 동물이나 세계와의 관계성에 관한 문제인 거죠."

자샤가 했던 것과 비슷한 말을 다른 주파일들도 이야기했다.

관계성과 관련하여 '동물의 퍼스낼러티'라는 말이 자주 언급되며, 퍼스낼러티는 그들에게 있어 상대 개체의 특별함을 뜻한다. 주파일이 관계성에서 중시하는 것이 한 가지 더 있다. 바로 '동물과의 대등성'이다.

주파일에게 퍼스낼러티는 인간에게도, 동물에게도 존재하는 특성이다. 이때 그들은 인간과 동물이 대등한 존재라는 점을 전제로 삼는다. 퍼스낼러티는 대등성이 지닌 하나의 특징이라고 바꿔 말할 수 있다. 때로는 최종 목적인 대등한 관계에 이르려는 이유를 설명할 때도 사용된다.

인간 사회에 살면서 종을 넘어서는 관계를 맺으려고 할 때, 종의 차이를 절감하게끔 만드는 일이 '예의범절을 교육해야 하는' 훈육 과정이다. 일반적으로 개 주인에게 훈육은 당연한 일이지만, 주파일은 훈육의 옳고 그름이나 올바른 훈육 방법이 과연 무엇인가를 먼저 생각한다. 그들은 주변의 동물과 대등해지고 싶어 하지만, 대등성이 어떻게 담보되는지에 대해서는 계속 고민할 수밖에 없다. 지금 이 문제로 큰 고민에 빠진 이가 한스Hans라는 20대 후반의 남성이다.

한스는 어린 시절부터 개를 키우는 것이 꿈이었다. 지금 함께 사는 크로코는 한스가 처음 기른 개이자 첫 번째 파트너다. 아메리칸 캐너디안 화이트 셰퍼드와 저먼 셰퍼드의 잡종 수컷인 크로코는 체격이 좋고 성격도 활발하다. 내가 그 커플과 처음 만난 때는 2016년 가을로, 크로코의 나이는 15개월이었다. 검고 윤기 나는 털 안에는 균형 잡힌 근육이 단단히 자리 잡고 있었다. 한스는 목줄을 짧게 잡고 걸었지만, 크로코를 제대로 컨트롤하지 못해 때때로 끌려다니는 듯한 모습이었다.

단적으로 말하면, 한스는 훈육에 실패했다. 그렇게 된 이유는 특히 한스가 신경 쓰는 대등성이라는 개념 때문이었다.

"나는 처음부터 크로코와 대등한 관계를 맺고 싶다고 생각했던 거에요. 인간인 나와 개인 크로코는 종은 다르지만 대등한 존재예요. 그래서 아무리 예절 교육을 위해서라고는 해도, 강하게 꾸짖으며 크로코에게 충격을 주는 일은 아무래도 꺼려졌어요."

그래도 강아지일 때는 괜찮았다. 하지만 크로코는 금세 덩치가 커졌다. 훈련이 내키지 않아 자유분방하게 키우다 보니 역시 통제가 힘들고 제멋대로인 개가 되었다. 산책할 때마다 지나가는 사람을 향해 짖어대고 흥분했다. 다른 개를 발견하면 목줄을 끊어버릴 듯 돌진해서 한스는 늘 끌려다니곤 했다. 그럴 때마다 한스는 큰 소리로 "앉아!"라고 진정시켰지만, 크로코는 거의 말을 듣지 않았다.

"나에게는 개를 훈련하는 일이 아무래도 힘들어요. 제타 친구들도 이런 이야기를 자주 하죠, '왜 우리가 개를 훈련시켜야 하는 거지?'라고요."

한스는 덧붙였다.

"만약 개가 개로서 살아갈 수 있는 개만의 사회가

있어서 그곳에서 크로코가 나고 자랐다면, 크로코는 있는
그대로 자유롭게 살아갈 수 있었겠죠. 하지만 크로코는 인간인
나에게 사육당하는 입장이고, 인간 사회에서 살게 되었어요.
그러니까 크로코는 힘들겠지요.

이 사회에는 인간에 의한, 인간을 위한 규칙이
산더미같이 많아서 개도 그 규범에 따를 수밖에 없다. 개와
인간이 함께 살아가기 위해서는 인간과 잘 지내는 방법을 개에게
가르칠 필요가 있다. 그것이 훈련이 가진 가장 큰 목적일 것이다.

한스가 크로코의 훈련에 실패했다는 사실은 제타 회원
사이에서도 잘 알려져 있다. 제타의 주파일들은 한스의 생각을
이해하고 그를 동정했다. 그렇다고 해서 훈련을 불필요하다고
생각하는 사람은 없다. 어떤 주파일은 훈련에 대해 이렇게
말했다.

"만약 내가 개의 사회에서 살아가는 인간이라면,
틀림없이 나의 파트너인 개는 그 사회에서 어떻게 행동해야
하는지 가르쳐줄 거예요. 그리고 나는 그것을 기쁘게
배우겠지요. 훈련은 종을 뛰어넘어 공존하기 위해서는 어느 정도
필요해요."

독일의 개들

독일에는 훈데슐레Hundeschule라 불리는 개 훈련
학교가 전국적으로 마련되어 있어서, 주인은 개를 이곳으로
데려가 전문 트레이너에게 개와 함께 어떻게 행동해야 할지
배운다.

독일에서는 레스토랑이나 카페, 전철과 버스 등 공공장소에 개를 데리고 다닐 수 있다. 나도 커다란 개가 전철에서 점잖게 주인의 발밑에 엎드려 있는 모습을 몇 번이고 보았다. 독일 사람들은 어디를 가든 개가 예의 바르게 행동하도록 길러야 훌륭한 주인이라고 생각한다.

그래서인지 독일의 개는 말귀를 잘 알아듣는다. 짖는 일도 드물다. 잘 흥분하지도 않고, 두리번거리며 주위를 살피는 일도 없으며, 조용히 주인과 함께 움직인다. 독일에서 개와 산책하다 보면 종종 다른 개와 스쳐 지나갈 때가 있다. 애견가가 모이는 큰 공원 같은 곳에서는 그런 일은 몇 분 걸러 한 번씩 생길 정도다. 서로 아는 사람도 많아서 인사를 나누거나, 때로는 그 자리에 선 채로 이야기를 나눈다. 그러는 동안 개가 짖는 일은 거의 없다. 개들은 서로 냄새를 맡고 인사를 마치면 장난치며 놀기도 하지만, 그 행동도 아주 얌전하다.

주파일의 파트너인 개도 마찬가지다. 한스의 파트너인 크로코를 제외하면, 어떤 개도 아무 이유 없이 짖는 일이 없었고 지나치게 흥분하지도 않았다. 내가 개 짖는 소리를 들은 건 단 한 번, 미하엘의 집에서였다. 우리가 거실에서 이야기에 빠져 있을 때, 인간의 귀로는 알아차릴 수 없는 작은 소리에 반응한 케시가 짧게 한 번 컹, 하고 짖었다. 미하엘에게 경계의 신호를 전하기 위해서였다. 그때 미하엘은 그녀에게 다가가 귀를 기울이며 "아마 조금 멀리서 모르는 사람이 지나가고 있을 거야. 괜찮아, 아무것도 아니야."라고 말했다. "케시는 엄마의 마음이에요. 그녀는 이 집의 모든 존재를 지키고 싶어 하지요."라고 미소를 지었다.

하지만 미하엘은 훈련에 관해, 한 가지는 부끄럽다는

듯이 말했다. 그것은 식사할 때 케시와 고양이에게 마가린을
손가락에 찍어서 조금씩 준다고 했다.

"나는 아무리 해도 마가린을 주는 일만큼은 엄하게
끊지 못했어요......"라고 겸연쩍다는 듯 말했다. '겨우 그 정도
가지고,'라고 나는 생각했지만, 미하엘은 그런 일조차 훈련되지
않은 것으로 여기는 듯했다. 주파일이라고 해도 독일 사람은
일반적으로 제대로 훈련을 시키므로, 크로코를 통제하지 못했던
한스는 예외적인 인물이라고 말할 수 있다.

한스를 잘 아는 제타의 친구들은 이렇게 말한다.

"나도 한스와 마찬가지로, 훈련이 옳은 것인지 고민한
적이 있어요. 내 파트너도 개니까. 하지만 나는 훈련하는 쪽을
택했죠. 그렇게 하지 않으면 개는 마음 편히 인간 사회에서
살아갈 수 없으니까요. 개의 안전을 지키기 위해서 훈련하지만,
솔직히 혼내거나 그러고 싶지는 않아요. 한스는 크로코와
대등해지고 싶어서 확실하게 훈련하지 못한 거죠. 그 기분은
이해가 돼요. 하지만 결국 크로코는 한스를 힘들게 할 거예요."

실제로 1년이 지난 2017년 여름에 다시 찾아갔을 때,
한스는 크로코에게 손을 물렸다. 크로코의 행동은 점점
난폭해져서 입마개를 씌워야 했다. 한스는 괴로워하며 말했다.

"밖으로 나갈 때는 크로코에게 입마개를 씌우지
않으면 안 될 정도예요. 저번에는 도그런에서 문제를
일으켰지요. 다른 개와 크게 싸움이 나서 말리려는 내 손가락을
물어버렸거든요. 일부러 그런 것은 아니고 사고였어요. 상처를
입은 게 나 혼자였던 게 불행 중 다행이죠."

봉합 수술의 흉터는 한스의 오른손 약지에 생생히 남아
있었다. 크로코는 더 이상 도그런에도 가지 못하게 되었다.

결과적으로 크로코는 여유롭게 뛰어놀 기회를 잃었다.

한스는 크로코와 대등하게 사는 것과, 함께 살기 위한 훈련을 둘러싼 문제 사이에서 수많은 모순을 깨달았다. 제타의 주파일들은 한스와 크로코에게 생겼던 일을 보고 대등해지기 위해 훈련을 포기하고 '있는 그대로 개답게' 기르려는 시도는 역시 잘되기 어렵다고 느꼈던 것 같다. 주파일은 파트너인 동물을 '대등한 존재'로 바라보지만, 그것은 사바나와 같은 야생의 세계에서 살아가는 사자를 향해 인간이 품는 감각과는 다르다. 파트너가 본능대로 행동하면 곤란하다. 함께 살아가기 위해서는 인간 사회에 순응해야 하기 때문이다.

그렇다면 주파일이 말하는 '파트너와의 대등성'이란 무엇일까?

매일의 일상에서 자신과 파트너 사이에 힘으로 지배하는 관계가 최대한 생겨나지 않도록 하는 일이라고 생각한다. 일반적인 주인에 비해 산책 시간을 충분히 가지는 등 사람에 따라 방법은 다르리라 생각한다. 모든 주파일이 가진 공통점은 그들의 생활이 파트너 중심으로 돌아간다는 점이다. 그들은 어디에서나 항상 파트너의 모습을 시야에 담고 있어서 파트너가 무엇을 바라는지 눈치챈다. 그들은 24시간 끊임없이 파트너와 접촉한다.

이름 없는 고양이

동물과의 대등성을 가장 알기 쉽게 이해시켜준 사람 역시 미하엘이었다. 미하엘이 키우는 고양이에게는 이름이 없다. 그는 두 마리의 고양이를 그저 '카츠Katze'(독일어로 고양이)라고 부른다. 처음 만난 날, 나는 이상하게 여기고 왜 이름을 붙이지 않았는지 물었다.

"음……, 왜일까? 이유는 딱히 없어요. 그저 아무 생각 없어요."

미하엘은 진짜로 이유가 생각나지 않는 듯했다. 그래서 내가 물었다.

"파트너에게는 케시라는 이름이 있는데도요?"

그는 조금 생각에 잠기더니 이렇게 대답했다.

"케시는 동물보호시설에서 데려왔을 때 이미 붙어 있던 이름이에요. 내가 붙였을 리 없죠. 그녀는 만났을 때부터 케시였어요."

오랫동안 나는 미하엘이 동물에게 이름을 붙이지 않는 이유를 알 수 없었다.

동물에게 이름을 붙이는 행위에 관해서는 다음과 같은 에피소드가 있다. 영장류학자 이마니시 긴지今西錦司는 일본원숭이 집단을 연구하면서 개체를 식별하기 위해 원숭이에게 각각 이름을 붙였다. 이는 일본식 방법Japanese method으로 불리며 지금까지도 세계적인 표준이 되었지만, 연구가 발표된 당시에는 전 세계적으로 격렬한 비난을 받았다. "원숭이 따위에게 이름을 붙이다니 제정신인가?"라는 반응이었다. 인간이 만물의 영장이며 다른 동물은 인간보다 하위에 있다는 사고방식이 서양에서는 강력한 상식이었던 탓이다. 동물에게 이름을 붙인다는 것은 가까운 반려동물이 아니고서는 생각할 수 없는 일이었다.

미하엘이 동물을 자기보다 아래에 위치하는 존재로

생각해서 고양이에게 이름을 붙이지 않았다고는 생각하기
어렵다. 어떻게 살아야 동물과 대등해질 수 있는지 추구하고
"모든 생명에게 영혼이 있다."라고 말하는 사람이니까.

　　　　미하엘과 한동안 일상을 함께 보낸 후에야, 그가
고양이에게 이름을 붙이지 않은 이유를 알게 되었다. 미하엘에게
개나 고양이는 이름이 필요 없는 존재다. 그가 개나 고양이에게
말로 이야기를 거는 일은 거의 없기 때문이다. 눈을 마주치고,
귀를 기울이며, 만지고, 냄새를 맡는다. 동물에게 조용히
집중한다. 항상 그는 그런 식으로 동물들과 커뮤니케이션을
한다. 말을 건네지도 않고, 자기가 필요할 때 부르거나, 동물들이
걸어가는데 가로막고 안아 올리거나 말로 지시하는 일도 없다.
그래서 이름이 필요 없다.

　　　　오히려 동물에게 말이 아닌 다른 방법으로 장난치기
때문에 미하엘은 무언으로 소통하는 힘을 발휘해야 한다.
미하엘은 동물의 상태를 통해 그들이 바라는 것을 알아차리고,
그들의 바람을 최대한 들어주는 일을 생활의 중심으로 삼고
그 일을 즐긴다.

　　　　잔디를 깎은 뒤 쉬고 있을 때 밥을 달라고 재촉하는
고양이에게 "알았어, 알았어, 밥 달라는 거지?"라고 그가
투덜댄 것은 곁에 내가 있었기 때문일 것이다. 왜냐하면 영어로
말했기 때문이다. 보통은 독일어로 말하는 그가 일부러
고양이에게 영어로 말을 건넸다고는 생각하기 어렵다. 그러니
나를 웃기려고 한 말이나 다름없다.

　　　　인간에게 손쉬운, 이름을 부르는 방법을 버리고
미하엘은 스스로 동물적 커뮤니케이션을 취하려고 노력하고
있는 것이다. 그가 동물과 어떻게 하면 대등하게 공생할지

진지하게 생각하며 끊임없이 실천하고 있음을 이러한 태도에서
느낄 수 있었다.

개는 배신하지 않아요

그렇다면 섹스라는 행위에서는 주파일은 어떻게
파트너와 대등성을 확립할까?

"동물과의 섹스는 말을 통한 합의가 불가능하므로
전부 성적 학대"라고 비판하는 의견에 대해 그들은 자신의
섹스를 어떻게 설명할까? 이런 의문에 그들은 여러 가지로
대답을 해주었다. 그중에서도 에드바르트Edvard라는 30대
남성은 자신의 경험을 구체적으로 이야기해주었다. 그는
태어나면서부터 주파일이었다고 한다.

내가 에드바르트와 처음 만난 것은 함께 알고 지내던
주파일의 집에서 열린 작은 파티에서였다. 에드바르트는
그날 버디라는 이름의 파트너와 함께 왔다. 버디는 두 살배기
래브라도리트리버 수컷이다.

버디와 섹스를 하느냐고 묻자, 에드바르트는 "그와는
해본 적이 없어요."라고 말했다. 몇 번인가 시도했지만 잘되지
않았다고 했다.

"버디는 어떻게 해야 좋을지 잘 알고 있지만, 너무
흥분해서인지 제대로 된 곳에 삽입하지 못했어요."

'제대로 된 곳'이라는 말은 에드바르트의 항문을
뜻한다. 유도하거나 가르쳐주거나 하지는 않았냐고 내가 묻자,
그는 "설마요."라고 부정했다.

“충분히 가르쳐서 섹스를 하게끔 만든다는 뜻이에요? 그런 식으로 개를 트레이닝하는 것은 애초에 불가능해요, 개는 어떻게 하면 섹스할 수 있는지 처음부터 잘 알고 있기 때문이죠, 게다가 성적인 행위를 위해 동물을 훈련한다는 것 자체가 주파일답지 않아요, 그건 동물을 도구로 취급하는 거죠.”

내가 만났던 모든 주파일들이 공통적으로 가진 생각이다, 그들은 “섹스를 위한 성적인 트레이닝은 결코 해서는 안 된다.”라는 윤리관에 가까운 생각을 가지고 있었다,

이는 제타의 이념이기도 하다, 섹스를 유도하는 것은 요컨대 동물을 섹스 토이처럼 다룬다는 뜻이며, 주파일로서는 허용할 수 없는 행위라고 생각한다, 그런 짓을 한다면 동물과의 대등성이 순식간에 무너져버리기 때문이리라,

나는 에드바르트에게 또 질문을 던졌다,

“섹스할 때는 동물과 대등한 관계성을 어떻게 얻을 수 있나요?”

에드바르트는 “흠” 하더니, 한 박자 쉬고 이렇게 말했다,

“먼저 섹스는 집 안에서 일어나요, 인간을 위해 만들어진 외부 세계 때문에 그들을 교정하고 순응하게 할 필요가 없다는 점에서, 집이라는 사적 공간에서 나와 개는 이미 대등해요, 섹스에 한정하지 않더라도 집에서 나는 항상 버디와 대등해지려고 노력해요, 그러니까 섹스만이 대등성을 가져온다고 생각하진 않아요, 그래도 당신이 듣고 싶은 쪽은 섹스 그 자체에 대한 이야기겠죠?”

내가 어쩔 수 없이 끄덕이자, 그는 말을 이었다,

“그럼 내 경험을 이야기해드리죠, 나는 범성애자

pansexual로, 지금까지 딱 한 번 수컷 개와 섹스한 적이
있어요. 페니스를 삽입당한 경험이죠. 맞아요, 그때 우리는
대등했죠. 서로 섹스를 하고 싶다고 생각했어요. 예스와 노를
서로 표명하고, 서로를 받아들이는 게 가능했죠. 그런 의미에서
그 개와 나는 대등했던 셈이죠."

　　　　인간과 개가 서로 섹스하고 싶다고 생각한다. 예스와
노를 표명한다. 이 말이 구체적으로 의미하는 지점을 나는
상상할 수 없었다. 그렇지만 미하엘이 말한 "수컷 개가 원해서
다가왔다."라는 말과 통하는지도 모른다. 골똘히 생각하면서
나는 에드바르트에게 수컷 개와의 섹스는 어떤 감각인지 물었다.

　　　　"개의 섹스는 인간과 전혀 달라요. 인간은 계속
격렬하게 허리를 움직이죠. 하지만 개가 허리를 움직이는 것은
처음 잠깐뿐이에요. 그 후에는 이상할 정도로 가만히 있어요.
그대로 움직이지 않으면서 몇 번이나 사정해요. 개는 등 뒤에서
내 항문에 삽입하지만, 완전히 긴장을 풀고 내 몸에 기대죠.
내 머리 바로 아래로 개가 얼굴을 기대고 있어서 따뜻하고
너무나도 좋은 감각이라고밖에 말할 수 없어요. 뭐라고 하면
좋을까...... 그래요, 신비로운 체험이었어요."

　　　　에드바르트는 천천히 한마디, 한마디 말했다.

　　　　"인간과의 섹스와 개와의 섹스, 어느 쪽이 좋아요?"

　　　　내가 그렇게 묻자, 에드바르트는 또 잠시 생각에
잠겼다. 그가 애용하는 파이프에서 연기가 모락모락 피어올랐다.

　　　　"둘 중 하나를 반드시 선택해야 한다면, 개예요.
하지만 섹스의 쾌감을 얻을 수 있기 때문은 아니에요. 쾌감이나
즐거움이라는 측면에서 말하자면 인간과 섹스하는 쪽이 더
좋아요. 머리를 써서 즐길 수 있고, 여러 가지 방법도 가능하죠.

내가 개와의 관계가 좋다고 말한 건 관계성이 마지막까지 이어지기 때문이에요. 인간은 배신하지만 개는 배신하지 않아요."

그에게 있어 동물은 인간보다 신뢰할 수 있는 존재인 듯했다. 쾌감이 이유가 아니라, 관계성이 가져다주는 질적인 차원에서 에드바르트는 인간보다도 개와의 섹스를 택했다. 그렇다면 그에게 섹스는 개와의 관계성을 더 밀접하게 느끼기 위한 행위인지도 모른다.

성욕을 케어하다

그날 파티에서는 나와 다섯 명의 주파일 외에 개 두 마리도 함께했다. 한 마리는 에드바르트의 파트너인 버디, 또 하나는 다른 주파일의 파트너였던 암컷 개였다. 넓지 않은 거실에서, 그날 밤 우리 모두 같이 누워 새우잠을 잤다. 손과 발을 뻗으면 누군가의 어딘가에 닿았다. 그 밤은 인간과 개가 촘촘히 붙어 있어서 숨 쉬기 힘들 정도였다.

다음 날 아침, 잊을 수 없는 일이 벌어졌다. 잠에서 깨어 커피를 마시고 있을 때 에드바르트가 나에게 다가와 살짝 말을 건넸다.

"버디가 안절부절못하네요. 어제부터 암컷과 같은 공간에 있었기 때문인 것 같아요. 그녀가 발정기여서 자극을 받은 것 같아요. 그래서 잠깐 마스터베이션을 해줄까 하는데, 당신도 보겠어요?"

내게는 버디가 불안정한지 겉으로 봐서는 알 수 없었다.

버디와 조금 더 오래 시간을 보냈다면 판단할 수 있었을까. 아니면 에드바르트만 알아차리는 모습일까. 아쉽게도 답을 할 수는 없다. 다만, 그 후로 나는 몇 번에 걸쳐 에드바르트의 집에서 묵었지만 그때는 마스터베이션을 한 적이 없었다. 내가 머무는 동안 에드바르트는 이렇게 말했다.

"기왕 우리 집에 왔는데 버디가 섹스하고 싶어 하는 행동을 보여줄 수 없어 아쉽네요. 그렇지만 무척 알아내기 쉬워요. 내 주위를 빙글빙글 돌면서 하자고, 하자고 표를 내죠. 이런 것을 억지로 강요하는 것은 절대로 불가능하니까요."

그러므로 그날 아침, 버디의 마스터베이션을 돕겠다고 그가 말한 까닭은 나에게 보여주고 싶어서가 아니라, 정말로 버디에게 어떤 변화가 일어났기 때문일 것이다.

마스터베이션을 보겠느냐는 질문에 나는 "물론이죠."라고 대답했다. 에드바르트는 화장실로 버디를 데려가 목욕 수건을 펼쳤다. 문을 잠그고 에드바르트는 먼저 버디의 등을 쓰다듬어줬다. 버디는 꼬리를 흔들며 무릎을 꿇은 에드바르트의 주변을 빙글빙글 돌았다. 에드바르트가 버디의 페니스에 가만히 손을 댔다. 조금만 만졌는데도 털로 덮인 포피에서 가늘고 빨간 돌기가 바로 나타났는가 싶었는데, 그대로 점점 늘어나 겨우 몇 초 만에 발기한 페니스가 드러났다. 처음 그걸 본 나는 눈이 둥그래졌다.

에드바르트는 내 모습에 미소를 지으며, 혈관이 튀어나온 페니스의 표면을 가리키며 "여기는 되도록 건드리면 안 돼요. 점막이라서 건조함에 약하니까요."라고 설명했다. 버디의 페니스는 성인 남성보다 조금 커 보였고, 뿌리 주위에 '귀두구'라고 불리는 커다란 돌기가 있었다. 에드바르트가 뿌리 주변을 조금씩 어루만지자 곧 사정이 시작됐다.

나는 언제 사정을 시작한 건지 알 수 없었다. 순식간에 벌어져서 발기하자마자 체액을 분출한 것처럼 보였던 것이다. 내가 "어? 벌써 시작된 거예요? 이게 정액?"이라고 묻자, 에드바르트는 "그래요."라며 끄덕였다. 정액은 거의 투명해 보였고 냄새도 그다지 강하지 않았다. 인간의 정액보다 압도적으로 양이 많았다. 사정은 단속적으로 계속되었고, 버디의 정액은 내 다리에까지 튀었다. 입고 있던 바지 천 위로 뜨뜻미지근한 감촉이 퍼졌다.

에드바르트가 버디의 페니스를 만지는 행위는 3~5분 정도로 끝났다. 개의 섹스는 한 시간이나 계속되기도 한다고 들었던 나는 너무 맥없이 끝나서 놀랐다. 에드바르트는 "오케이, 끝!"이라며 버디의 등을 쓰다듬었다. 버디는 다시 꼬리를 흔들며 눈을 감고 에드바르트의 손을 핥다가 다시 자신의 다리 사이를 핥았다.

이 일련의 행위와 광경을 보면서 에로틱하다는 감각은 전혀 느껴지지 않았다. 담백하다고 할 법한 에드바르트의 모습에서도, 아무 일도 없었다는 듯 태연한 버디에게서도 그런 분위기는 조금도 느낄 수 없었다. 지금 본 것은 너무도 담담해서 몸이 불편한 자를 위한 '사정 보조'라는 말이 더 들어맞는 듯했다.

에드바르트는 버디의 마스터베이션을 한 달에 두 번 정도 돕는다고 했다. 빈번히 하면 사정이 안 되기도 해서 오히려 스트레스를 받기 때문에, 과도한 마스터베이션은 금물이라고 했다. 왜 마스터베이션이 필요한지 물었다.

"버디의 불안이 점점 심해지는 게 보이기 때문이죠.

가엾잖아요?"

에드바르트는 "자, 봐요."라며 곤히 잠든 버디를
가리켰다.

"마스터베이션을 하고 나면 긴장이 풀려서 저렇게
새근새근 잠을 자요."

그는 미소 띤 얼굴로 파트너를 바라보았다. 그리고
생각났다는 듯 이렇게 말했다.

"나는 중성화에 반대예요. 심한 일이라는 생각이
들어요. 인간의 필요와 편의에 따라 개의 성을 컨트롤하다니.
내가 할 수 있는 일은 해주고 싶다고 생각하니까 그의
마스터베이션을 돕는 거예요. 버디는 나와 대등한 존재고, 나와
똑같이 성적 욕구가 있다는 사실을 아니까요."

그리고 "정말 말하기 힘든 일이지만……" 하고
말하더니 입을 다물었다. 나는 "무슨 이야기든 하세요. 걱정하지
말고."라며 이야기하게끔 재촉했다.

"아니, 때때로 장애인의 성에 대해 생각해요. 최근
인간은 누구도 섹스할 권리가 있다는 생각이 유럽에서 확산되고
있어요. 독일에는 '섹슈얼 어시스턴트'라고 해서 장애인의 성을
도와주는 섹스 도우미도 있어요. 성은 삶에서 중요한 측면이죠.
그렇다고 장애인을 개와 같다고 말하려는 의도는 절대로
아니에요. 그 점은 오해하지 말았으면 해요. 다만 개의 성도
돌봄의 대상이 되어야 하는 것은 아닐까 생각하는 거죠."

에드바르트가 버디의 사정을 도와주는 것은 파트너가
'안절부절못하는' 것을 깨닫고 공감하기 때문이며, 이를 성적인
케어의 일환으로 여긴다. 에드바르트가 버디를 성적으로
성숙하고 대등한 존재로 보기 때문이다. 그는 개의 성을

경시하지 않는다. 에드바르트뿐만 아니라 많은 주파일이
파트너에게 비슷한 행위를 해준다. 그리고 삶에서 빼놓을 수
없는 섹스라는 요소까지 포함하여 파트너의 전체를 받아들이고
싶다고 주파일들은 말한다.

나는 주파일이 생각하는 섹슈얼리티에는 '파트너의
성 케어'라는 측면도 있다고 느꼈다. 하지만 실제로 섹스라는
행위가 이루어질 때 도대체 어떻게 대등성이 추구되는지,
그때까지는 아직 이해할 수 없었다.

동물성애와 소아성애

일본이든 독일이든, 주변 사람들에게 주파일에 대해
이야기하면 이런 질문을 받는다. "페도필리아pedophilia
(소아성애) 문제에 관해서는 어떻게 생각해? 주파일이
괜찮다면 페도파일pedophile(소아성애자)도 괜찮은 거야?"

이런 질문이 놀라울 정도로 많다는 사실이 나에게는
무척 흥미로웠다.

주파일은 동물을 성적 대상으로 여긴다. 페도파일은
어린아이를 성적 대상으로 삼는다. 이 둘은 '일반적인 이성애'와
거리가 있는 특수한 성애라는 점은 같지만, 성적 대상이 다르다.
하지만 어째서인지 많은 사람들이 이 두 가지가 같은 양태라고
여긴다.

여기에는 대등성의 문제가 가로놓여 있다고 생각됐다.
'어른과 아이는 대등하지 않다.'는 생각과, '인간과 동물은
대등하지 않다.'는 감각은 비슷하다. 사람들이 이 둘을 나란히

견주기 쉬운 까닭은 〈어린아이도 동물도〉 성인 인간만큼 지능이
발달하지 않았다,〉라고 인식하기 때문이리라, 특히 그 점은 언어
능력에서 현저하게 드러난다, 동물은 말을 할 수 없으며, 아이도
어릴수록 언어를 자유롭게 구사하지 못한다,

　　　당연하게도, 인간의 어린아이와 동물은 다른 생물이다,
하지만 언어 능력의 불완전성에서는 공통점이 있으며, 인간의
성인과는 눈에 띄게 차이가 난다, 그래서 반려동물을 떠올려보면
인간의 어린 아이와 비슷한 존재라고 여긴다,

　　　일본에서 쉽게 볼 수 있는 광경이 있다, 날씨가 좋은
주말 점심에 도쿄의 고급 주택가 주변의 산책길에 가보면, 많은
애견인이 산책을 즐긴다, 그중에 개를 걷게 하지 않고 품에
안고 가는 사람도 많다, 유모차에 개를 태운 사람도 보인다,
그런 개들은 대부분 조그마하다, 자주 보이는 개는 치와와나
토이 푸들 같은 초소형견이다, 많은 경우, 리본을 달거나 옷을
입고 있다, 강아지용 옷이지만 티셔츠나 스웨터, 파카처럼
사람이 입는 옷의 형태인 경우가 많다, 도쿄의 어느 산책로에서
본 것 중 가장 놀랐던 광경은 아빠와 엄마와 어린 딸, 작은
치와와로 구성된 가족이 산책하는 모습이었다, 여자아이와
치와와는 같은 무늬의 티셔츠를 입고 있었다, 이 가족에게서
치와와의 위치는 아마 여자아이의 〈형제자매〉일 것이다,
여자아이와 치와와는 태어났을 때부터 사이좋게 자랐을 테고,
아이와 개를 구별하거나 차별하지 않고 함께 살아가는 애견가
가족이라고 볼 수도 있다, 벤치에서 유유자적하는 다른 산보객이
그들을 향해 흐뭇하게 미소 지었다,

　　　2016년 11월 어느 날, 나는 베를린에 있는 갤러리
nGbK에서 개최된 〈동물 애호가ANIMAL LOVERS〉라는

전시를 보러 갔다. 전시 작품 중에 특히 흥미로운 것이 'MYBBY 8L3W'라는 제목이 붙은 3분 정도의 영상이었다. 작가는 베를린을 거점으로 인간과 동물의 관계에 초점을 맞춘 작품을 발표하는 아티스트 집단 네오준NEOZOON이었다. 이 작품은 주로 치와와 같은 소형견이나 고양이에게 열광적인 애정을 표현하는 주인 여성의 모습을 콜라주한 것으로, 주로 일반 여성이 인터넷에서 자신의 반려동물을 소개한 동영상을 바탕으로 한 것이다. 그녀들은 한 옥타브는 높은, 아이를 어르는 듯한 목소리로 반려동물에게 "내 아기"라며 말을 건넨다. 셀프카메라를 두고 정면을 바라보며 그녀들은 반려동물을 안고 키스하고 서로 핥는다. 심지어 가슴을 내놓고 젖을 빨게 하는 행동까지 한다. 재미있는 점은 무작위로 고른 동영상 화면에서 여성들은 같은 어조로 같은 말을 한다는 사실이었다. 가장 많은 발언은 "너무 귀여워, 귀여운 내 새끼(So Cute, This is my little fur baby, She/He is my child)"였다.

　　이 작품을 통해 알 수 있는 사실은 여러 가지다. 먼저 반려동물을 아이로 인식하고 자식을 대신하는 존재로 생각한다는 점, 그리고 많은 여성이 반려동물을 비슷한 행동 방식으로 대하고 있다는 사실이다. 또한 그 행위를 온 세상에 스스로 발신하면서 조금도 부끄러워하지 않으며, 세상도 이를 타박하지 않는다. 커플룩을 입은 개와 딸과 함께 걷는 부모를 흐뭇하게 바라보는 것과 마찬가지다. 주인이 개를 아이처럼 여기며 귀여워하는 일에 사람들은 그렇게까지 거부감을 표하지 않는다.

　　펫은 많은 사람에게 가족이나 마찬가지기 때문이다. 가족이긴 하지만 펫은 아빠가 될 수는 없다. 엄마도 될 수 없다.

펫에게 주어진 지위는 자동적으로 '아이'이며 '자녀'다. 그렇기에 펫을 향한 태도가 때로는 과도하게 보여도 사람들은 공감할 수 있다. "이해해요, 반려동물이란 가족(아이들)이니까." 내가 발견했던 애견가 가족은 딸과 치와와를 그 당시로는 '동등한 아이'로 바라보고 있었다. 하지만 딸이 성장했을 때는 어떻게 될까? 치와와는 '여전히 아이인 채'로 딸의 동생이 되지 않을까.

　　　　개의 존재감을 인간 아이와 더 가깝다고 느끼도록 만든 학설도 있다. 다름 아니라 '개는 다섯 살 아이 정도의 지능을 가지고 있다.'는 주장이다. 일반적으로 알려진 이 이야기는 개를 다섯 살 아이와 비슷한 존재로 느끼게끔 사람들에게 전파한다. 그 결과, 태어나 성장하고 늙어 죽을 때까지 약 십 몇 년간 개는 영영 '다섯 살 어린아이'처럼 취급받는다. 그 가정에서 개는 '영원히' 어린아이이다.

　　　　아이 같은 개에게 성적 자각이 있다고 생각하는 사람은 많지 않을 것이다. 인간의 유아로 바꿔 생각해보면 이해가 된다. 다섯 살 아이가 돌연 성욕을 드러낸다면 어른들은 낭패스러울 테니까.

　　　　일본에서는 개를 기르는 많은 사람이 중성화 수술을 당연하게 여기는데, 주인의 의무라는 사고방식이 있기 때문이다. 중성화는 동물의 성을 컨트롤하는 것으로, 그 생명이 가진 존재 양상에 인간이 손을 대는 것이다. 중성화의 찬반에 대해서는 더 논의할 필요가 있겠지만, 개의 성을 무시하고 거세하는 일이 일반적이게 된 배경에는 '개를 아이로 보는 시각'도 자리하는 것은 아닐까? 아이는 어른의 지배 아래 있으므로 어른이 권한을 내세우는 것은 당연하다. 또한 일반적으로 아이는 어른과 같은 성욕을 가지지 않았다고 생각되므로, 중성화 자체가 떳떳하지 못하다고 생각하기 힘들다. 중성화하면 개의 '아동화'는 한층 더 진행된다. 아이가 성욕을 드러낸다는 공포에서 '어른' 주인은 해방된다.

과거에 유럽에서는 자위행위를 꺼렸다. 프랑스의 철학자 장 자크 루소Jean Jacques Rousseau는 1762년 『에밀』에서 이를 해악으로 묘사했다. 자위를 나쁜 습관으로 보는 풍조는 18세기에 시작되어 19세기에 걸쳐 유럽에서 더욱 심화됐다. 미셸 푸코Michel Foucault는 『성의 역사 1 - 지식의 의지』에서 "교육자와 의사는 소년의 자위를 근절해야만 하는 역병으로 여겨 박멸하려 했다."라고 언급하며, 사춘기 청소년의 성이 어른으로부터 관리받아야 하는 것이 되었다고 했다.

서양에서는 당시 소년의 자위행위를 방지하기 위해 다양한 기구나 기계가 개발되었다. 예를 들어, 가느다란 가죽 벨트 안쪽에 날카로운 금속제 가시를 붙여놓은 기구가 있다. 이를 페니스에 장착하면 발기하자마자 가시에 찔려 강렬한 고통이 찾아온다. 또한 취침 중인 소년의 페니스에 긴 전기 코드가 붙은 링을 둘러씌워서, 발기하면 옆방에서 자고 있는 부모에게 알람으로 알려주는 기계까지 만들어졌다. 이런 장치는 체코 프라하에 있는 섹스 머신 뮤지엄을 방문했을 때 직접 보았다. 소년의 성욕이 얼마나 해롭게 여겨졌는지 알 수 있다.

보호해야만 하는 순수한 존재여야 할 아이가 성에 눈 뜨는 것은 어른에게 무시무시한 일이었다. 현재 이와 비슷한 현상이 반려동물인 개와 관련해서도 일어나고 있는 듯하다. 18 ~ 19세기의 아이에 이어서 이제는 개가 섹슈얼리티의 억압을 받고 있다. 더럽혀지지 않은 '아이'인 개에게 생생한 성욕이 있어서는 불편하기 때문이다.

개들이 〈아이〉이기에 사람들은 더 무의식적으로 〈주필리아〉와 〈페도필리아〉를 겹쳐 바라보기도 한다.

한편 개를 향한 주파일의 시선은 일반적인 〈개의 아동화〉와 정확히 반대 지점에 위치한다. 그들은 성견을 〈성숙한 존재〉로 바라본다. 그들에게 파트너인 개가 자신과 마찬가지로 대등하게 성숙하다는 가장 좋은 증거는 개에게 성욕이 있다는 것일지도 모른다. 그들에게 개는 〈다섯 살〉 어린아이가 아니며, 개가 인간의 아이와 〈비슷〉하기 때문에 〈좋아하는〉 것이 아니다.

사실 주파일은 페도필리아를 혐오하는 경우가 많다. 때로 주필리아는 페도필리아와 동일시되는 일에 저항감과 혐오감을 느끼는 듯하다. 많은 주파일이 〝소아성애는 용서할 수 없는 일〞이라고 말한다.

주파일은 〝여자아이나 남자아이는 어릴 때는 성적인 자각이 없다. 그런 상대에게 성적 행위를 강요하는 것은 잘못된 일이다. 아이 쪽에서 욕망하는 것은 있을 수 없기 때문〞이라고 역설한다. 그 말에는 물론 〝성숙한 동물에게는 성적인 욕망과 그 욕망을 실행할 힘이 있다.〞라는 주장이 뒷받침되어 있다.

페도필리아라는 방식에는 어른과 아이 사이에 성욕의 비대칭성이 있으므로 그 시점에서 벌써 대등성이 성립되지 않는다. 주필리아는 대등성에 얽매인다. 만약 페도파일을 〈자신과 대등하지 않은 자 혹은 우위에 있지 않은 자에게 성적 욕망을 품은 사람〉이라고 정의한다면, 주파일과 페도파일은 매우 커다란 차이가 있다.

이 복잡한 문제를 확실히 해결할 수 있는 열쇠는 역시 대등성에 있다. 대등성이란 상대의 생명이나 그에 포함된 모든 측면을 자신과 마찬가지로 존중하는 마음이다. 대등성은

동물이나 아이를 성적 대상으로 삼는 성행위에서만 문제시되는
개념이 아니라, 어른 사이의 섹스에서도 필요한 개념이다.

3장
원하며

다가오는   동물

녀석들은 성인군자야

　주파일과 파트너 사이에서 이루어지는 섹스는 정말 대등한 행위일까? 주파일이 일방적으로 자신의 욕망을 동물에게 강요한다면, 나는 주파일의 섹스를 인정할 수 없다. 성폭력과 마찬가지기 때문이다. 나는 섹스를 선악으로 나눌 수 없다고 생각하지만, 성폭력만큼은 받아들이기 어렵다. 모든 섹스 가운데 그것만은 허용할 수 없다는 모순된 심정을 품고 있는 셈이다.

　앞서 이야기했던 일본 성인 사이트를 통해 알게 된 일본인 두 남성이 섹스를 이야기할 때 나는 성폭력과 똑같은 정도로 혐오감을 느꼈다. 그들은 욕망의 대상인 여성에게 뱀장어나 쥐, 개 등과 섹스를 하게끔 만들어 자신의 성적 욕구를 채웠다. 그들에게 뱀장어, 쥐, 개는 인간보다 열등한 생명체다. 인간이 아닌 존재와 여성을 관계 맺게 함으로써 그들은 여성을 "인간 이하로 전락시킨다."고 말했다. 그러면서 자신이 뱀장어, 쥐, 개와 절대로 성적 접촉을 하지 않는 까닭은 '인간 남성'으로서 지배하는 측에 서 있고 싶기 때문이리라.

　아무리 여성은 숭고하거나 여성을 존중한다고 말해도, 그들의 섹스는 폭력이 동반된 모욕 행위다. 자신에게 깊게 뿌리박힌 여성 혐오를 그런 섹스 행위로 해소하려 한다. 그렇게 성욕을 채우는 동시에 자신의 우위를 확인한다.

　나는 제타 회원에게 이 이야기를 한 적이 있다. 처음에는 "일본에서 섹스에 뱀장어를 사용하는 남성과 만난 적이 있다."라고만 했다. 그러자 어떤 주파일은 이렇게 답했다.

"뱀장어 드문 경우네요, 일본답다고 해야 하나 어쨌건 나는 뱀장어를 사랑하는 것이 불가능하지는 않다고 생각해요,"

왜 그렇게 생각하는지 묻자, "음, 수영장에서 함께 수영한다든가,…… 좋지 않아요 "라고 답했다, 그는 설마 여성과의 섹스에 페니스 대신 사용한다고는 생각하지 못한 것 같았다, 내가 자세하게 설명하자 그는 경악했다,

"세상에, 믿을 수가 없어요, 당하는 사람에겐 얼마나 큰 트라우마일까 너무 끔찍하네요,"

그는 말문이 막힌 듯했다,

주파일에게 동물이란 공생해야 하는 동료이며, 인간보다 아래라는 의식이 없다, 그러므로 뱀장어라고 해도 '함께 수영한다'든가 '사랑한다'는 발상이 먼저 떠오른다, 주파일과 이야기하면서는 그 일본인 남성에게 느꼈던 혐오감을 느낀 적이 한 번도 없다, 그랬기 때문에 주파일의 섹스는 더 이해하기 힘들었다고도 말할 수 있다,

제타에 있는 주파일과 이야기를 나눌 때는 그들이 너무 예의 바르다는 생각이 들었다, 처음에는 '나를 경계해서 불편한 이야기는 하지 않는 걸까'라고 생각했다, 하지만 한 명, 한 명 만나 충분한 시간을 가져보니, 그들이 무언가를 속인다는 생각은 들지 않았다, 어쩌면 궁극적인 동물애호를 실천하는 사람들인지도 모른다는 느낌마저 들었다, 제타 사람들은 언제나 당당했고, 무언가를 숨길 필요는 전혀 없다는 듯 떳떳한 모습이었다,

그들은 정말 모든 것을 보여주고 있는 걸까, 아니면 외부인에게 보여도 괜찮을 모습만 드러내는 걸까 그런 생각에

빠져 있던 무렵, 나는 예전에는 제타 회원이었다가 그들과 싸운 후 결별했던 사람과 만났다. 2017년 9월 무렵으로, 이름은 에드가Edgar라고 했다.

에드가에 대해서는 전부터 제타 회원에게서 소문을 들었다. "믿을 수 없는 사람", "거짓말쟁이"라는 악평부터 "머리 회전이 빠르고 실행력도 있는 사람"이라는 긍정적인 의견까지 다양했다. 예전에는 제타의 중심인물이었다는 에드가는 인간관계로 문제를 일으켜 몇 년 전에 제타를 탈퇴했다고 한다.

제타 회원 중 누구도 에드가를 소개해주려 하지 않았다. 연락처를 가르쳐달라고 해도 다들 모른다고 했다. 하지만 엉뚱한 일로 알게 된 사람에게서 에드가의 연락처를 들을 수 있었다. 사이가 나쁘다는 것을 알고 있었기에 혹시나 하는 마음에 제타 사람들에게 에드가와 만날 약속을 했다고 미리 말해두었다. 예상대로 "조심해요.", "속지 마세요."라는 반응이 돌아왔다.

실제로 만난 에드가는 평범한 키와 덩치의, 수더분한 인상을 가진 중년 남성이었다. 주파일 게이인 그는 2주 전에 파트너였던 수컷 개를 잃었다고 했다.

야간 경비원 일을 하는 에드가의 아파트는 좁았다. 개는 죽었다고 했지만, 방에는 여전히 그 냄새와 기운이 가득했다.

"아직 치우고 싶지 않아서……."

에드가의 시선은 개가 쓰던 물그릇과 접시로 향했다. 접시에는 사료가 반 정도 남아 있었다.

그는 탐문하듯 물었다.

"제타를 조사하고 있다면 나에 관한 나쁜 이야기를

적잖이 들었을 텐데요."

나는 "뭐, 조금요."라며 얼버무렸다.

제타의 힘담까지 하지는 않았지만 그들을 좋게 생각하지 않는다는 점은 명백했다.

"기왕 독일까지 왔는데, 제타를 중심으로 주파일을 조사한다니 아쉽군요. 내가 그들에게 유일하게 불평하고 싶은 게 있다면, 나를 당신에게 소개하지 않았다는 거예요."

그는 넌지시 주파일에 관해서는 자기가 인맥이 더 넓다고 암시하듯 말했다.

"제타는 독일의 주파일 중 빙산의 일각에 지나지 않아요."

흥미가 생긴 나는 그에게 제타의 문제점이 뭐라고 생각하는지 물었다.

"문제점이라고 할 수 있을지는 모르겠지만, 그들은 너무 '특이'한 주파일이라고나 할까......."

에드가의 진의를 파악하기 힘들어서 좀 더 물어보았다.

"어떤 의미에서요?"

"윤리관이 너무 엄격해서, 거기에 어울리지 않는 멤버를 차차 밀어내죠. 내 주변의 주파일은 제타에 대해 알레르기 반응을 보이는 사람도 있을 정도니까요. 제타와는 두 번 다시 얽히고 싶지 않다고 말이죠."

에드가의 말투가 다소 빨라졌다. 그리고 비아냥거리는 듯한 웃음을 띠며 혼잣말하듯 말했다.

"한마디 덧붙이자면, 녀석들은 '세인트 주Saint Zoo', 성인군자들이지."

다시 말해 '성스러운 동물성애자'라는 뜻이었다.

에드가와 제타는 확실히 가치관의 차이가 있는 듯했다. 그건 어쩌면 내가 느끼는 '제타 멤버의 예의 바름'과도 관계가 있는지도 모른다.

제타에는 압도적으로 남성이 많다. 그중에서도 수컷 동물을 성적 대상으로 하는 '주파일 게이'가 과반수를 차지한다. 게다가 제타의 주파일 게이는 모두 '패시브 파트'다. 다시 말해 제타의 남성은 대부분 수컷 개를 '받아들이는' 수동적 관계를 맺고 있다.

이 비율은 제타의 특징을 보여준다. 앞서 언급한 사회학자 윌리엄스와 와인버그는 남성과 개 사이의 섹스 방법을 조사했다. 복수 응답이 가능했는데, 그중 가장 많은 답이 "남성이 개의 질에 페니스를 삽입하는 경우"로 74퍼센트였고 그다음이 남성이 자신의 항문에 개의 페니스를 받아들이는 수동적인 형태로 63퍼센트에 달한다. 세 번째로는 남성이 개로부터 오럴섹스를 받는 행위로 44퍼센트, 그다음은 남성이 개의 항문에 자신의 페니스를 삽입하는 행위로 24퍼센트를 차지한다. 이 통계에 따르면, 자신의 페니스를 개에게 삽입하는 액티브 파트 행위가 더 많다는 사실을 알 수 있다.

하지만 내가 알게 된 주파일은 남성 19명 중 13명이 페니스를 삽입하지 않는 패시브 파트였다(실제 성행위의 경험은 없지만, 스스로 패시브 파트라고 여기는 5명도 포함된다). 액티브이기도 하고 패시브이기도 한 사람이 2명, 완전히 액티브 파트인 경우는 4명뿐이다.

내 주변에는 어째선지 패시브 파트의 남성만 있었다고 할 정도다. 액티브 파트의 이야기를 처음 들은 것은 두 번째 독일 체류 기간이 거의 끝나갈 무렵이었다.

에드가의 말에 따르면, 독일에는 훨씬 다양한 주파일이 있다고 했다. 그리고 그런 사람들은 제타에 소속되지 않았다. 물론 여성도 있으며, 액티브 파트인 주파일도 많다고 했다. 나는 아쉽지만 제타와는 다르다는 에드가 주변의 주파일과는 만나지 못했다. 게다가 에드가와 만났을 때는 조사를 끝마치기 하루 전이어서 시간이 얼마 남지 않은 상황이었다.

"또 독일에 올 일이 있으면, 그리고 여전히 주파일에 대해 알고 싶다면 다음엔 나한테 먼저 연락해요."

에드가는 그렇게 말하고 악수를 청했다. 에드가에게 속지 말라고 했던 제타 멤버들은 무엇을 걱정했던 것일까? '성스러운' 주파일이라고 비아냥을 들을 만큼 예의 바른 그들이 숨기고 싶은 무언가가 어쩌면 제타 외부에 있을지도 모른다.

개가 원하며 다가오다

제타에 소속된 사람을 중심으로 이야기를 들으면서 느낀 점 중 하나는 액티브 파트와 패시브 파트는 큰 차이가 있을지도 모른다는 사실이었다. 즉, 주파일 성향에 대해 이야기하기 어려워하는지 아닌지에 차이가 있다. 패시브 파트가 무엇이든 술술 이야기해주는 경향이 있다면, 액티브 파트는 다소 입이 무겁고 좀처럼 자신의 섹스에 대해 이야기하고 싶어 하지 않는다. 이 사실은 나에게 무척 흥미로웠다.

조사를 시작하고 얼마 지나지 않아 만났던 패시브 파트 남성 중에 클라우스Klaus가 있었다. 그는 주눅 들지 않고 개와의 섹스 경험을 이야기해준 사람 중 하나다. 나이는 20대

중반으로, 스위스와 국경이 인접한 마을에서 살고 있었다. 클라우스와 만나기 위해 그가 사는 동네로 갔다. 역에 도착하니, 클라우스가 개찰구에서 기다리고 있었다. 둥글둥글한 체형에 키도 그리 크지 않아서 소년 같은 인상이었다. 그는 어머니와 함께 사는 집으로 나를 초대했다.

가족 모두 애견가인 가정에서 자란 클라우스에게, 개는 어릴 때부터 가깝고도 특별한 존재였다. 처음 기른 수컷과는 "조금 설명하기 힘들 정도로, 강하고 무척 강렬한 감정적 유대가 있었다."라고 클라우스는 말한다. 어려서 아직 성에 눈뜨지 않았기 때문에 그 개와는 성적 경험은 갖지 못했다. "아마 형제 비슷한 관계였을지도 몰라요."

현재 파트너는 나이 든 수컷인 스파이크다. 클라우스와 이야기를 나누는 동안 스파이크는 바로 곁에서 계속 꼼짝 않고 있었다. 배가 땡땡하게 부풀어서 움직임이 느렸다. 병이 깊어서 짧은 거리밖에 걸을 수 없다고 했다. 인쇄공으로 일하는 클라우스는 평일에는 차로 15분 정도 떨어진 직장으로 출근하는데, 스파이크를 혼자 둘 수 없어서 점심시간에는 식사를 거르더라도 집으로 돌아와 파트너를 돌본다.

클라우스가 처음 개와 섹스를 한 것은 열네 살 무렵이었다고 한다. 스파이크는 아니었고 이웃이 기르던 수컷이 상대였다. 그 가족이 여행을 떠나면서 클라우스에게 개를 돌봐달라고 부탁했다. 식사와 산책을 챙기기 위해 매일 그 개를 찾아갔고, 어느 날 집에서 함께 시간을 보내다가 처음으로 섹스를 했다. 상황이 머릿속에 잘 그려지지 않았던 나는 구체적으로 물었다.

"섹스를 하기 전에 그 개의 페니스를 만지거나

했나요?"

"설마요. 그런 일을 했겠어요?"

"그럼 어떤 느낌으로 그 개와 섹스를 시작한 거예요?"

"개가 원하며 다가왔어요."

이 말을 들은 것은 미하엘에 이어 두 번째였다.

"미하엘도 같은 말을 했어요. 그래도 아직 이해가 잘 안 돼요. 개가 원했다니, 어떤 의미일까요? 개가 섹스를 바라는지 어떻게 알 수 있었죠?"

"태도나 몸짓이죠."

납득하지 못하는 내 표정을 읽었는지, 그는 이렇게 덧붙였다.

"개가 섹스하고 싶어 한다는 것은 밥을 먹고 싶어 하는 모습과 마찬가지로 알아차리기 쉬워요. 그러니까 개는 하고 싶은 것은 하고 싶다고, 싫은 것은 싫다고 확실히 표현하죠. 싫다면 깨물거나 짖거나 하면서 저항하겠죠."

그런 말을 들었지만 여전히 아리송했다.

"그러면 구체적으로는 어떻게 섹스를 시작했지요? 그렇게 간단하지는 않은 것 같아서요."

"먼저 개가 내 위로 덮쳤어요. 그 개는 훈련을 잘 받아서 다른 사람에게는 절대 그런 행동을 하지 않았어요. 하지만 둘이서만 있을 때, 나한테만 그랬어요. 나니까 원했던 거죠."

"나니까." 클라우스는 그 말을 강조했다. 어떤 개라도 그렇게 했으리라는 뜻이 아니라, 그 개 역시 누구에게나 그렇게 하지는 않았다고 강조하는 것 같았다. 다시 말해, 클라우스의 입장에서는 그 개가 특별한 태도를 보였기에 섹스까지 하게 되었다는 뜻이다.

"그래서 당신은 어떻게 했나요? 구체적으로 말하면 그 상황에서 팬티를 내렸나요?"

"아, 정말 직접적인 질문이네요."

클라우스는 쓴웃음을 지었지만, 바로 진지한 표정으로 대답했다.

"네, 그래요. 팬티를 내리고 '여기야' 하며 엉덩이를 보여줬어요. 그렇지만 어떻게 하면 되는지는 가르쳐주지 않았어요. 아무것도 가르쳐주지 않아도 개는 어떻게 하면 될지 정말 잘 알고 있으니까요."

나는 "아, 그런 건가." 라고 일본어로 나직이 내뱉고 말았다. 클라우스는 미소를 지었다.

조금 더 이야기를 나누고 있자니 저녁 식사 시간이 되었다. 클라우스의 어머니가 부엌에서 "오늘은 맛있는 걸 만들었어." 라고 나도 알아들을 수 있게 천천히 독일어로 소리를 질렀다.

테이블에는 예쁜 식기가 놓여 있었다. 도와드리겠다고 말하자 "손님이니까 그냥 앉아 있어요." 라고 했다. 거실까지 익숙한 냄새가 풍겼다. 그녀는 만면에 웃음을 띠고 커다란 접시를 테이블로 가져왔다.

"크누델이에요."

"이걸 먹지 않으면 독일에 온 의미가 없어요." 라고 의기양양하게 말하는 클라우스의 어머니 앞에서 나는 속마음을 내비칠 수 없었다. 실은 그저께도 다른 집에서 크누델을 먹었다. 어쩌면 일본의 조림 요리처럼 크누델에도 그 집만의 맛이 있을지도 모른다고 덧없는 기대를 하며 한입 먹었지만, 역시 크누델은 크누델이었다. 설컹설컹 씹히는 감자 경단에 진한

브라운소스, 곁들여진 반찬 또한 적양배추 초절임이다.

"어때요?" 웃음을 띠며 기대 가득한 얼굴로 던지는 어머니의 질문에 "렉카(맛있어요)"라고 대답할 수밖에 없었다.

크누델은 결코 맛없는 요리가 아니다. 하지만 어째선지 나는 이 음식이 조금 힘들었다. 그 뒤로도 '독일 명물 요리'라며 크누델을 여러 집에서 대접받았다. 도합 열 그릇 정도까지는 맛있게 먹었던 것 같다. 그렇지만 경이로울 정도로 모든 집의 크누델이 똑같은 맛이었다. 크누델을 향한 독일 사람의 자부심에 압도당한 나는 결코 이길 수 없는 이 감자 경단과의 싸움이 내심 위험하다는 생각마저 들었다. 독일인은 그다지 요리에 취미가 없다는 말은 정말인지도 모른다. 어디서 먹어도 같은 맛인 까닭은 모두 시판 중인 즉석 소스로 맛을 내기 때문은 아닐까.

어떻게든 크누델을 먹고 나서 클라우스와 다시 이야기를 시작했다. 개가 먼저 원했다는 사실이 아무래도 이해가 잘 안 된다고 나는 솔직히 말했다.

"그렇겠죠. 상상하기 힘들 거예요. 하지만 개에게 맡기면 자연스레 그렇게 돼요. 내가 개를 컨트롤하려는 마음을 버리자마자, 개와의 섹스는 시작되는 거예요."

이 말을 들었을 때, 나는 새로운 혼란과 충격에 빠졌다. 실마리를 얻은 것 같은 기분도 들었지만, 잘못 짚었다는 직감도 들었다. 그의 발언은 머릿속 어딘가를 찌르듯 박혀들었다. 내가 가진 상식이 무너지는 듯한 감각이었다.

클라우스는 예전에는 스파이크와도 섹스를 했다고 말했다. 역시 "스파이크가 바라며 다가왔을 때 한해서"라고 덧붙였다. 늙고 쇠약해진 스파이크는 얼마 전부터 더 이상

원하지 않았다. 그러므로 지금은 섹스를 하지 않는다.

　　욕망하는 것은 항상 개이지, 자신이 아니다. 패시브 파트인 남성 주파일의 증언을 듣고 나는 계속 곤혹스러웠다. 그들이 거짓말을 한다고는 생각되지 않았지만, 완전히 믿기란 아무래도 쉽지 않았다. 인간이 개의 행동을 편의대로 해석하고 있는 건 아닐까? 그런 생각이 떠나지 않았다.

묶을까, 묶일까?

　　개가 섹스를 하자고 원했다는 이야기에 머리를 싸맸지만 답은 쉽사리 보이지 않는 날들이 이어졌다. 일단 독일 여기저기를 돌아다니며 사람을 만나던 어느 날, 예기치 못한 형태로 내 생각을 바꿀 기회와 맞닥뜨렸다.

　　대등하기를 바라서 결국 사나워진 크로코에게 손을 물렸던 한스의 집을 방문했을 때의 일이다. 밖에 나가면 흥분하여 누구에게든 달려들던 크로코였지만, 집에 있으면 마치 다른 개가 된 듯 점잖았고 때로는 어리광도 부렸다. 그날 크로코는 나와 한스가 앉은 소파 한가운데로 몸을 들이밀고는 졸고 있었다. 내게 밀착한 크로코의 체온을 느끼며 나는 한스와 이야기를 나눴다.

　　그때 화제에 오른 주제는 주파일과 비스티(수간 애호가)의 차이였다. 주파일은 애정 없이 동물과의 섹스만을 목적으로 하는 비스티나, 동물을 괴롭히는 것 자체를 즐기는 주파일 새디스트를 혐오한다.

　　"주파일은 결코 동물을 상처 입히지 않아요. 하지만

세상 사람들에게는 주파일도, 비스티도, 주파일 새디스트도
다를 바 없겠죠, 편견이 사라지지 않는 이유는 그 탓도 큰 것
같아요."

한스는 차이를 알기 쉽게 설명하기 위해 동영상을
보라고 했다. 남아메리카 콜롬비아 어느 지역의 남성들이
나귀와 성행위를 하는 모습을 재밌고도 심각하지 않게 다룬
짧은 다큐멘터리로, 나도 예전에 본 적이 있었다. 영상에서는
서양인 남성이 리포터 역을 맡았다. 그는 때때로 작위적인
웃음을 띤 얼굴로 마을 남성과 소년을 인터뷰한다. 그리고 결국
어떤 콜롬비아 남성이 암나귀와 성행위를 하는 장면을 카메라에
담는다. 그 장면에서 한스는 동영상을 멈췄다.

"여기를 좀 봐요. 이 콜롬비아 남성은 나귀에게 자신의
성기를 삽입하고 있죠. 잘 보면 나귀가 목에 밧줄이 걸린 채
나무에 묶여 있어요."

이전에 봤을 때는 깨닫지 못했지만 듣고 보니 말
그대로였다. 당기면 끊어질 듯한 새끼줄이었지만, 어쨌건 나귀를
나무에 매어놓았다.

"나귀가 도망치지 못하게 하기 위해서죠. 주파일이라면
절대로 하지 않을 일이에요. 나귀의 자유를 빼앗았기 때문에 이건
'수간'이고요. 그러니까 이 콜롬비아 남자는 '비스티'죠."

한스는 내가 이해했는지 확인하듯 나를 보며 말을
이었다.

"이런 섹스 방식뿐만 아니라, 동물이 성적으로
반응하도록 훈련하는 일도 비스티의 행위라고 생각해요. 그런
행위를 용서할 수 없는 건 당연하죠. 인간끼리도 마찬가지예요.
대등한 관계라면 섹스를 강요할 수 없죠."

나귀가 싫어하는지 어떤지는 영상만으로는 알 수 없다. 하지만 한스로서는 밧줄에 묶여 있는 상황 자체를 허용하기 어렵다. 이보다 훨씬 잔혹한 행위를 하는 사람이 주파일 새디스트라고 한스는 말했다.

"주파일 새디스트는 말 그대로 가학행위를 하는 사람이에요. 예를 들어 개의 입을 테이프로 막고 앞다리나 뒷다리도 밧줄로 묶어서 옴짝달싹도 못 하게 하고는 강간하는 놈들이죠. 그들은 괴롭히는 행위 자체에 흥분하죠. 동물학대자예요."

비스티도, 주파일 새디스트도 자신들과는 이렇게나 다른데, 같은 취급을 당하는 것이 참을 수 없다는 뜻을 똑똑히 내비쳤다.

"하지만...... 안타깝게도 세상에는 혼동되는 일이 많으니까요."

악치온 페어플레이가 '동물을 강간하는 남자들'로 제타를 거명하며 비난하던 상황이 떠올랐다. 정확히는 폭력 행위를 하는 주파일 새디스트나 비스티를 규탄해야겠지만, 그들의 눈으로 보면 동물을 성적 대상으로 삼는 시점에서 이미 마찬가지로 '비정상'이다. 굳이 제타를 규탄의 대상으로 삼은 까닭은 주파일을 간판으로 내세운 그들이 공격하기 더 쉬운 대상이기 때문이다. 제타 회원은 모두 악치온 페어플레이가 말하는 행위는 절대 하지 않는다고 말한다. 그런 소행을 저지르는 자는 주파일 새디스트이며, 그들은 진정한 동물성애자가 아니라고 거듭 설명했다.

생각해보면 악치온 페어플레이가 동물을 바라보는 시선 또한 주파일과는 다르다. 그들은 동물을 '아이' 그 자체로

본다, 인간에 의해 보호받아야 하는 약한 존재, 그런 견해가 강고하기에 동물과의 섹스는 곧바로 학대로 연결되고 만다,

이야기에 빠져 있는 동안, 크로코는 우리에게 몸을 기대고 잠에 빠졌다, 그 따스함이 전해져 나도 점점 졸렸다, 여행의 피로가 별안간 몰려오는 것 같았다, 나는 한스에게 "미안해요, 15분만 잘게요,"라고 말하고는 눈을 감았다, 크로코에게 기대다시피 엎드리자 눈 깜짝할 사이에 잠에 빠져들었다, 소리가 나서 눈을 떴을 때는 30분 정도 지나 있었다, 한스가 미소를 지으며 나를 바라봤다,

"잘 잤어요? 피로가 조금이라도 풀렸다면 좋겠네요,"

"고마워요, 짧았지만 푹 잔 것 같은 느낌이 들어요, 크로코가 따뜻해서 그랬겠죠,"

"맞아요, 개와 함께 살면 불면증은 치료된다고 생각해요, 제가 실감하고 있죠,"

한스는 수면장애를 달고 살았지만, 크로코가 온 다음부터 꽤 좋아졌다고 한다, 그는 스마트폰을 꺼내 나에게 화면을 보여줬다, 내가 크로코를 안고서 잠든 모습이 찍혀 있었다,

"마음대로 찍어서 미안해요, 너무 보기 좋아서……"

나중에 사진은 제타의 그룹 채팅방에 올라갔다, 사나운 크로코에게 팔을 두르고 자는 사진 한 장으로 나에 대한 평가가 적잖이 좋아진 것 같았다,

저녁이 가까워지자, 슬슬 크로코의 식사 시간이 되었다, 한스가 부엌으로 들어가 준비를 했다, 그 모습을 관찰하던 크로코는 펄쩍 뛰어올라 방을 서성였다, 밥을 다 먹고 나자 크로코는 단숨에 평정을 찾고 소파로 돌아와 한스에게

다가갔다. 크로코는 한스의 배꼽 근처에 코끝을 쑥 들이밀었다. 티셔츠가 밀려 올라가 한스의 배가 드러났다. 크로코는 열심히 배꼽을 핥았다. 궁금해져서 뭘 하고 있는지 묻자, 한스는 웃으며 말했다.

"이게 섹스를 하자고 조르는 거예요. 크로코는 어째선지 내 배꼽을 성기라고 생각하는 것 같아요. 식사 후에는 자주 이렇게 바라곤 해요."

나는 예상치 못하게 '섹스를 바라는' 개의 모습을 본 셈이었다. 놀라서 크로코를 물끄러미 쳐다봤다. 한스의 배꼽을 핥는 크로코의 페니스는 빨간 끝부분이 조금씩 드러났다. 나는 놀라서 "수컷은 식사 후에 대체로 섹스를 하고 싶어 하죠."라고 했던 미하엘의 말을 떠올렸다. 한스는 싱긋 웃으며 말했다.

"크로코의 기분이 좋을 때는 항상 이런 느낌이죠. 인간도 배가 부르면 편안하고 즐거운 기분이 들잖아요? 크로코도 분명 똑같을 거예요. 그래서 나를 바라는 걸 테고."

이럴 때 한스는 크로코에게 마스터베이션을 해주곤 한다고 한다. "해주면 차분해지기 때문에"라고 했다. 한스도 '주파일 게이 패시브 파트'이므로 섹스를 한다면 크로코를 받아들이겠지만, 페니스가 너무 크다는 이유로 섹스는 한 번도 하지 않았다.

"그래도 내가 마스터베이션을 하고 있으면 크로코는 내 정액을 핥아서 처리해주곤 해요. 나는 그것만으로도 충분하죠."

실은 많은 남성 주파일이 이런 경험을 한다. 수컷이건 암컷이건 개들은 어째서인지 인간의 정액 냄새를 좋아해 핥으러 온다는 이야기를 몇 번이나 들었다.

그날, 한스는 크로코의 바람에 응하지 않았다.

"크로코는 내가 그럴 기분인지 아닌지를 잘 알고 있어요. 봐요, 바로 포기하잖아요. 그럼 '그냥' 놀자고 보채죠. 보세요."

한스가 말한 대로 크로코는 장난감이 담긴 주머니를 물고 와서 물고 당기며 놀자고 졸랐다.

크로코가 섹스를 원하는 모습은 알아차리기 어려웠지만, 놀자며 보채는 모습은 명료하게 다가왔다. 만약 내가 크로코를 길렀다면, 식후에 배꼽 주변을 핥는다고 해서 그것이 섹스하고 싶다는 의사 표시라는 점을 알 수 있었을까? 페니스의 상태를 보고서야 납득했지만, 어쨌건 지금은 동물성애나 동물의 성에 대해 조금은 자각하게 되었다. 고향 집에서 개를 키웠을 때, 나는 개의 성적 욕구에 관해서는 전혀 알아차리지 못했다. 그런 것이 있다고는 생각조차 하지 못했다. 동물에게도 성적 욕구가 있다는 발상 자체가 결락되어 무의식적으로 무시한 것인지도 모른다. 그때 개는 나름대로 성적 욕구를 호소하고 있었지만 내가 그 호소에 대응하지 못했을지도 모른다고 지금에야 생각해 보았다.

일본에서 만난 청년

그렇다고 해도 여러 주파일 게이가 이야기했던 "개가 먼저 원하는" 일은 오랫동안 석연치 않게 느껴졌다. 한스의 집에서는 크로코가 섹스를 바라는 행동을 보았지만, 그런 사례 하나로 납득할 만한 문제는 아니었다.

고민이 쌓여서 일본의 성인 사이트에 글을 올린 게
바로 그 무렵이었다. 제타 밖의 사람에게서 의견을 듣고 싶었다.
아쉽게도 그다지 수확이 없었다는 것은 앞서 이야기한 대로다.
하지만 진지한 메일이 딱 한 통 도착했다. 다쓰야達也라고
이름을 밝힌 한 남자가 보낸 메일이었다. 글에는 고뇌에 빠진
사람만의 절박함이 묻어 있었다. 고민 끝에 답장을 쓰자 그는
바로 답을 보내왔고, 결국 우리는 그날 통화를 했다.

2016년 겨울의 늦은 밤이었다. 다쓰야는 긴장한
듯해서 처음에는 대화가 잘 이어지지 않았다. 꽤 젊은
목소리였던 것은 의외였다. 스무 살 청년이었던 다쓰야는
동물 복지에 관련된 직업을 갖고 싶어 대학 입시를 준비하는
수험생이었다.

나는 그에게 조금씩 질문하면서 이야기를 시작했다.
다만 제타에서 들은 이야기는 한마디도 꺼내지 않기로 결심했다.
다쓰야는 더듬더듬, 하지만 서서히 둑이 터지듯 이야기를
시작했다.

자신은 동물성애자일지도, 그렇지 않을지도 모르지만,
동물성애라는 말만큼은 알고 있다고 다쓰야는 말했다. 어렸을
적부터 집에서 개를 길렀고, 지금 키우는 개의 이름은 럭키라고
했다. 수컷 골든리트리버로, 가족이 키운 세 번째 개다. 다쓰야는
삼형제 중 둘째로 태어났다. 가족 모두 개를 사랑하고 다들
럭키를 소중히 아낀다고 했다.

"그렇지만 럭키는 나만을 특별히 여기는 것처럼
느껴져요. 설명하긴 힘들지만, 따른다는 표현과도 뉘앙스가
조금 다른 것 같아요. 아니, 다른 형제에 비해 나를 가장
따른다는 점은 분명하지만, 그 말만으로는 표현하기 힘들다고나

할까요? 나한테만...... 어떻게 말해야 좋을지...... 어쨌건 태도가 특별해요."

다른 형제에게도 놀자고 재롱을 피우기는 하지만, 다쓰야를 대할 때는 어리광을 부린다고 했다.

"정확히 말하면, 애인으로 여기는 것 같은 느낌이 들어요."

다쓰야는 그 까닭을 제대로 말로 설명할 수 없지만, 애인으로 여긴다는 사실만은 확실하다고 몇 번이나 반복했다. 다쓰야는 럭키가 한 살이 되었을 무렵부터 그런 태도를 눈치챘다. 나는 제타 멤버가 말했던 동물의 퍼스낼러티 이야기를 떠올렸다. 주파일은 파트너와의 관계성 속에서 무언가 특별함을 눈치챘다고 했던.

"제가 꽤나 이상하죠?"

다쓰야는 불안한 듯 물었다. "괜찮아요."라고 대답하며 그가 고민하는 이유를 다시 물었다.

"더 이상한 이야기가 될 것 같지만......"

다쓰야는 머뭇거렸지만, 결심한 듯 이야기를 다시 시작했다. 몇 개월 전부터 럭키와 성적인 관계가 있었다고 했다. 구체적으로는 럭키가 다쓰야의 항문에 페니스를 삽입한 것이다. 말하자면 다쓰야는 주파일 게이 패시브 파트와 마찬가지 방법으로 럭키와 섹스를 했던 셈이다.

"처음 그런 관계를 가진 경위는 무엇이었나요?"

내 질문에 다쓰야는 대답했다.

"그게...... 럭키가 그러자고 다가왔어요. 원했던 거죠."

설마, 막 마실 것을 따르려다가 유리잔을 놓칠 뻔했을 만큼 당황스러웠다. 다쓰야의 한마디 한마디가 제타의 주파일들과 겹친다고 생각했지만, 설마 '원하며 다가왔다'는 말이 똑같이 나오리라곤 상상도 못 했기 때문이다. 내가 잠자코 있으니 다쓰야는 당황한 듯했다.

　　"안 믿어지시죠? 그렇겠지요. 죄송해요."

　　"아니에요. 미안해요. 차를 쏟아서요."

　　나는 다쓰야와 만나야 한다는 생각이 들었다.

　　"저기, 다쓰야 씨, 오늘은 너무 늦었으니까 그만 전화를 끊었으면 하는데요. 괜찮으시면 다음에 직접 만날 수 있을까요? 이야기를 자세히 듣고 싶어서요."

　　다쓰야는 "물론이죠."라고 대답했다.

　　"정말 고맙습니다. 설마 이런 이야기를 들어주실 줄 생각도 못했는데...... 정말 혼란스러웠거든요. 입시를 앞두고 이런 일로 충격을 받아서...... 누군가에게 상담하고 싶었어요. 그렇지만 누구하고도 이야기할 수 없어서...... 정말 감사합니다."

　　전화를 끊으려고 해도 다쓰야의 감사 인사가 끝없이 이어져서 끊을 수가 없었다. 인사는 몇 분이나 계속되었다. 다쓰야는 정말로 곤혹스러워하고 있었던 것이다.

　　며칠이 지나, 다쓰야와 만나기 위해 나는 어느 동네로 갔다. 다른 사람이 듣지 않았으면 했기에 우리는 카페가 아니라 노래방으로 향했다. 어둑어둑한 방에 앉아 나는 그의 이야기를 들었다. 벽 너머로 들려오는 옆방의 노랫소리를 무시하고 다쓰야는 이야기를 시작했다.

　　"럭키의 요구가 몇 달 동안 이어졌어요. 나는 그 녀석의 마음을 알고서 가엾다고 여기는 마음이 컸어요. 그렇지만 나도 방법을 몰라서 아무것도 해주지 못했어요."

럭키의 행동이 어땠는지 물었다. 다쓰야의 이야기는
차차 구체적으로 이어졌다.

"덤벼들며 다가와요. 럭키는 일부러 내 뒤쪽으로 돌아
들어와 허리 언저리를 앞발로 붙잡고는 자기 허리를 흔드는
거예요. 그런 몸짓을 하면서 정액이 나온 적도 있어요. 점점
럭키가 그런 행동을 하는 의미를 이해할 수 있게 되었어요."

처음에 다쓰야는 무섭다고도 느꼈다고 했다. 자신도
일반적인 주인처럼 대했다고 했다. 몹쓸 짓이라고 럭키를
가르치기 위해 혼을 냈던 것이다.

"그렇지만 제대로 꾸짖을 수는 없었어요. 형이나
동생이었다면 기분 나쁘다며 무섭게 혼을 냈을지도 모른다고
생각해요. 그래도 나는 럭키의 진심이 이해돼서. 결국은
상대해주고 말았어요. 처음에는 손으로 해줬어요."

즉, 럭키에게 마스터베이션을 해주는 일부터 시작했다는
말이다. 그러면서 다쓰야는 자기가 피부를 많이 노출할수록
럭키의 행동이 더 격렬해진다는 점을 깨달았다.

"봄이나 더운 여름날에는 집에서 트렁크 한 장만 입고
지내곤 하잖아요. 그럴 때 럭키는 평소보다 더 흥분해서 허리를
흔드는 행동도 과격해져요. 저는 점점 더 럭키가 나를 바라고
있다고 생각했어요. 물론 제 해석이겠지만요. 다른 사람이라면
그렇게 생각하지 않을지도 모르죠. 하지만 저는 그렇게
느껴졌어요. 그리고 그의 요구에 저를 맡겨버린 것 같아요."

다쓰야는 럭키와 섹스하는 데까지 이르게 되었다.
럭키의 페니스를 받아들였다. 그의 혼란은 이 같은 행위와도
관계가 있다. 다쓰야는 스스로를 게이라고 생각했던 적이
한 번도 없었기 때문이다.

"나는 이성애자라고 생각해왔어요, 여성에게 끌리고요. 그런데도 럭키와 이런 행위를 해버려서……. 하지만 저는 럭키도 정말 좋아해요."

다쓰야가 내게 털어놓고 싶었던 핵심은 여기에 있는 듯했다. 그는 자신의 성 정체성을 찾아가는 단계에 있었다. 그 후로 인간 여성과도, 남성과도 섹스를 해보았다. 하지만 '연애 감정은 아닌 그저 행위였기에 결론에 이르지 못했다'고 한다. '진심으로 정말 좋아하는 사람과 사귀고 관계를 맺고 싶다'고 생각하고, 한편으로 자기 자신이 동물에게 성적으로 끌린다는 점도 인정하지 않을 수 없다는 사실까지 그러했다.

"저는 여성의 나체를 볼 때와 마찬가지로, 암컷 동물의 성기를 볼 때도 흥분을 느껴요. 근본적으로는 수컷보다 암컷에게 끌리고, 인간의 여성에게도 감정을 느껴요. 그런데도 럭키와 이런 행위를 해버리고 말았지요."

다쓰야는 자신의 욕망 때문에 혼란스러워하는 듯 보였다. 스스로 비정상은 아닐까 생각했다는 미하엘의 젊은 시절과 닮기도 했다. 억제하기 힘든 동물에 대한 애착으로 고민하다가 다쓰야는 이렇게 중얼거렸다.

"'아아, 로미오, 어째서 당신은 로미오인 거죠?' 저는 이 말이 정말 이해돼요. 어째서 럭키는 개인 걸까요?"

다쓰야가 털어놓은 이야기는 제타 남성 멤버에게서 지금껏 들은 내용과 너무 비슷했다. 그가 럭키와 섹스를 한 이유는 "집에서 기르는 이상 성욕이 쌓인 개가 다른 암컷과 섹스를 할 수 없는 상황을 가엾게 생각했기 때문"이며 "럭키는 그 자체로 멋지고 귀엽고 너무 좋기 때문"이라고 말했다. 이런 감각은 파트너의 마스터베이션을 '성적 돌봄'으로 생각하는 에드바르트와 가깝다.

수컷 개들이 어떤 심산이었는지는 알 도리가 없다. 개의 호소를 받아들이는 사람에 따라 개와 인간이 맺는 관계는 변할 것이다. 하지만 다쓰야라는 제3자를 알게 되어 나는 드디어 '수컷이 원하며 다가온다는 사실'은 정말일지도 모른다고 생각하게 되었다. 그런 일은 일어날 수 없다고 부정하는 일은 불가능해졌다.

주파일 레즈비언

그렇다면 암컷은 어떨까? 예전에 키웠던 암컷 개가 섹스를 바라며 다가오는 것을 느껴본 적이 없었던 나에게는 의문이 여전히 남는다.

제타에도 개를 비롯하여 암컷 동물을 파트너로 둔 사람이 있다. 40대 여성 바르바라Barbara도 그중 하나다. 바르바라는 현재 루나라는 암컷을 파트너로 두었다. 제타에서 유일한 주파일 레즈비언이다.

파트너에게 마스터베이션을 해주는 장면을 보여준 에드바르트는 바르바라의 집에서 열린 파티에서 만났다. 나와 다섯 명의 주파일이 모였고, 바르바라는 우리에게 직접 요리를 만들어 대접했다. 베란다에서 맥주를 마시면서 에드바르트를 비롯한 주파일과 이야기를 하고 있으니 부엌에서 일을 마친 바르바라가 다가왔다.

"무슨 이야기를 하고 있었어?"

바르바라가 묻자, 에드바르트가 대답했다.

"그야 뻔하죠. 지히로가 있으니까. 동물과의 섹스에 관한 이야기죠."

그 자리에 있던 모두가 웃었다. 제타 친구들이 모였을 때, 일부러 섹스에 대해 이야기하는 일은 많지 않다고 했다. 주파일로서의 이야기보다, 일상에서 일어나는 평범한 일이나 사회문제를 주제로 이야기를 나누는 경우가 많다고 한다. 내가 나타나서 "오랜만에 집중해서 주파일과 관련된 것을 생각했고 이야기했다."라고 말한 사람도 적지 않았다.

"언제나 시간을 제대로 못 내줘서 미안해. 오늘은 뭐든 물어봐요."

바르바라는 미소 지으며 말했다. 청바지에 탱크톱이 무척 잘 어울리는 아름다운 여성이다. 활동적인 성격이라 일과 자원봉사로 항상 바쁘다.

바르바라는 원래 제타에 반대했던 사람이었다. 동물보호운동에 열정적인 활동가여서, 지금껏 여러 단체에 소속했다. 예전에는 주파일은 동물을 성적으로 학대하는 사람들이라고 생각해왔기 때문에 규탄하는 쪽에 서 있었다. 하지만 제타 멤버와 만나며 직접 이야기를 나누는 사이에 〈전향〉하여 제타에 가입까지 했다.

"주파일이 어떤 사람들인지 한 사람 한 사람 제대로 만나본다면, 그들이 동물을 학대하지 않는다는 사실을 잘 알 수 있어요. 내가 알고 있는 한, 진짜 주파일의 파트너는 어떤 집에서 키우는 동물보다도 완벽하게 보살핌을 받고 건강 상태도 좋아요. 반대로 동물보호를 부르짖어도 열악한 환경에서 동물을 사육하는 단체도 있죠. 나는 무엇이든 내 눈과 귀로 확인하는 것을 중요하게 여기기 때문에 제타의 사람들에 대해서는 틀림없어요."

　　바르바라는 그렇게 말했다.

　　바르바라는 제타에 가입한 후 조금 지나 루나를
파트너로 맞이했다. 루나는 원래 동물보호시설에 맡겨진 개인데,
학대받은 경험 때문인지 사람에 대한 불신이 심각했고 태도도
거칠어서 일반 가정에서 입양할 수 있는 상태가 아니었다.
개 훈련사이기도 한 바르바라가 루나를 딱하게 여겨서 직접
보살피게 되었고, 끈기 있게 다가간 결과 겨우 사람과 함께
지낼 수 있을 정도로 안정됐다. 내가 그녀의 집에 가기 전에
바르바라는 "루나가 당신에게 어떤 태도를 취할지 너무
불안해요."라고 몇 번이나 말했다. 하지만 막상 그날이 되자,
루나는 나를 보고 흥분하지 않고 차분하게 대했다. 그 모습을
보고 "정말 안심했어요. 오늘은 멋진 날이야. 루나가 이렇게까지
성장했으니까."라며 바르바라는 만족했다.

　　그녀는 패시브 파트다. 주파일 레즈비언이자 패시브
파트라는 상황이 나에게는 잘 상상되지 않았다. 바르바라는
이렇게 설명한다.

　　"루나가 바라고 요구할 때만 섹스를 하는 거죠. 루나는
호르몬의 균형에 따라 1년에 몇 차례 발정기가 오거든요.
동물보호시설에서 왔을 때 루나는 이미 중성화 수술을 받았지만
거세를 해도 호르몬 분비는 일어나요. 루나는 발정기가 오면
나를 원하죠. 그래서 내가 생리를 할 때도 루나는 냄새로
알아차리기 때문에 흥분해요. 루나와 섹스를 하는 것은 1년에
네다섯 번 정도예요. 그렇게 많지는 않죠."

　　바르바라에 따르면, 암컷에게도 성적 욕구가 있으며
개들은 그것을 표현한다. 바르바라와 친한 주파일들의 증언을

통해 나는 루나의 구애 행동에 대해서 이미 들은 적이 있었다.

"루나가 바르바라를 원하며 안절부절못하는 건 딱 보면 알 수 있어요. 그럴 때 영화라도 보러 가느라 자리를 비우면, 둘만 두고 자리를 떠나도 괜찮을까 싶을 만큼 섹스를 바라는 루나의 모습은 명확해요. 요구하는 것은 언제나 루나 쪽이죠."

나는 루나가 그녀에게 섹스를 조르는 행동을 본 적이 없다. 하지만 이 증언 말고도 루나가 얼마나 바르바라를 필요로 하고 성적으로도 원하는지 많은 사람에게서 들었다.

구체적으로 어떻게 섹스를 하는지 바르바라는 이야기해주었다.

"루나는 내 성기를 핥아요."

"기분이 좋아요?"

내가 묻자, 바르바라는 대답했다.

"아니, 그게 그다지 좋은 기분은 아니에요. 그도 그럴 게, 그리 섬세한 방식으로 애무할 리 없으니까요."

루나를 만족시키기 위해서는 어떻게 하는 걸까?

"개의 클리토리스는 몸속 깊은 곳에 있어요. 루나는 중성화를 해서 질이 잘 열리지 않으니까, 내 손가락 하나 정도만 들어가요. 안쪽 클리토리스를 자극하면 루나는 만족하죠. 루나의 성기를 내가 핥는 경우도 있지만, 입안 가득 털이 들어와서 솔직히 좋은 느낌은 아니에요."

바르바라는 쓴웃음을 지었다.

처음 루나와 섹스를 한 계기는 바르바라가 마스터베이션을 하고 있었을 때였다고 한다.

"내가 딜도(마스터베이션용으로 만든 페니스 모양을 한 도구)를 사용하고 있으니 루나가 냄새로 알아차리고

이불 속으로 들어와 내 성기를 핥기 시작했어요.〞

　　　바르바라에게 그 일은 동물과 성적으로 접촉한 첫 번째 경험이었다.

　　　〝솔직히 당혹스러웠어요. 그래도 그때 이미 제타에 가입했던 때라서〝괜찮아, 나쁜 일이 아냐.〞라고 생각했죠. 나는 상상할 수 있는 모든 건 현실에서도 가능하다고 믿어요. 그러므로 거부감 없이 도전해봤던 거죠. 그때부터 그녀와의 섹스 라이프가 시작됐어요. 때때로,,,,,, 그녀와 섹스하는 것은 멋진 순간이에요. 주파일로서 파트너인 루나와 살아가고 있는 지금은 인생에서 최고의 상태예요. 섹스를 포함해서 있는 그대로 동물을 받아들인다는 건 진짜로 동물을 사랑하는 일이라고 생각해요.〞 만면에 웃음을 띠고 바르바라는 그렇게 말했다.

냄새와 유혹

　　　바르바라와 루나 사이에 성적 관계를 불러온 계기가 바르바라의 마스터베이션이었다는 점은 매우 중요하다고 생각한다.〝개가 내 정액을 핥아서 처리해준다.〞라고 한 남성 주파일의 경험과 매우 유사하기 때문이다.

　　　제타의 많은 주파일이 잘 때는 옷을 입지 않는다. 미하엘은 내가 있을 때는 예의를 갖춰 짧은 팬티 한 장을 몸에 걸쳤지만, 대개 하루 종일 집에서 알몸으로 지낸다고 했다. 이런 습관도 동물과의 거리를 좁히는 데 어느 정도 역할을 담당한다고 생각하게 되었다. 꽤 많은 사람들로부터〝벌거벗고 자려고 하면 개가 성기를 핥으러 온다.〞라는 이야기를 들었기 때문이다.

동물은 당연히 항상 옷을 입지 않은 상태지만, 주파일도
개인적으로는 동물처럼 알몸으로 시간을 보낸다. 그만큼
인간에게 특수한 문화적 장비인 옷은 인간과 동물이라는 종을
넘어선 관계에서 벽이 되기 쉽다.

      독일에는 FKK(에프카카)라는 나체주의 문화가
있다. 에프카카의 출현은 19세기 말기로 거슬러 올라간다.
근대화의 파도가 밀려오고 공업화에 따라 도시가 발달한
시대로 환경오염이나 노동문제가 공론화되자 건강한 생활을
추구하려는 움직임이 생겨났다. 그 와중에 나체로 일광욕과
수영, 삼림욕을 즐길 것을 권하는 에프카카가 탄생했다. 그들의
이념은 '인간성 회복'과 '자연으로의 회귀'였다. 처음에 이런
움직임은 진보적인 엘리트층을 중심으로 지지를 얻었는데,
20세기 초반부터는 대중문화로 확대되어 많은 사람에게
받아들여졌다. 에프카카는 건강 지향과 남녀평등 사상과도
연결되었고, 나체 해변이 각지에 개설되는 등 점점 융성했다.

      현재 에프카카의 활동은 예전만큼 활발하지는 않다.
하지만 독일에서는 지금도 온천이나 스파에 남녀 혼탕이 많다.
독일에 머물면서 제대로 된 목욕을 하고 싶었을 때 작정하고
스파에 가본 적이 있다. 타월도 지참할 수 없었고, 남녀노소
모두가 대담하게도 완전한 나체였다. 처음에야 당혹스러웠지만
나도 바로 익숙해졌다. 거기에서는 이성의 나체도 성적
대상이라기보다는 자연 그대로의 건강한 상태로 받아들여지는
듯했다.

      다만 주파일에게 에프카카에 대해 어떻게 생각하냐고
물었더니 "물론 알고는 있지만, 그 영향을 받았다고는 생각하지
않는다."라는 답이 돌아왔다. 그들이 잘 때 알몸이 되는 것은

에프카카 사상과는 관계가 없는 것 같다. 하지만 독일인에게는
일본인보다 나체가 더 친숙하고 부끄럽지 않은 것은 아닐까 하는
생각이 들었다.

나체는 '자연'스러우며 '건강'하다는 이미지가 강하다.
그렇기에 나체로 지내거나 잠들거나 하는 사람이 많은 것은
아닐까.

일본 청년 다쓰야는 옷을 얇게 입으면 럭키가 확실히
더, 자주 흥분한다고 말했다. 내 경험을 떠올려보면, 예전에
개를 길렀을 때 나는 '그녀' 앞에서 알몸이 된 적은 없지만 개가
옷 너머로 풍기는 생리혈의 냄새를 맡은 적은 있다. 주파일은
알몸으로 있을 때 특히 파트너가 신체적으로 교섭을 요구하는
것을 경험했다고 말했다. 바르바라의 파트너 루나는 그녀가
언제 마스터베이션을 하는지를 민감하게 알아차릴지도 모른다.
인간의 몸이 뿜어내는 생리적인 체취는 우리의 상상 이상으로
개에게는 자극적일 것이다.

생각해보니, 인간은 의복을 통해 성적인 감정을 느낄
때가 있다. 여성의 미니스커트나 속옷에 반응하고, 그런 옷에
의해 부여되는 여성성이라는 기호에 반응하는 남성도 있다.
정장 차림의 남성에 특히 호감을 느끼는 여성 또한 정장을 통해
환기되는 남성성에 끌리는 셈이다. 이는 시각적인 욕정이라고도
할 수 있다. 동물, 특히 개는 뛰어난 후각으로 인간과는 다른
욕정의 방식을 가지는 것은 아닐까?

만약 인간이 지닌 '냄새'라는 물질적인 면이 주변
동물들을 자극한다면, 보통은 의복으로 차단된 상태에서
해방되었을 때, 개들의 반응이 강해지는 점도 수긍할 수 있다.

이런 측면에서도 애견에게 옷을 입혀 기르는 주인은

주파일과는 대조적이다. 인간다움을 상징하는 옷을 입힘으로써 개는 인간 사회에 더욱 가까워진다. 그렇다면 나체가 되는 독일의 주파일들은 때때로 옷을 버리고 동물적인 방식에 한층 가까워진다고도 할 수 있겠다.

말에게 사랑을 느끼다

주파일 레즈비언인 바르바라의 집에서 열린 파티에서 우리는 맥주병을 차례차례 비우면서 지치지도 않고 이야기를 나누었다. 날개에 상처를 입은 잉꼬를 길에서 주워서 곁에 두고 몇 년이나 보살폈던 유소년기의 추억, 어렸을 적 반복해서 꿨던 사자가 나오는 불가사의한 꿈에 대하여, 철들 무렵부터 계속 동경했던 숲속 늑대의 아름다움에 관해서도, 자유롭던 그들의 수다는 동물 이야기로 가득했다. 나는 이야기에 귀를 기울이며 그들과 함께 몇 시간이나 베란다에 머물렀다. 한여름 밤바람이 유난히 기분 좋았다.

그날 파티에는 또 한 사람 중요한 인물이 참가했다. 말리크Malik라는 40대 남성이다. 그는 내가 만난 유일한 '호스 피플Horse people', 즉 말을 파트너로 둔 인물이다. 말리크는 액티브 파트다.

말리크와는 파티에서 만나기 전에도 여유롭게 이야기를 나눈 적이 있었다. 키가 크고 잘생긴 그는 여성에게 인기도 많다. 사회적 지위도 있고 직업도 번듯하며 경제적으로도 풍족하여 제타 주변에 있는 주파일로서는 드문 타입이다. 말리크는 누구보다도 나를 경계했는데, 만나기 전부터 채팅으로 질문

세례를 퍼부었다. 나는 며칠에 걸쳐 정성껏 대답했고, 함께
알고 있는 지인 주파일에게 추천을 받아 겨우 만날 수 있었다.
나는 그때 어떤 주파일의 집에 머물고 있었는데, 말리크가 불쑥
찾아와 목적지도 말하지 않고 드라이브를 가자고 했다. 미하엘의
차에 탔던 이후로 스마트폰의 전파가 끊긴 적은 없었지만, 이날
두 번째로 '통화권 이탈'이라는 표시가 떴다. 말리크는 전원에
펼쳐진 언덕으로 나를 데리고 갔다. 그는 나를 만나는 일이
무척 두려웠다고 말했다. 누구인지 알 수 없는 상대에게 자신의
섹슈얼리티를 이야기한다는 위험 때문이라고 했다.

　　　"그렇지만 이야기해야 할지도 모른다는 생각이 들기
시작했어요. 주파일이라는 사실은 몇 년 전까지 완벽하게 비밀로
하고 있었지요. 하지만 제타를 알게 되고 조금씩 마음이 바뀌기
시작했어요. 나는 제타에 들어갈 마음은 없었지만......."

　　　제타에 가입하지 않는 이유는 너무 위험하기 때문이라고
했다. 직업을 잃거나 주변의 신뢰를 잃을지도 모르니까. 자신은
동물성애를 옹호하는 활동을 드러내고 할 수는 없다고. 하지만
제타 사람들에게 공감한다고 말했다.

　　　"그래서 조금이나마 가능한 일이 무엇이 있을까 곰곰이
생각해봤어요. 당신과 이야기를 나누는 일도 그중 하나일지도
모른다는 생각이 들었어요."

　　　그럼에도 불구하고 말리크는 녹음을 거부했다.
말리크의 기분은 이해가 됐지만 '나도 나름대로 최대한 용기를
내고 있는데' 싶어서 조금은 섭섭하다가 마음을 다잡고 질문을
던졌다.

　　　"당신은 말을 좋아한다는 거죠?"

　　　"그래요. 다른 '호스 피플'을 만난 적이 있나요?"

"아뇨, 실은 누구도 만나주질 않아서......"

그러자 말리크는 당연하다는 듯 고개를 끄덕였다.

"그렇겠죠, 호스 피플은 떠안고 있는 위험과 부담이 너무 크니까요."

말을 사육하려면 넓은 부지와 시설이 필요하다. 목장을 소유하고 있다면 별문제 없지만, 대부분은 자기 말을 전용 방목장에 맡긴다. 그렇기에 항상 보는 눈이 있다. 또한 비용도 만만치 않기 때문에 경제적으로 여유가 있어야만 말을 소유할 수 있다. 말 주인이라면 어느 정도 사회적 지위가 있다고 할 수 있을 것이다. 그래서 그들은 한층 경계심이 강하다.

그리고 독일에서는 '펜스 호핑'이라는 행위가 일반적으로도 잘 알려져 있어서 사회적 문제가 되곤 한다. 펜스 호핑이란 울타리를 넘어 목장에 침입하여 말 같은 가축에게 상처를 입히는 일로, 대체로 밤중에 이루어진다. 때때로 성적 학대의 흔적도 발견되어 신문에 오르내리기도 한다.

나도 기사를 몇 꼭지 본 적이 있다. 예컨대 'TAG24 Deutschland'라는 뉴스 사이트는 〈변태 동물학대자가 섹스 토이로 말을 죽음에 이르게 하다〉라는 제목의 기사를 2016년 11월 28일에 게재했다. 어느 목장에 숨어든 누군가가 암컷의 성기에 금속제 바이브레이터를 삽입하여 상처를 입혔고, 소유자는 결국 시름시름 앓던 말을 안락사할 수밖에 없었다고 한다.

또 어떤 지방 신문 웹사이트는 2015년 1월 20일에 〈동물성애 – 성적 학대가 '사랑'을 위장할 때〉라는 기사를 게재했다. 기사에 의하면, 한 남성이 목장에 침입하여 말에게 성적 학대를 가했으며, 말을 묶고 때리고 암컷에게 페니스를

삽입하는 등 심각한 위해를 가했다. 하지만 동물성애자로
자칭하며 치료 상담 센터에 다니는 조치로 벌을 경감받았다고
보도했다. 이후 인터넷 포럼 같은 곳에서 동물과의 성행위를
선호하는 사람들 사이에 의견 교환이 이루어지고 사회적으로
터부시되어온 동물과의 섹스가 이전에 비해 가시화되고 있다고
지적했다.

이러한 상황 때문에 호스 피플은 좀처럼 스스로를
드러내려 하지 않는다. 액티브 파트라면 더욱 그렇다. 그래도
나를 만나준 말리크는 꽤 용기를 낸 셈이다.

주파일이 된 계기를 묻자, 그는 짧게 "열네 살
때부터입니다."라고 답했다. 그러나 그때 무슨 일이라도
있었느냐는 내 질문에, 말리크는 그리 서둘지 말아달라는 듯
화제를 돌렸다.

"나는 어렸을 적부터 승마를 했어요. 그 무렵부터 말이
정말 좋았죠. 말을 타본 적이 있나요?"

나는 승마 체험을 해본 정도라서 말과 직접 접촉해본
경험은 거의 없다.

"아쉽네요. 말은 정말 불가사의한 생명체예요. 왠지
인간의 마음을 읽는 것 같아요. 예를 들면 내가 오른쪽으로
방향을 틀어야지, 마음먹으면 말이 먼저 오른쪽으로 움직이죠.
아, 전부 꿰뚫고 있구나, 우리가 생각하는 게 무엇이든, 그런
생각이 들 정도예요."

말의 매력을 말하기 시작하자, 말리크의 마음은 조금
편안해진 듯했다. 말의 거대함, 근육이 보여주는 아름다움,
다른 동물에게는 없는 독특한 냄새, 그리고 뭐니뭐니 해도
텔레파시와도 같은 이상한 힘으로 자신의 생각을 읽어주는 점,

승마를 하면 똑똑히 느낄 수 있는 일체감, 이 모든 것이 그의 마음을 사로잡았다. 말만큼 아름답고, 완벽하며, 멋진 생명체는 없다. 말리크는 그렇게 말했다.

그리고 드디어 열네 살 때의 체험을 이야기하기 시작했다. 그때까진 여성과도, 남성과도 섹스를 한 경험이 없었지만 첫 경험을 말과 했다고 말했다. 그가 받은 충격은 여간 크지 않았다. 괴롭고 고통스러워 자신을 책망했다. 그런 행동을 저질러버린 스스로를 용서할 수 없었고 누구에게도 말할 수 없었다. 하지만 사실 말리크는 그 말을 "좋아하고 사랑했다."라고 했다. 게다가 "그 말이 나와 섹스를 하고 싶어 했던" 사실에도 충격을 받았다고 말했다.

이 무렵 나는 '먼저 섹스를 원하며 다가오는 동물'은 정말 있을지도 모른다고 이해하기 시작해서 그다지 놀라지는 않았다. 그렇다고는 해도 이번 사례는 암컷 말이 먼저 바랐다는 이야기다.

"말이 당신과 섹스를 하고 싶어 했다는 것을 그렇게 쉽게 알아차릴 수 있었어요?"

"아아, 알 수 있어요. 말은 정말 표현력이 풍부해요. 이런 이야기는 남에게 거의 하지 않지만 지히로, 당신이니까 하는 거예요."

말리크는 멍하니 먼 곳을 바라보다가 조금씩 입을 뗐다.

"승마를 끝내고 털 정리를 해주고 있을 때, 말이 뒤쪽에 서 있는 나를 엉덩이로 밀어서 막다른 벽까지 바짝 밀어붙였어요. 그리고 쓱 하고 꼬리를 오른쪽으로 들어 올렸어요. 너무나 섹시하게. 성기가 드러났죠. 말은 성기를 열었다가 닫았다가 하며 나에게 클리토리스를 보여주었어요.

날 원하고 있다고 생각했죠."

내게는 상상도 할 수 없는 일이었지만, 말리크는 내 눈을 똑바로 응시하면서 말했고 거짓말이 아니라는 사실을 눈빛으로 전하려는 듯했다.

나는 말리크에게 주파일로서의 경험을 조금 더 듣고 싶어서 여러 가지 질문을 했지만, 그는 내켜 하지 않았다.

"동물과 섹스를 몇 번이나 해봤는가 같은 질문은 중요하다고 생각하지 않아요."

그는 화를 꾹 참는 것 같았고 대답도 하지 않았다. 그러나 말만이 아니라 소와도 사랑해본 적이 있다는 점, 그럴 때 어째서 그 상대를 택했는가는 퍼스낼러티에 달려 있다고 설명해줬다. 또한 서로 사랑한다는 사실이 아무리 명확해도 그 동물이 원하지 않으면 섹스 행위는 일절 없으며, 액티브 파트라고 해도 자기가 먼저 유혹하는 일도 없다고 말했다. 어떤 말과는 플라토닉 러브인 연애 관계를 몇 년이나 이어간 적이 있다고도 했다.

저녁이 되자, 마치 17세기 서양화에서 볼 법한 구릉 지대의 풍경이 달빛을 받으며 넓게 펼쳐졌다. 돌연 총성이 들렸다. 말리크는 얼굴을 찌푸리며 나에게 "미안하지만 더 이상 여기에 있어선 안 돼요. 일어나죠."라고 말했다. 말리크가 깔아준 담요를 서둘러 개켰다. 무슨 일이 일어났는지 묻자, "근처에서 사냥꾼이 토끼 같은 짐승을 총으로 쏴 죽이는 거겠죠. 정말 일말의 가치도 없는 최악의 행위예요."라며 말리크는 몹시도 괴로운 듯 중얼거렸다.

우리는 다시 차에 올랐다. 말리크는 겨우 속을 털어놓기 시작했는데, 벌써 헤어질 시간이 되었다.

"혹시 다시 만날 수 있을까요?"

차에서 내릴 때 묻자, 그는 대답했다.

"글쎄요, 그건 잘 모르겠네요. 하지만 당신의 모험이 잘 진행되기를 바랄게요. 굿 럭."

그날 밤, 나는 말리크의 이야기를 잊기 전에 서둘러 메모로 남겼다. 더 이상 얼굴을 맞대고 이야기를 나눌 수 없을지도 모른다고 생각했다. 그래서 바르바라의 집에서 다시 마주쳤을 때, 어쩐지 쑥스러워 서로 엷게 쓴웃음을 지었다.

입이 무거운 남자들

내가 만난 주파일은 대부분 개를 파트너로 두고 있다. 그래서 말리크와 만나 말과 맺은 관계에 관해 들은 것은 큰 의미가 있었다. 말을 파트너로 하는 사람에 대한 흥미가 생겨서, 나는 말리크 말고도 다른 호스 피플 두 사람에게 만나자고 했으나 모두 거절당했다.

개는 인간 가정에서 생활하기 때문에 주파일과 개가 관계를 가져도 곧바로 사람들 눈에 띄는 일은 없다. 하지만 독일인에게 말은 동경의 대상일 뿐 아니라 목장에서 관리해야 하는 동물이므로, 개인적으로 어떤 관계를 맺는지 이야기하기가 훨씬 어렵다.

하지만 이처럼 말하기 곤란해하는 상황은 호스 피플뿐만 아니라, 개를 파트너로 하는 액티브 파트 남성에게도 공통되는 특징이다.

암컷 동물에게 페니스를 삽입한 경험을 말해준

액티브 파트는 말리크 말고 두 명이 있었다. 아놀트Arnold와
디르크Dirk로, 그들의 파트너는 개다.

그들이 이야기를 꺼내기까지는 꽤 시간이 걸렸다.
아놀트와는 2016년 가을 체류 때 이미 아는 사이였고,
그 후로도 몇 번이나 다른 주파일과 함께 만났지만 좀처럼 섹스
경험은 언급하지 않았다. 30대의 '오타쿠' 청년인 그는 오히려
애니메이션이나 게임에 대해 이야기하고 싶어 했다. 안타깝지만
나는 오타쿠와 관련된 지식이 거의 없어서 그의 호기심을
채워줄 수 없었고, 결국 대화는 심드렁해져서 미안한 기분이
들었다.

2017년 여름의 두 번째 독일 체류도 예정했던
기간이 반 이상 지났을 무렵, 나는 어떻게든 아놀트를 붙잡고
이야기해보려고 마음먹었다. 혼자 사는 그의 집에 동행 없이
가서, 단둘이 마주 앉아 이야기해봐야겠다는 마음이 들었다.

공교롭게도 그날은 억수같이 비가 내렸고 아침부터
편두통이 있었다. 피로도 꽤 쌓여 있어서였는지, 그 무렵 나는
매일 밤 예전에 당했던 폭력과 관련된 악몽에 시달렸다. 주파일이
해준 이야기는 직접적으로는 성폭력이나 가정 폭력과 관계가
없다. 하지만 섹스에 대한 이야기에 매일 귀를 기울이는 일은
정신을 소모시켰다. 대부분은 마음을 열고 솔직한 이야기를
들려줬고, 그들의 모습은 어둡지 않았다. 하지만 역시 어딘가
상처 입은 듯 보였다. 어떤 이는 자책하는 심정을, 어떤 이는
분노를, 또 어떤 이는 수치심을, 그리고 해결할 수 없는
모순을 드러냈다. 일순 보이는 표정에는 비애와 체념의 감정이
떠오르기도 했다. 살아오며 사회와 대치하며 겪은 갈등과 그로
인해 파도치는 마음은 주파일의 섹슈얼리티와 끊으려 해도

끊을 수 없는 관계가 있었다. 그런 상황이 조금씩 나를 자극하여, 내 마음 깊은 곳에 있는 상처마저 건드렸다.

편두통을 안고서 무거운 발걸음으로 아놀트의 집으로 향했다. 머리가 아프다고 하자. 아놀트는 허브티를 끓여주었다. 책꽂이에는 만화책이 가지런히 꽂혀 있었다. 그는 몇 권을 꺼내 보여줬다. 일본 만화의 독일어판이었지만, 내가 모르는 것뿐이었다. 그는 만화에 관해 담담히 말했다. 아놀트의 이야기를 들으면서 그가 무서울 정도로 해박한 지식의 소유자라는 사실을 알 수 있었다. 나는 진통제를 먹고 눈을 감은 채 "네네," 하며 맞장구를 치며 듣기만 했다. 오타쿠 지식을 생생하게 펼쳐내는 그의 언변은 두통을 가라앉히는 데 딱 좋았다.

30분 정도 지나서 몸 상태가 좀 나아지자 나는 자세를 고쳐 앉으며 말했다.

"오늘은 주파일에 대해 이야기하고 싶어요."

"네, 그렇겠죠. 뭐든지 물어봐요."

여전히 만화책에 시선을 두고 아놀트는 대답했다. 나는 오늘은 더는 주저하지 않겠다고 결심하며 단도직입적으로 파고들었다.

액티브 파트인 그의 파트너는 지금까지 암컷 개 한 마리뿐이다. 지금은 어떤 동물도 기르지 않는다.

"지금은 구직 활동 중이라 생활이 안정될 때까지는 동물과 살 수 없어요. 게다가 일을 시작하면 시간이 없어서 개를 제대로 보살필 수 없을지도 모르죠. 그래서 지금은 파트너가 없는 상태예요."

예전 파트너는 가족과 살던 무렵에 길렀던 알렉스였다.

알렉스는 어머니가 동물보호시설에서 데리고 온 개였다. 당시 아놀트는 10대 후반으로, 섹슈얼리티에 대해 고민한 적이 한 번도 없었다. 자신이 주파일이라고는 생각하지 않았고, 주파일이라는 것 자체를 알지 못했다. 누구에게도 사랑이라는 감정을 느껴본 적이 없었다.

"어느 날, 알렉스가 내가 자고 있는데 침대로 파고들어와 페니스를 핥기 시작했어요."

그 역시 알몸으로 잠들어 있었다. 자위행위를 하던 중이었는지 묻는 걸 잊어버렸다는 점을 후회했다.

"정말 충격적이었죠. 충격이라는 단어 말고는 설명할 말을 찾기 힘들 정도로."

그는 그렇게 그 기분을 설명했다.

"그렇지만 싫지는 않았어요. 오히려 기뻤다고나 할까, 기분이 좋았죠. 어쨌건 놀랐다는 감정이 제일 컸지만요."

그때부터 아놀트는 인터넷에서 정보를 찾아 헤맸다. 동물과 벌인 성적 행위에 대한 경험담과 동물에게 느끼는 애착에 대해 조사했다. 주파일이라는 존재에 대해서도 그때 알게 되었다. 몇 년 후, 제타에 가입했다. 아놀트는 고참 멤버 중 하나다.

"당신은 액티브 파트이고 알렉스에게 페니스를 삽입했다는 말이죠?"

"그렇죠. 알렉스가 페니스를 핥았던 첫날은 아니었지만, 그 후 삽입하게 되었죠."

언제나 수다스럽던 아놀트였지만, 서서히 말수가 줄어들었다. 이런 이야기가 그리 내키지 않았음은 틀림없다.

재촉하는 걸 그만두고 싶은 마음은 굴뚝같았지만, 나는

끈질기게 물었다.

"어떤 체위였어요?"

"정상위였어요. 알렉스가 후배위보다 정상위를 좋아했으니까. 그래서 그 자세를 취하는 경우가 많았죠."

"어떻게 그런 걸 알 수 있죠?"

"몸짓이나 태도 때문이죠. 개는 의사 표현을 할 수 있으니까."

아놀트는 이런 이야기는 그만 됐지 않느냐는 표정을 지었다. 질문을 바꿔 알렉스를 향한 감정에 대해 물었다.

그녀는 세상을 떠난 지 오래되었지만, 지금도 잊을 수 없다고 아놀트는 말했다.

"특별한 존재였어요. 말하자면 첫사랑이었으니까요. 둘만 있을 때는 늘 딱 달라붙어 있었어요. 하지만 이상한 건, 알렉스도 다른 사람 앞에서는 나에게 그다지 치근대지 않았어요. 그래서 가족이 앞에 있을 때 우리는 그렇게 사이가 좋아 보이지 않았을 거예요. 이상하죠? 하지만 그게 바로 알렉스였죠."

아놀트는 웃었다. 알렉스를 향한 감정적인 애착을 이야기할 때 패시브 파트의 주파일과 마찬가지로 감수성이 풍부했다. 하지만 유독 섹스 행위에 관해서는 적극적으로 이야기하지 않았다.

이런 태도를 보이는 사람은 아놀트만이 아니었다. 다른 액티브 파트는 나를 만나는 것조차 피했다. 연락하기 어렵다는 사실을 통감하고 액티브 파트 주파일이 왜 입이 무거운지 생각해볼 필요가 있다고 느꼈다.

그로부터 조금 지나, 또 다른 액티브 파트인 디르크를 만났다. 30대 남성이다.

　　디르크와는 제타의 그룹 채팅으로 계속 대화를
나눠왔다. 직접 만나고 싶다고 몇 번이나 다가갔지만, 그때마다
"바빠서 아무래도……"라고 얼버무리면서 몇 개월이
지나버렸다. 독일 체류도 얼마 남지 않았을 무렵, 디르크에게
만나도 좋다는 답신을 겨우 받았다. 하지만 집으로 오는
것은 꺼려서, 대신 베를린 근교에 사는 친구 집에서 만나자고
제안했다.

　　가릴 처지가 아니었던 나는 무조건 찬성하고 디르크의
친구 세 명이 함께 사는 셰어하우스로 향했다. 세 명 모두
남성이었다. 그중 두 사람이 예전의 제타 멤버, 그러니까
주파일인 듯했다. 내가 집에 도착했을 때, 세 명 모두 외출
중이어서 디르크가 집을 지키고 있었다.

　　대개는 주파일과 며칠씩 함께 지냈지만, 디르크와는
제3자의 집에서 만났기에 그렇게 할 수 없었다. 아쉽지만,
나는 스스로 금기시했던 '인터뷰 같은 인터뷰'를 할 수밖에
없었다. 마주 앉아서 정면으로 바라보지는 않았지만, 자연스레
시선이 마주치는 위치에 앉아 질문을 시작했다. 그렇게 신경을
쓰고도, 방에 들어설 때부터 조용하게 흐르고 있던 재즈가
말이 끊길 때마다 둘 사이의 긴장감을 더욱 두드러지게 했다.
"자, 이제부터 이야기를 듣겠습니다."라는 듯한 경직된
분위기가 주변 환경으로 인해 짙어지는 것 같아 신경이 쓰이고
아쉬웠다.

　　디르크가 성적으로 매력을 느끼는 동물은 개라고 했다.
그는 주파일 바이섹슈얼로, 암컷을 상대로 할 때는 액티브
파트이고 수컷을 상대할 때는 패시브 파트가 된다. 지금까지
개와 섹스한 경험은 다섯 번, 그 가운데 네 번이 암컷이었다.

비교하자면 그는 수컷과 섹스하는 쪽이 더 좋았다고 한다.

"진짜 오르가슴을 느꼈기 때문이죠. 더 격렬한 쾌감이 있었어요. 위험한 눈초리를 받을 가능성도 암컷 쪽이 높지요."

디르크와 함께 사는 가족이 개를 좋아하지 않아서 기를 수 없었고, 지금까지 특정한 파트너도 가진 적이 없었다. 암컷과 했던 네 번의 섹스는 주파일 친구의 파트너와 경험했다고 한다.

"다른 누군가의 파트너와 섹스한다는 것에 대한 저항감은 없었나요?"

"개도 섹스를 하고 싶어 하고 주인도 이해해준다면 문제없다고 생각해요."

나는 그 말을 듣고, 타인의 개와 섹스한다는 사실에 거북함을 느꼈다. 하지만 몇 주 전에 아놀트와의 대화 중에 그의 마음을 닫은 일이 떠올랐다. 상대방의 경계심을 높일지도 모르는 질문을 반복하는 일은 그만두는 편이 나을 듯했다.

구체적으로 어떻게 개와 섹스했는지 디르크는 설명해줬다.

"암컷의 성기에 삽입해요. 시간은 2분 정도."

그렇게 짧으냐며 내가 놀라자, 그는 말했다.

"2분이라도 암컷은 절정에 도달하니까 그걸로 끝이죠."

디르크는 자신은 사정하지 않는다고 말했다.

"개가 엑스터시를 느꼈다면 그걸로 좋아요."

나는 혼란은 감추지 못하며 메모했고, 암컷이 절정을 맞았다는 것을 어떻게 아는지 물었다.

"이를테면 침대 시트를 세게 할퀴기 시작하고,

그다음은 몸을 빼고 싶어 해요. 그래서 나는 개에게서 떨어지죠. 그러면 개는 자기의 성기를 핥아요. 무척 흥미롭죠."

디르크는 성실하게 대답했다. 대답 하나하나에 막힘이 없고, 말을 꺼내기 전 망설이는 모습도 없었다.

"암컷의 엑스터시는 인간 여성보다 알아차리기 어렵긴 해요. 하지만 저는 분명 알 수 있어요. 아마 파트너십이 길수록 잘 알 수 있으리라 생각해요."

디르크가 당당했기에 나는 다소 안심했다. 이 시점에서 아놀트에게는 환영받지 못했던 질문을 그에게 던져보기로 마음먹었다. 체위에 대해서다. 그는 정상위와 후배위를 다 해봤다.

"인간의 입장에서는 정상위 쪽이 쉽겠죠. 하지만 동시에 위험하기도 해요. 물리거나 채이거나 발톱에 긁힐 가능성도 높기 때문이죠. 나는 개인적으로 후배위 쪽이 좋지만 체격 차이가 있으니 쉽지 않죠."

나는 계속 질문했다.

"인간과 개의 페니스 형태가 다르잖아요? 개의 성기는 처음에는 가느다란 상태로 삽입된 후에 커지죠. 하지만 인간의 경우는 삽입 전부터 발기하잖아요? 암컷에게 그런 상태는 부담이 되지 않을까요? 그리고 또 암컷은 발정기에만 섹스한다고 알고 있는데요."

"출산 경험이 있는 개라면 질은 잘 넓어져요. 반년 정도에 걸쳐 점점 몸에 익으면 인간과 섹스도 가능해진다고 생각해요. 인간과 섹스를 경험하고서 즐겁다고 생각한 개는 발정기가 아니라도 섹스를 하고 싶어 해요."

솔직하게 말해주는 디르크에게 고마운 마음이 들었다.

하지만 그의 이야기를 통해 의문이 다 풀렸을 리는 없었다. 오히려 궁금증은 깊어졌다.

인간과 정상위로 섹스하는 일은 개의 신체로서는 부자연스럽고 부담되지는 않을까? 게다가 디르크가 말한 것처럼 암컷이 "반년 정도에 걸쳐 점점 몸에 익"는 행위는 동물을 섹스를 위해 훈련하는 것이 아닌가? 또 발정기가 아니라도 암컷이 섹스를 하고 싶어 한다는 말 자체가 이해가 되지 않았다.

이런 상황은 실은 주파일 사이에서도 논의의 대상이다. 액티브 파트는 늘 의문과 문제의 대상이 되고, 패시브 파트가 추궁하는 쪽이다. 액티브 파트는 자신의 섹스가 학대로 보이지는 않을까 하는 염려와 두려움으로 주눅 들어 있는 편이다. 그런 장면이 디르크와 이야기하면서도 벌어졌다. 같이 사는 친구 셋이 귀가했을 때 생긴 일이다.

세 명 중 두 사람은 인사만 할 뿐 나와 이야기를 나누려 하지는 않았다. 그러나 나머지 한 명은 매우 쾌활한 성격이라 나를 반겨주며 바로 대화를 이어갔다.

그 사람은 완전히 패시브 파트였고, 한 번도 동물에게 페니스를 삽입하는 행위를 해본 적이 없었다. 나와 디르크의 이야기를 대강 듣고서 그는 말했다.

"엄밀한 의미에서 액티브 파트 자체는 진정으로 동물을 소중히 대하는 게 아니라고 생각해요. 어때, 이 점에 대해 한번 설명해볼래, 디르크?"

그러자 디르크는 쓴웃음을 지으며 입을 다물었다. 만약 나와 둘만 있었다면 그는 무언가 말했을지도 모른다. 그래서인지, 그때부터 디르크는 다소 말수가 줄었다.

말하기 곤란함과 떳떳지 못함

패시브 파트 대 액티브 파트의 이야기는 삽입당하는 것은 괜찮지만 삽입하는 것은 좋지 않다는, 어찌 보면 이상한 논리다. 그렇지만 나에게는 이 논쟁이 바보처럼 보이지는 않는다. 이 논의는 섹스와 성폭력에 대해 사람들이 어떤 식의 감각을 공유하고 있는지 드러내주는 것 같다.

액티브 파트의 남성은 모두 패시브 파트에 비해 입이 무겁다. 가장 큰 이유는 동물성애나 수간을 비판하는 사람들이 기본적으로 '액티브 파트 남성이 동물에게 페니스를 삽입하는 행위'를 떠올리기 때문이다. 그럴 때 섹스의 주체는 인간 남성이며, 섹스는 '남성이 페니스를 성기에 삽입하고 사정하는 일'로 여겨진다. 주파일 게이 패시브 파트나 주파일 레즈비언의 섹스는 염두에 두지 않는다. 사람들이 나쁘다고 여기는 섹스를 하는 사람으로 가장 먼저 언급되는 경우가 액티브 파트 남성이기 때문이다.

하지만 액티브 파트 남성이 불리한 진짜 이유는 무엇일까?

사람들과 이야기를 나누면서 눈치챘지만, 액티브 파트 중에서도 말하기 곤란해하는 정도에는 차이가 있었다. 상대 동물의 종류에 따라 다른 것도 같다. 말을 사랑하는 말리크는 처음 말의 성기에 페니스를 삽입한 14세 때의 일을, 암컷 개와 섹스했던 아놀트보다 술술 이야기했다. 나에 대한 경계심은 말리크 쪽이 강했지만, 말리크는 '내 페니스로 말을 상처 입힐지도 모른다'는 의식이 없었다.

동물과의 섹스는 모두 성적 학대라고 단정하는
범죄학자 피어스 베언은 인간 남성과 말이 섹스하는 장면을 담은
영상을 보고 이렇게 감상을 썼다.

　　"말이나 소 같은 큰 네발짐승은 [인간 남성의 성기를
삽입당하는 것에] 통증이나 즐거움을 느끼기보다 오히려
지루해하거나 무관심한 듯 보인다. (중략) 실제로 인간이
강요하는 성적 관계를 이들 큰 짐승이 깨닫고 있는지 아닌지도
알 수 없다."

　　'인간 남성은 페니스로 말을 상처 입힐 수 없다.'는
생각은 비판자뿐만 아니라 당사자 측에게도 있는 것 같다.
나는 이 점이 무척 흥미롭다는 생각이 들었다. 바르바라의
집에서 파티가 열렸던 밤, 나는 '언니들의 수다'를 가장하여
바르바라에게 말을 건넸다.

　　"저기요, 남성 액티브 파트에 대해 솔직히 어떻게
생각해요? 동물에게 상처를 입히지 않고 가능하다고
생각해요?"

　　그러자 바르바라는 껄껄 웃으며 말했다.

　　"말은 괜찮을 거예요. 말의 성기는 크니까, 인간 남성의
페니스라 해봐야 고작 요 정도? 아무렇지도 않아요."

　　"그럼 개는요? 괜찮아요? 아놀트라든가, 개를
파트너로 둔 액티브 파트는?"

　　"음, 아놀트의 파트너는 아주 옛날에 죽었으니 나는
잘 모르지요. 그러니 어떻게도 답할 수는 없지만, 아마 괜찮지
않았을까 싶어요."

　　"어째서? 증거가 있어요?"

　　바르바라는 잠시 말을 멈췄다.

"아마 아놀트는 고추가 작을 거예요. 본 적은 없지만."

바르바라는 한번 가볍게 웃고는 이야기를 끝내버렸다. 그녀 또한 성기의 크기를 이유로, 게다가 반쯤은 상상으로 섹스에 존재할지도 모를 폭력성의 유무에 선을 그었다. 단순히 가벼운 농담이라고는 해도, 나는 꽤 마음에 걸렸다.

말과 인간의 성기를 비교하여 크기에 차이가 있으므로 성적 학대가 될 수 없다는 말은 납득하기 어렵다. 신체가 큰 여성은 작은 남성에게 성폭력을 당해도 괜찮다고 할 수 없는 것이 당연하듯, 이런 논리가 얼마나 이상한지는 쉽게 알 수 있다. 작은 페니스라면 안전하고 큰 페니스는 그만큼 위험하다는 뜻이 된다. 여기에는 페니스 그 자체에서 폭력성을 찾아내려는 시선이 암암리에 존재한다. 그렇게 되면 남성은 그 자체로 폭력을 휘두를 가능성에서 도망갈 수 없다. 이는 매우 유치한 '미샌드리misandry'(남성 혐오)이기도 하다.

페니스 그 자체, 페니스를 삽입한다는 행위에서 폭력성을 찾는 시선이 사회에 만연해 있으므로 아놀트나 디르크는 자신의 섹스를 솔직하게 이야기하기 어렵다. 그리고 그들이 입을 다물수록 그 관점에 동의하는 셈이 된다.

'주파일 남성은 페니스를 가졌다는 사실 자체가 떳떳하지 못하다는 생각을 품고 살아갈지도 모른다.'고 나는 상상하게 되었다. 페니스는 그것을 가진 자신들조차도 꺼려지고, 흉폭하며 생각대로 통제할 수 없는 것이라고 생각할지도 모른다고. 그래서 이런 생각은 전적으로 액티브 파트에 한정된 것은 아니다. 뒤집어보면, 패시브 파트들 또한 그러한 위치에 서 있다.

내가 만난 주파일 게이 패시브 파트나 주파일

레즈비언의 섹스는 폭력적인 측면이 있는 것처럼 보이지 않았다. 그들은 항상 섹스를 바라는 동물의 요구를 계기로 섹스를 하며 욕망의 주체는 자신이 아니라 동물이라는 입장이다. 그리고 에드바르트나 한스, 다쓰야는 '동물의 성을 케어'한다는 관점이므로, 역시 자신이 받아들이는 쪽이 된다.

패시브 파트인 클라우스는 "내가 개를 컨트롤하려는 마음을 버리자마자 개와의 섹스는 자연스럽게 시작됐어요."라고 말했다. 이는 패시브 파트가 섹스할 때는 예전부터 인간과 동물 사이에 있다고 여겨지던 지배와 피지배 관계에서 벗어났다는 뜻이다.

그들은 성적 쾌감보다도 동물과의 관계성에 끌리기 때문에 동물과의 섹스가 좋다고 말한다. 그들은 페니스를 삽입당하거나, 섬세하지 않은 혀가 자신을 핥거나, 텁수룩한 음모가 입속에서 굼실거리는 상황을 좋아하는 것이 아니다. 상대방의 전부를 '있는 그대로' 받아들일 수 있는 자신과 파트너가 느낄 성적 만족에서 충족감을 찾는다. 패시브 파트가 섹스에서 얻는 최대의 기쁨은 지배자의 입장에서 내려온다는 기쁨이다. 그때야말로 그들이 추구하는 파트너와의 '대등성'이 순간적으로나마 이루어진다.

하지만 모순적이게도, 패시브 파트가 성적인 면까지 포함하여 파트너의 존재를 있는 그대로 받아들이는 근사한 경험을 환하게 웃으며 말할 수 있는 것도, 성적 케어의 측면을 강조할 수 있는 것도, 그들이 페니스 삽입을 피하고 폭력성을 회피하고 있기 때문에 가능하다. 그들은 페니스의 폭력성에서 해방되었다는 사실로 인해 자기 자신도 전혀 폭력적이지 않다고 말할 수 있는 셈이다.

하지만 성폭력의 본질이 페니스 자체에 있을 리는 없다. 지극히 단순하고 맹목적으로 페니스에서 폭력성을 찾아낸 후 섹스에서 폭력의 가능성을 제거하는 일은 있을 수 없다. 남성, 엄밀히는 페니스를 '악'으로 만드는 식으로는 해결책을 찾기는커녕 강자와 약자, 가해자와 피해자의 이항 대립을 손쉽게, 끊임없이 만들어낼 뿐이다. 성폭력의 본질은 다른 지점에 있으며, 성별이나 성기의 형상과는 근본적으로 관계가 없다.

4장
금지된
욕망

즐겁고 그늘 없는 섹스

"저기 말이야, 나 한 번도 발기하지 않았어, 벌써 3일째인데도."

그 남자는 어쩐지 자랑스러운 듯 말했다.

"그래도 괜찮아, 많은 사람에게 엑스터시를 선사했으니까, 나는 엑스터시의 공급자야. 사정하고 싶다는 욕구에서 해방되었다고."

2017년 7월 중순, 나는 관광 목적으로는 찾아오는 사람이 거의 없는 베를린 동부의 변두리, 어느 컨벤션 센터에 있었다. 원래는 창고였던 듯한 낡은 벽돌 건물이 늘어선 곳이었다. 넓은 중앙 정원에 마련된 비어 가든에서 소시지와 맥주를 실컷 먹고 마셨다. 바로 앞에 있던 그 남자도 맥주잔을 기울이며 어제까지 경험했던 일과 감상을 내게 이야기하던 참이었다.

내가 찾아갔던 곳은 '엑스플로어 베를린Xplore Berlin'이라는 페스티벌이었다. 이 행사에서는 3일 동안 섹스와 섹슈얼리티를 둘러싼 다양한 상황을 경험할 수 있다. 2017년에 이미 14회를 맞았고 해마다 조금씩 규모를 확대해가며 참가자도 점점 늘어나고 있다. 그렇다고는 해도 독일에서도 그렇게 유명하다고는 할 수 없고 알음알음 열리는 행사다. 나도 소문을 듣고 참가하기로 했다. 주파일과 이야기하는 것뿐만 아니라, 다른 측면에서도 독일의 성문화를 알고 싶어서였다.

엑스플로어 베를린의 개최 목적은 "지적이고

편견 없는, 여유롭고 즐거움이 넘치는 섹스를 향한 관점을
만들어내고, 창의적인 섹슈얼리티를 위한 힌트와 아이디어를
제공〞하는 것이라 했다. 사흘 동안 아침부터 밤까지 회당
90분짜리 워크숍이 펼쳐지는데, 모두 합치면 40회가 넘는다.
특징은 BDSM, 즉 본디지Bondage, 디서플린Discipline,
사디즘Sadism, 마조히즘Masochism 계열 워크숍이 많다는
점이다. 최근 유럽에서 유행한다는 일본식 본디지〝시바리縛り〞
(결박)의 실천 강좌도 있다.

　　　주파일과 함께 지내면서 내면에서 어떤 변화가 일어나기
시작했다. 섹스와 관련된 신체적인 반응이 전부 사라져버리는
듯한 기분, 섹스가 추상적인 개념으로 바뀌어버린 듯한
느낌이었다. 이런 변화는 내가 주파일과 언어를 통해 섹스에
대해 이야기하고 설명하며 이해하려고 너무 애썼기 때문인지도
모른다. 언어를 사용하지 않는 존재인 동물과 맺는〝대등〞한
관계, 그 관계에서 주파일과 동물 사이에는 말이 아닌 다른
방법으로 이루어지는 커뮤니케이션이나 신체가 보내는 수많은
시그널이 있다. 따라서 그들에게는 언어보다도 비언어적인
소통이 더욱 중요할 텐데, 그것이 무엇인지 설명하기 위해서는
역시 언어가 필요하다. 그런 우회로를 더듬거리며 찾아가는
과정에서 내 안에 있던 섹스에 대한 기존의 관념이 조각조각
흩어져버린 것 같았다.

　　　사실 내가 동물성애라는 연구 주제에 부딪혀보려 한
첫 번째 목적이 바로 이 문제와 관련 있었다. 인간이 아닌
존재와의 섹스를 이해함으로써 섹스 자체의 의미가 완전히
다른 각도에서 보이지는 않을까 하는 바람 때문이었다. 하지만
실제로 섹스에 관해 이야기하고 그 구성 요소를 분석하다

보면 내 머릿속은 아니나 다를까 혼란을 일으켰고, 섹스는
이제까지보다 더 불명료하게 다가왔다.

그렇지만 엑스플로어 베를린 이벤트에 참가했을 때는
그렇게까지 깊게 생각하지 않았다. 그저 기분 전환이랄까, 살짝
모험을 해볼 요량으로 꽤 가벼운 마음으로 신청했다. 첫날
별생각 없이 행사장을 찾아갔지만, 도착하자마자 예기치 못한
충격이 하나둘씩 밀어닥쳤다.

접수를 마치고 행사장으로 한발 들이자마자, 야외에서
섹스하는 남녀를 발견했다. 두 사람은 선 채로 조용히 몸을
맞대고 있었다. 순간 무의식적으로 내 눈을 의심하고 말았다.
그러고는 당황해서 눈을 돌렸다. 이 상황에 어떻게 반응해야
좋을지 알 수 없었다. 침착하자, 혼잣말을 하며 행사장 부지를
한 바퀴 돌았다. 나무 그늘에는 해먹을 매달고 엎드린 초로의
남성을 발견했다. 그는 아무것도 입지 않았고 주위에서는 여성
몇 사람이 담소를 나누고 있었다.

눈 둘 곳이 없어서 곤혹스럽기는 마찬가지였다. 나는
접수처 근처의 벤치로 돌아와 프로그램이 인쇄된 팸플릿을
펼쳤다. 이벤트의 참가비는 3일 프리 패스가 250유로여서
싸다고 할 수 없었다. 흥미롭게도 저소득자나 학생 할인 티켓은
170유로로 저렴하게 판매했다. 즉, 이 페스티벌은 돈 있는 자를
위한 도락이나 비밀 클럽 같은 것이 아니라, 신분이나 위치와
상관없이 가능한 한 많은 사람에게 장소를 개방하여 아이디어와
경험을 공유하려는 목적이었다. 팸플릿에는 "건전한 합의에
기초한 안전한 섹스"라는 대전제가 참가자의 의무라고 크게
쓰여 있다.

워크숍용 방 외에도 특설 행사장이 몇 곳이나 있었다.

그중 하나인 〈사일런트 스페이스〉는 항상 개방된 장소였다. 입실을 위한 두 가지 규칙이 있는데, 첫 번째가 흰옷을 입어야 한다는 드레스 코드였고 두 번째가 개인적인 말을 금지하는 조항이다. 입고 있던 옷이 흰색이 아니어서 신경 쓰였지만, 뭐라고 하면 나오면 그만이지, 싶어서 들어가보았다. 누구와도 말을 섞지 않아서 좋았고, 한가롭게 보낼 수 있지 않을까 하는 생각이 들었기 때문이다.

높은 천장, 새하얀 바닥, 새하얀 벽으로 되어 있었고, 재즈 연주가 라이브로 흘렀다. 큰 창문으로 햇볕이 눈부시게 쏟아져 들어왔다. 표백된 듯 밝고 음악으로 가득 찬 그 공간에서 몇몇 사람이 섹스를 하고 있었다. 포승줄로 묶인 반라의 여성이 몸을 구부리고 침을 흘리고 있었다. SM 복장으로 한껏 치장한, 기막힐 정도로 스타일이 멋진 사람이 있는가 하면, 비만으로 보이는 몸매를 속속들이 내보이며 채찍질 당하는 사람도 있었다. 화려하게 여장한 남성, 완전히 벌거벗은 노인, 근육질 젊은이, 누구나 저마다의 모습으로 흐트러진 상태였다. 신음하는지 좋아하는지 판별하기 힘든 소리가 여기저기서 터져나왔다. 사일런트 스페이스는 달콤한 장소가 아니었다. 그곳에서 혼자였던 나는 지쳐서 그만 주저앉아버리고 말았다.

섹스가 전해주는 생생한 신체 감각, 그 잃어버렸던 감각이 엄습해 왔다. 나는 멍하게 사람들의 모습을 바라보며 소리를 들었다. 그들의 신체 일부인 목소리가 있는 그대로 귀에 들어왔다. 듣고만 있는데도 그들과 무언가를 공유하는 듯한 감각이었다.

바로 눈앞에서는 한 여성이 남자에게 손으로 성기를 애무받고 있었다. 그녀는 낮은 신음을 내뱉다가 잠시 후

실신했다. 쾌락으로 정신을 잃은 사람을 나는 처음 보았다. 남성은 기쁘게 미소를 지었지만, 몇 초가 지나자 걱정스러운 듯 여성의 뺨을 두드리며 소리를 질렀다. 조금 있다가 의식을 되찾은 그녀는 누운 채로 남성을 끌어당겨 안았다. 이러한 광경을 보고도 어째선지 싫다는 느낌은 들지 않았다. 내가 페스티벌 첫날 느꼈던 가장 큰 위화감이 바로 그런 것이었다. 밝고 건강함. 공간 어디에도, 그리고 쾌감에 탐닉하는 사람들의 표정 어디에서도 그늘을 찾을 수 없었다.

나는 언제, 어떤 과정을 통해 지금의 섹스관을 가지게 되었을까? 내게는 아무래도 '섹스란 부부나 연인과 같은 친밀한 사이의 사람들이 밀실 공간에서 벌이는 행위'로, '그러므로 음란하고 문란한 것'이라는 느낌이 있었던 것 같다. 지금 눈앞에서 반복되는 광경은 완전히 달랐다. 그 낙차가 이유였을까, 첫날은 정말 피폐해진 기분으로 집으로 돌아왔다. 엑스플로어 베를린은 '기분 전환' 거리가 아니었다. 곤혹감이 밀려왔다.

성폭력의 기억

둘째 날부터는 워크숍에 제대로 참가해보기로 했다. 프로그램을 꼼꼼히 살펴봤지만, 내게는 어떤 것도 난이도가 높았다. '파트너와 함께 릴랙스를 즐기는 알몸 요가', '파트너와 함께 알몸이 되어 늘 경시되어온 성기의 아름다움을 즐기고 상대방의 육체에 어떻게 어필하는지를 배우는 요가' 같은 프로그램이 많았다. '발바닥 공략 기법'이나 '욕망을 전달하기 위한 복종법〉 등 BDSM 계열도 적지 않았다. 고통을 쾌감으로 받아들일 수 없는 나는 주눅이 들었다. 그중에서 어느 정도 가능할 것도 같은 프로그램이 있었다. 〈말을 사용하지 않고도 어떻게 애무하고 싶은지, 혹은 어떤 애무는 받고 싶지 않은지를 표현하는 방법 배우기〉.

워크숍의 참가자는 30명 남짓이었다.

〈〈습관화된 말을 쓰는 커뮤니케이션에서 벗어나는 것을 목표로 삼아요. 상대와 파장을 맞춰가며, 말을 섞지 않고 자신이 원하는 바를 표현해보죠. 자, 옆 사람과 짝을 지어보세요.〉〉

강사의 설명을 듣고 우연히 곁에 앉은 남자와 마주 보았다. 상대가 조금씩 내 무릎과 팔을 만졌기에, 나는 눈을 감고 손의 움직임을 느끼면서 소리만으로 반응했다. 자연스러운 노랫소리처럼 들려서 조금 이상했다. 상대는 내가 내는 소리를 통해 만져서 좋은지, 그렇지 않은지를 판단한다. 역할을 교대하여 나도 그를 만졌다.

간단하게 생각되어도 실제로는 쉽지 않았다. 특히 어려웠던 것은 애무를 받을 때였다. 어째선지 〈좋다, 싫다〉라는 감각이 느껴지지 않았다. 만지는 쪽이 차라리 간단했다. 그의 소리를 듣고서 내가 애무해서 좋은지, 그렇지 않은지 알아차리는 것도 그리 어렵지 않았다. 나는 상대의 기분을 추측하는 것은 가능했지만, 내 감각을 표현하는 일은 쉽지 않았던 셈이다.

처음 몇 분만으로 자신의 성향을 깨달은 후, 그 생각은 확신으로 변해갔다. 이어서 소리와 움직임을 무작위로 조합하여 즉흥 댄스처럼 신체를 움직이는 워크숍에 들어갔다. 쾌감을 느끼는 만큼 자유롭게 소리를 내며 방을 어슬렁어슬렁 걸어 다니거나, 팔이나 다리를 흔들며 움직인다. 원숭이와 사자 같은 동물을 흉내 내는 사람도 있었다. 점점 이성이 무뎌지는지, 사람들의 소리가 차차 커졌다. 여럿이 부르는 합창처럼 중첩된 소리가 방에 울려 퍼졌다. 어떻게 된 건지 참가자 전원이 바닥에 엎드려 부둥켜안더니, 마지막에는 겹쳐 쌓은 산 같은 무더기가 되었다. 정신을 차려보니 내 주위에도 사람의 산이 쌓였고 몇몇 남성이 내게 밀착해 왔다. 사방팔방에서 뻗은 손이 내 얼굴이나 머리카락, 다리와 팔을 애무했다. 그때도 좀처럼 '좋은지, 싫은지'를 알 수 없어 잠시 그대로 만지게 두었다. 그러자 오른편에 있던 남성이 하반신을 맞부딪혔다. 비로소 그때 명확하게 불쾌감을 느꼈다. 그럼에도 불구하고 "싫어"라고 표현하지 못하고 남성이 조금씩 다가오는 것을 거부하지 못했다. 사람들이 제한에서 벗어나 타인에게 애무받고 싶다는 욕망에 충실해지는 분위기에 휩싸여버린 것이다.

　　　그 후로 몇 번이나 후회하고 반성했다. '싫다.'라고 몸으로 주장해야만 했다. 그걸 배우기 위한 워크숍이었는데도 보기 좋게 실패했다. 생각했던 것 이상으로 나는 분위기에 휩쓸리기 쉽고, 자신보다 타인을 우선시하는 경향이 있다는 사실을 깨달았다. 또한 '어디를 만져주면 좋겠어'라는 신체적 희망도 제대로 갖추지 못했다. 내 자신의 욕망의 형태를 확실히 알지 못한다는 사실을 깨달았다.

　　　여전히 '그런' 나인 것이다.

　　　성폭력에 얽힌 기억 중 가운데 "나는 왜 도망치지 못했을까?"라며 반년이나 스스로를 책망하고 자신을 향한 분노 때문에 괴로워했던 적이 있다. 달아나지 못한 외적 요인은 몇 가지나 들 수 있다. 하지만 아무리 이유가 있어도 나 자신을 용서할 수 없었다. 강한 인간이었다면 10년이나 질질 끌지 않고

도망칠 수 있었을 것이다. 나는 비스티가 페니스를 삽입했던
당나귀처럼 새끼줄로 나무에 묶여 있었던 게 아니다. 동물처럼
말할 수 없는 존재도 아니었다. 하지만 도망치지 못했다.

내가 지속적으로 경험했던 섹스란 무엇이었을까?
그때 섹스는 폭력의 공포에서 도망치기 위한 일종의 거래였다.
그 순간만은 맞지 않을 수 있다. 나는 자신의 육체를
제물로 바치고 있었다. 벗어나고 싶다는 의식이 승리하고,
그렇게 정신은 육체를 경시하며 스스로 너덜너덜하게
만드는 데 가담한다. 나와 남자 사이에는 '언어'가 오갔다.
그러니 합의했다고 남자는 생각했을 것이다. 하지만 거기에
진정한 의미의 합의가 있을 리 없었다는 점은 누가 봐도
명백하다. 그때 내가 말했던 "좋아, 싫어.", "Yes, No."에는
얼마만큼 의미가 있었던 걸까?

말보다도 앞서는, 스스로도 어떻게 할 수 없는 육체가
있다. 그의 뜻대로 마구 다뤄지며 섹스를 당했을 때, 나는
저항하지 않았다. 아니, 은밀하게, 희미하게나마 저항은 했다.
엎드려서 표정이 보이지 않도록 하면서 얼굴을 한껏 찌푸렸다.
저항이라기보다 자신을 향한 최소한의 변명이었는지도 모른다.
그것이 내가 할 수 있는 유일한 행위였지만, 상대는 결코
알아차리지 못했기에.

신체적 폭력은 섹스보다도 훨씬 호소력이 크다. 섹스
따위는 아무래도 좋다고 여겨질 정도로, 맞고 발로 차이는
충격은 크다. 아픔은 몸에 울려 퍼져 도저히 잊히지 않는다.
신체적 폭력은 눈물, 신음, 절규, 오열, 아픔, 마비, 체념,
증오, 분노, 심지어 때로는 웃음까지 만들어 낸다. 여러 가지
감정과 감각이 폭력과 함께 찾아와 증발하여 공기 속으로 섞여

들어가면, 나는 그것을 몇 번이나 들이마셨다. 아픔과 감정과 감각은 혼란스럽게 뒤섞여 소용돌이가 되어 다시금 나를 덮쳤고, 육체라는 접촉면을 매개로 삼아 나날이 정신을 갉아먹었다.

그러면 어느덧 정신과 육체는 분리된 역할을 기대한다. 정신은 이 상황을 설명 가능하게 만들기 위해서만 작용하며, 뇌는 이것저것 이유를 찾는다. 육체는 그 정신을 유폐하는 감방으로 변해 자유를 빼앗으며 도망치는 일 자체를 허락하지 않는다. 정신은 신체를, 신체는 정신을 산 제물로 삼는다. 침대에 누워 눈앞에서 불길이 덮쳐도 완전히 둔감해질 만큼, 신체도 정신도 제 기능을 잃는다.

그리고 갈기갈기 분리된 신체와 정신을 통합하지 못한 상황에서 섹스가 일어난다. 일방적인 타이밍에 따라 일방적인 사정이 일어난다. 나에게 섹스는 무의미하고 무감동한 것이었다. 하지만 상대를 어르고 달래 그날 밤에 잠들게 하려는 목적만으로 나는 그 행위에 합의했다. 합의 자체가 불가능하기 때문에 이루어진 합의는 말을 통해서도, 육체를 통해서도 뒤엎는 것이 불가능하다. 그럴 때 말은 육체와 정신의 분리를 촉진한다. 그리고 그 '말에 의한 합의'는 그 남자의 폭력적 성행위를 정당화해버린다. 그렇게 섹스에 있어 거짓 대등성이 출현한다.

말에 의한 합의가 있었다면 성폭력이 아니라는 논리가 도대체 어떻게 가능할까? 언어를 사용하는 우리는 언어를 중시할수록 덫에 빠진다. 언어는 신체로부터도, 정신으로부터도 떨어진 곳에 있다. 편리한 도구지만, 자신의 모든 순간을 표현할 수는 없다. 언어가 짜내고 만들어낸 거친 그물코에서 너무나도 많은 것이 빠져나온다. 언어에 익숙해진 나는 언어를 닫아버린 워크숍에 참가하면서, 스스로가 얼마나 둔하고 표현력을 결여한 인간인지 뼈저리게 느꼈다.

쾌락의 정글

　　엑스플로어 베를린도 마지막 날을 맞았다. 친구도
생겼다. 비어 가든에서 "난 드디어 사정하고 싶다는 욕구에서
해방되었다고." 라고 자신만만하게 말했던 그는 5년간 계속
페스티벌에 참가했다고 한다. 그가 "올해 워크숍은 완전
미적지근해." 라고 말했기에 과거에는 어떤 경험을 했는지
물어봤다.

　　"처음 참가했던 해는 굉장했어. 모두 모여
마스터베이션을 하는 워크숍이 있었는데, 거기서 일종의 세례를
받았지."

　　나는 깜짝 놀라고 말았다. 그 워크숍에는 남성만
모인 것 같았다. 참가자 전원이 페니스를 부여잡고
마스터베이션을 했다고 한다.

　　"아니, 발기가 되지 않았어. 나만 그런가 생각했는데
그렇지도 않았지. 대부분 '서질' 않았어. 모두가 약하고, 모두가
볼품없었지. 아무것도 신경 쓰지 않아도 돼. 그러니까 당신도
무슨 콤플렉스를 가졌든 던져버리면 되는 거야. 부끄러운 것은
아무것도 없으니까 말이야."

　　키 크고 덩치 좋은 남성들이 힘없이 쪼그라든 성기로
분투하는 모습을 상상하자, 나도 모르게 웃음이 나왔다.
조소가 아니었다. 왠지 모를 친근함과 따스함을 느꼈던 것
같다. 마치 남성들이 한데 모여 자신들을 괴롭게 하는, 페니스에

부여된 폭력성을 버리려는 시도인 것 같았다. "모두가 약하고 볼품없어서 그게 좋았어."라고 말하는 그는 '연약한 페니스'에 적지 않게 안심한 듯 보였다. 게다가 올해는 드디어 "사정하고 싶다는 욕구에서 해방"되었다. 이는 페니스를 '행사'하는 일을 그만두어 이를 대신하는 만족감을 얻었다는 의미로도 읽혔다.

밝고 건강하며 꺼림칙함을 전혀 찾을 수 없는 이 페스티벌에는 폭력을 떠올리게 만드는 장면은 하나도 없었다. BDSM 플레이를 성립시키기 위한 가장 중요한 약속인 '세이프후드'(플레이를 중단하는 신호가 되는 말)를 철저히 지킬 것, 만들어진 공간, 연출, 놀이 장치, 워크숍, 이런 것들로 안정성을 확보하면서 섹스에서 지금까지와는 다른 의미를 발견하려는 것이다.

"당신, '정글'에는 가봤어?"

그의 물음에 고개를 저었다. '정글'이란 사일런트 스페이스와 마찬가지로 특설 무대지만, 콘셉트는 다르다. 사람들에게 물어보아도, "거기는 카오스예요.", "자세하게는 말 못 해, 가보는 수밖에 없어.", "용기를 내봐요, 그것도 경험이니."라는 말을 들었을 뿐이다.

"꼭 가봐요, 불타오를 거예요, 하지만 가면을 쓰지 않으면 들여보내주질 않아요."

그에게 이야기를 듣고 나는 최악의 사태까지 각오하고는 '정글'로 향했다. 여러 의상이 잔뜩 준비된 방에서 옷을 갈아입었다. 쇼트 팬티에 호피 무늬 캐미솔, 금발 가발, 카우보이 모자를 고른 후 여우 꼬리까지 붙여 "정글에서 동물을 사냥하다가 저주를 받아 꼬리가 생긴 헌터"라는 콘셉트를 잡았다. 정글 입구에는 가면을 쓴 문지기가 있어서 심사를 받지 않으면 들어갈 수 없었다. 설명하니 다행히 통과됐다.

좁은 입구를 빠져나가니, 내부는 동굴처럼 어두웠다.
행사장에서 유일하게 어두운 곳이었다. 하지만 음산하지는
않았고, 오히려 학교 축제에 설치된 '귀신의 집' 같은
느낌이었다. 천장에서 얇은 천 몇 장이 드리워져 시야가 탁
트이지는 않았다. 천을 젖히고 미로로 들어갈수록 폭이 좁고
깊숙한, 느낌이 다른 공간이 펼쳐졌고 그 안에 무언가를
설치해놓았다. 여기저기서 사람들이 부둥켜안고 쾌락의 신음을
내고 있었다. 방해가 되지 않게 천천히 걸으며 정글을 탐험했다.
대체 몇 쌍이 야단법석하는 걸 보았는지 기억도 나지 않았다.
누구도 남의 눈을 의식하지 않았기에, 내가 서서 지켜봐도 전혀
개의치 않았다. SM 플레이에 열중하는 여성 세 명 곁에 네 명의
남녀가 짝지어 뒤엉켜 있었다. 미로의 최종 지점에는 십자가가
걸려 있진 않았지만 기독교풍 제단처럼 보이는 구조물이
설치되어 있었고, 바로 그 옆에서도 남녀가 열정적으로 붙어
있었다.

열기가 가득한 정글을 빠져나오자, 날이 저물어
있었다. 3일째도 끝나갔다. 밝은 분위기와 에로티시즘의 역동성
속에서 나는 더 이상 곤혹스러움을 느끼지 않았다. 욕망의
장면을 스스럼없이 드러낸 생생한 육체가 처음부터 마지막까지
내 주변에서 뒹굴고 있었다.

페스티벌에서는 이미 섹스는 '모두의 것'이 되었다는
의미, 아니면 개개인의 육체를 다수가 나누어 갖는다는 의미가
형성되는지도 모른다. 섹스에 관해 익숙하게 느껴왔던 음란함
같은 기존 관념이나 내가 경험했던 섹스, 게다가 주파일과의
섹스와도 달랐다. 이 장소에서는 섹스를 통해 친밀함이

확대되고, 사람들 사이로 널리 퍼지고 있었다. 페스티벌에
참가하면서, 주파일과의 만남과는 전혀 다른 방식으로 섹스를
다시 생각하게 됐다.

나치를 향한 반동

　　엑스플로어 베를린과 같은 시도는 일본에서는 아마
불가능할 것이다. 이를테면 공연외설죄가 적용될 것이다.
섹스의 양태는 법률과 깊게 관련되어 있기 때문에 나라마다 여러
차이가 발생한다. 가장 알기 쉬운 사례가 매춘이다. 독일에서
매춘은 합법이며 성노동이 직업으로 인정받지만, 일본에서는
비합법이다. 섹스는 보편적인 행위인데도 전 세계적으로 정치가
개입하는 이상한 행위다.

　　엑스플로어 베를린은 일본에서는 낯선 '섹스 포지티브
무브먼트Sex-positive movement'라는 사회운동의
맥락에서 설명할 수 있다. '섹스 포지티브니스'란 섹스를
건강하고 자연스러운 행위로 보고 긍정적으로 파악하여, 사회
규범이나 종교 규범에 의해 규정된 성을 향한 기피감과 죄의식을
불식하려는 개념이다. '정글'의 미로 끝에 있던 제단의 패러디와
그 옆에서 쾌락에 젖어가던 남녀의 모습은 섹스 포지티브니스의
상징적인 광경으로 내 뇌리에 각인되었다.

　　섹스 포지티브 무브먼트는 1960년대 서구 사회에서
연쇄적으로 일어났던 '성 혁명'에서 비롯되었다. 구서독에서
성 혁명이 일어났던 시기는 1960년대 중반으로, 역사학자
다그머 헤르초크Dagmar Herzog는 『섹스와 나치즘의 기억

─ 20세기 독일의 성 정치화』를 통해 독일에서 전개된 성 의식의 변천을 명확히 밝혔다. 이 책에 따르면, 당시 서독에서는 성 해방이 사회적, 정치적 정의를 촉진한다는 사고방식이 반체제 운동과 결합하며 확대됐고, '섹스의 물결'이라 불리는 성의 극단적 자유를 부르짖는 현상이 일어났다. 포르노 사진이 시장에 범람했고, 누드도, 혼전 관계도, 불륜도 옹호되었다. 서독은 전 세계적으로 보기 드물 만큼 성에 개방적인 나라여서, 베를린에는 난교를 이상으로 내건 '제1 코뮌'인 아나키스트 좌파조차 있었다고 한다. 헤르초크에 따르면, "제3제국 시기는 두드러지게 성을 억압하던 시대여서 섹슈얼리티를 해방하는 일이 반파시스트로서의 의무라는 의식이 팽배했다."

나치는 동성애자 남성을 고문, 살해하고 매춘부를 투옥했다. 한편으로는 '아리아인'의 결혼이나 출산을 장려했다. 나치가 추구하던 바른 섹스란, 건전한 이성애자 아리아인이 출산을 목적으로 행하는 것이었다.

나치의 성 정책에 대한 반성과 반동이 1960년대 중반의 성 혁명을 뒷받침했다. 인종이나 성별, 성적 지향 등에 구애받지 않고, 누구나 섹스를 자신의 것으로 되찾는 일이 시민 정치 그 자체가 되었다.

그로부터 반세기가 지난 지금, 다시 베를린에서는 섹스 포지티브 무브먼트가 지속되고 있다. 엑스플로어 베를린에서 알게 된 저널리스트인 스위스 남성은 내게 말했다.

"독일은, 아니, 베를린은 미쳤어요(crazy). 당신은 이 페스티벌만으로도 충분히 놀란 것 같지만, 거리에 나가면 난교 따위는 당연하게 펼쳐지는 클럽이 있어요. 이 페스티벌보다도 확실히 과격하죠. 이 거리가 아니면 맛볼 수 없는 것이 있으니까 나는 매달 한 번은 베를린으로 놀러 와요."

베를린의 '크레이지'란 억압에 저항하기 위해, 또한 정치로 상처와 탄압을 받은 섹스를 해방하기 위해 필요로 하는 것은 아닐까? 엑스플로어 베를린에 대해서 말한다면, '섹스는 정해진 관계끼리 하는 것'이라는 사회 규범에 온몸으로 저항하는 사회운동이라고도 볼 수 있을 것이다.

성의 억압

독일은 동성애 옹호 운동이 유럽에서 가장 빠르게 일어난 지역이다. 역사는 1860년대로 거슬러 올라간다.

당시 독일어권에서는 빌헬름 1세가 1861년에 프로이센 국왕으로 즉위하고 군국주의 정책을 밀고 나갔다. 보불전쟁에서 승리하고 독일을 통일한 빌헬름 1세는 1871년에 독일제국을 수립해 초대 황제가 되었다.

독일을 통일하고 제국을 수립하는 데 남성 동성애자는 곤란한 존재였다. 그도 그럴 것이, 프로이센 왕국에는 남성끼리의 성행위를 금하는 '프로이센 형법 143조'가 있었기 때문이다. 독일이 통일되면, 지금까지는 동성애를 탓하지 않았던 지역에서도 이 법률이 적용될 우려가 있었다. 그 불안감으로 남성 동성애자가 주체가 되어 동성애 옹호 운동이 시작됐다. 그 운동의 중심 인물로는 '동성애Homosexualität'라는 말을 만들어낸 저널리스트 카를마리아 케르트베니Karl-Maria Kertbeny 등이 있다.

그들은 프로이센 형법 143조에 저항하는 운동을

일으켰지만, 1871년에 독일제국은 이 법률을 이어받아 제국 형법 175조를 제정했다. "동성애 연인 사이에서, 또는 인간과 동물 사이에서 행해지는, 자연에 반하는 외설 행위는 금고형에 처한다. 또한 공민권 상실을 선고할 수도 있다."는 내용이었다.

동성애 옹호 운동은 그 후에도 이어졌지만, 형법 175조는 정권이나 정치 체제가 바뀌어도 존속했다. 1920년대 무렵 바이마르 시대에는 성과학자인 마그누스 히르슈펠트Magnus Hirschfeld가 중심이 되어 운동을 전개했다. 히르슈펠트는 1915년에 사재를 털어 베를린에 '성과학연구소'를 창설했다. 연구소에는 유례가 없을 만큼 충실한 성과학 장서와 성 상담소를 갖췄다고 한다. 히르슈펠트가 주도한 동성애 옹호 운동은 수십만 명이 지지할 만큼 꽤 번성했다. 하지만 그 후 정권을 잡은 나치 치하에서도 형법 175조는 이어졌고, 나치는 동성애자를 강제수용소에 가두고 살해했다. 히르슈펠트의 연구소도 탄압을 받아 운동은 한풀 꺾이고 말았다.

놀랍게도 형법 175조는 제2차 세계대전 후에도 여전히 이어졌다. 1960년대 중반부터 겨우 폐지론이 일반화되었지만, 독일 전역에서 법안이 철폐된 것은 20세기도 거의 저물어가던 1994년이었다. 독일은 성에 대한 법 규제에 대항해서 일찍부터 지식인이나 당사자가 조직을 세우고 운동을 전개했는데도 오랜 시간 동안 법의 굴레에서 벗어나지 못한 셈이다.

이 정도로 집요하게 성을 탄압하는 역사가 이어졌던 이유는 무엇일까?

유럽에서는 중세시대부터 남성끼리의 성행위나 인간과 동물의 성행위를 '자연에 거스르는 외설 행위'로 여기고 벌했는데, 그 배경에는 기독교권에 뿌리내린 섹스의 규율이 있다.

앞서 이야기했듯, 『구약성서』「레위기」18장에서는 '기피해야 할 풍습'으로 근친상간, 생리 중인 여성과의 성교, 간통, 남성 동성애, 동물과의 성행위 등을 정하고 금지했다. 터부시되던 행위를 하다가 발견되면 사형에 처해지는 경우도 있었다.

중세에 시작된 특정한 성행위의 단속, 성을 규범화하는 법률을 '소도미 법'이라고 한다. 소도미sodomy라는 말은 『구약성서』에 등장하는 배덕의 도시 '소돔Sodom'에서 비롯되었다. 이곳의 주민들이 음란한 행위에 빠지고 육욕에 젖어 타락했기 때문에 신이 유황과 불을 내려 도시 전체가 불타고 멸망했다.

정자가 헛되이 낭비되는 일을 금하며 "생육하고 번성하여 땅에 충만하라."(「창세기」9장 1절)라고 인간에게 설교한 성서가 동성애나 동물과의 성행위를 금지한 것은 어찌 보면 당연하다. 생물학자 미다스 데커스Midas Dekkers의 저서 『사랑스러운 동물: 수간의 박물지 Dearest pet: on bestiality』에 따르면, 16 ~ 18세기에 수간 재판이 자주 열렸다는 기록이 있다고 한다.

예컨대 1555년 프랑스에서는 암컷 당나귀와 섹스했다는 이유로 피고인이 사형에 처해졌다. 집행 방식은 무시무시했다. 광장에서 사람들이 보는 가운데 피고인의 목을 매달아놓고 상대였던 당나귀를 눈앞에서 화형시킨 후 교수형에 처했다. 그 후 불구덩이에 던져졌다고 하는데, 교수형 후에 다시 불에 태웠다는 것은 말하자면 두 번 사형당했다는 의미가 된다.

미셸 푸코Michel Foucault는 『감시와 처벌 –
감옥의 탄생』에서, 유럽에서는 고대 그리스·로마 시대부터
있었던 신체형이 18세기까지 이어졌고, 사형은 대체로 대중이
보는 앞에서 이루어졌다고 설명한다. 중대한 죄를 범한 자라면
불태우고 사지를 찢어발기는 형이 당연하게 여겨졌다. 수간 재판
중에서도 특히 이 피고인만 끔찍하게 사형을 당한 것이 아니라,
이런 경우가 일반적이었을 가능성도 높다.

형 집행을 보는 사람들은 대체 어떤 마음이었을까?
공포에 사로잡히는 동시에 눈앞에서 펼쳐지는 피와 불꽃의
광경에 흥분하며 피고인을 마음껏 조롱하고 힐책하지는
않았을까? 구경거리로서의 사형이 상식이나 사회규범의 형성에
크게 공헌했다는 점은 의심할 여지가 없다. 동물과의 성행위는
현재도 기피되지만, 그 배후에는 이러한 역사적 배경도 있을
것이다.

제2차 세계대전 이후 독일에서 소도미 법인 형법
175조의 적용 범위가 차차 축소되면서, 동물과의 성행위에
관해서도 변화가 일었다. 법의 완전 철폐에 앞서 구서독에서는
1969년 법 개정 때 금지 항목에서 삭제됐다.

동물에게 성적 욕망을 품는 사람들은 그때부터 일단
법의 규제에서 해방된 셈이다. 하지만 2013년에 상황은 다시
바뀌었다. 1장에서 언급했듯, 그해 독일에서는 동물보호법에
새로운 항목이 추가되었다. 조건부로 동물과의 성행위를
금지한다는 내용이었다.

동물성애는 합법인가?

혼히 독일을 동물보호 선진국이라고 이야기한다.
'티어하임Tierheim'이라는 동물보호시설이 독일 전역에
1400개 이상 있어서 버려진 동물을 맡아 보살핀다. 티어하임의
활동으로 독일에서는 원칙적으로 개나 고양이의 살처분은
이루어지지 않는다. 주파일 레즈비언인 바르바라는 동네에
있는 티어하임에서 일하는데, 그녀의 안내로 시설을 견학했다.
개, 고양이, 앵무새, 그 밖에도 여러 종류의 새가 있었다.
개는 20마리가 넘었지만 독립된 개집에서 생활하고 있었다.
티어하임의 개집은 세로 3미터, 가로 1.5미터 정도의 넓이여서
개가 스트레스를 받지 않도록 배려한다.

내가 방문한 날은 티어하임에서 주최하는 자선 행사에
그 지역 사람이 많이 찾아와 바자회를 즐기며 개, 고양이를
보살폈다. 독일에서는 개나 고양이를 파는 펫숍이 거의
없고, 개를 기르고 싶은 사람은 직접 브리더와 연락하거나
티어하임에서 찾는다. 제타 멤버도 대부분 티어하임에서
유기견을 데려와 파트너로 두고 있다.

이렇게 독일에서는 동물과 사람의 공생을 위한
환경이 잘 마련되어 있다. 그리고 이를 뒷받침하는 것이
동물보호법이다.

독일에서 동물보호법의 역사는 길다. 19세기에 작센,
바이에른, 프로이센 등 영방국가에서 동물학대죄가 규정되었던
것이 그 효시다. 1871년에는 독일제국 형법에 동물학대죄가
만들어졌다. 그 후 나치가 정권을 잡고 있던 1933년에 체계적인
동물보호법인 '라이히Reich 동물보호법'이 제정됐다.

　　　나치와 동물보호법에 대해서는 미국 작가 보리아
색스Boria Sax가 『제3제국의 동물 – 펫, 희생양, 홀로코스트
Animals in the Third Reich: Pets, Scapegoats,
and the Holocaust』에서 상세히 다뤘다. 이 책에 따르면,
라이히 동물보호법은 철저하게 동물이 당하는 고통을 피하게끔
하는 처우에 주력하고 있다. 길들지 않는 동물을 야생으로
방사하는 일, 동물을 공공의 오락을 위해 사용하는 일,
경마 · 투계 · 투우에서 눈가리개를 사용하는 일, 개의 귀를
도려내는 일이 금지 사항으로 정해졌다. 라이히 동물보호법의
제1조 제1항에는 "동물에게 불필요하게 짐을 싣거나 거칠게
학대하는 것을 금지한다."라고 되어 있다. 이를 위반하면 최고
2년의 징역형과 벌금형이 부과됐다. 나치는 이 법률 서문에서,
동물은 인간을 위해서 존재하는 것이 아니라 "그 자체로"
보호받아야 한다고 기록했다.

　　　　유대인이나 동성애자를 대량 학살했던 나치가
한편으로는 동물보호에 열심이었다는 사실이 의외일지도
모른다. 하지만 여기에는 한 가지 계략이 숨어 있었다.

　　　　라이히 동물보호법의 시행에 앞서 나치는 동물의 식육
처리에 관한 법률을 의결했다. 먹기 위해 동물을 처리할 때
마취하거나 기절시키도록 규정한 것이다. 유대교에서는 특정
동물을 식용으로 쓰기 위해서 종교적으로 식육 처리를 한다.
코셔Kosher라는 음식 규정에 따라 고통이 적게끔 식육용
동물의 목을 찌르도록 전통적으로 정해져 있어서 동물을 죽이기
전에 기절시켜야 한다. 보리아 색스는 나치가 이 법률을 이용해
유대인을 억압하려 했다고 설명했다.

　　　　나치는 동물보호법을 통해서는 동물을 세심하게

배려한다. 수송할 때는 청결한 차량으로 하며 동물에게 충분한
먹이를 주게 정해놓았다. 그러나 유대인에게는 잔학했다.
트럭이나 열차에 그들을 과밀한 상태로 싣고 수용소로 이송하여
학살했기 때문이다. 이런 면에서 나치의 기만과 악랄함을
엿볼 수 있다.

　　　하지만 나치가 만든 라이히 동물보호법은 그 당시
세계적으로 가장 엄격하게 체계가 잡힌 동물보호법이었다고
한다. 그리고 동물의 지위를 향상시키는 측면이 있었다. 라이히
동물보호법은 이후 독일 동물보호법의 토대가 되어 1972년에
공포된 동물보호법으로도 계승됐다. 독일의 현행 동물보호법은
이를 기반으로 몇 번인가 개정을 거쳐 제정된 것이다.

　　　1986년 개정에서는 동물은 인간과 똑같은 피조물이며
통증을 느끼는 생명체라고 규정했다. 동물을 인간의 동포로
표현했다는 점이 특징적이다. 독일에서 동물은 사물이 아니라
인간과 동일한 생명체로 다룬다.

　　　제타 사람들 또한 동물보호 편에 서 있다. 동물학대를
막기 위해서도 정비된 동물보호법은 필요하다고 생각한다.
하지만 2013년에 추가된 동물보호법 제3조 제13항은
주파일에게 큰 문제가 되었다. "동물을 인간의 개인적인
성행위에 이용하는 것, 타인의 성행위를 위해 훈련하는 것,
소유 동물을 타인이 이용하는 것을 허가하여 동물에게
부적절한 태도를 강요하는 일을 금지한다."라는 조항이 붙었기
때문이었다.

　　　주파일 사이에서는 법이 개정되기 전부터 불안감이
퍼져갔다.

　　　"이건 말 그대로 주파일 금지법이 아닌가?"

183

"하지만 우리는 섹스 훈련 같은 것은 하지 않잖아? 그러니 이 법은 주파일에게 적용될 수 없어." 이런 논의를 거쳐 제타가 발족했고, 이 법안에 이의를 제기하는 활동을 전개해왔다.

2015년 당시 제타에 소속되어 있던 멤버들은 "동물보호법 제3조 제13항은 동물성애를 부당히 금지하는 것이므로 동물성애자의 성적 자기 결정권을 저해하는 조항"이라는 명목으로 독일 연방헌법재판소에 이의를 제기했으나 기각되었다. 그 이유를 대략 요약하면 "제3조 제13항은 동물에게 하나의 종으로서 부적절한 태도를 강요할 때에만 적용되므로 심판 청구인에 의한 이의 제기 내용은 본 항목에 해당하지 않는다."라는 것이다. 즉, 이는 동물에게 "종으로서 부적절한 태도"를 강요하지 않는다면 동물과의 섹스는 문제시되지 않는다고도 해석할 수 있다. 바꿔 말하면 연방헌법재판소는 "동물보호법 제3조 13항은 사람들의 성적 자기 결정권을 저해하지 않는다."라고 판단했다고 이해할 수 있다.

연방헌법재판소의 이런 판단은 무척 흥미롭다. 나치의 성 정책을 통렬하게 반대했던 전통을 계승한다는 의미에서 섹슈얼리티에 대한 차별은 독일에서 매우 민감한 문제다. 그렇기에 '섹슈얼리티의 자기 결정권'에 무게를 둔 제타의 이의 제기에 이런 식으로 우회하여 회피하는 방법을 취한 것은 아닐까? 제타는 이 사법 재판을 근거로 삼아 동물성애자와 동물 사이의 성행위는 독일에서는 원칙적으로 금지되지 않은 것으로 여긴다. 멤버들은 이 일을 제타 창립 이래 최대의 공적으로 기억한다.

내 주위에서 볼 수 있던 사람들이 주로 '주파일 게이

패시브 파트'였던 이유는 이러한 새로운 법 조항의 영향이
큰 것으로 보인다. 그들은 수컷 개의 성욕을 받아주는 동시에
성적으로 케어해준다고 주장할 수 있으며, 그렇다면 학대
행위에는 해당하지 않기 때문이다.

제타 멤버 중에 동물의 항문에 페니스를 삽입한다고
말한 사람은 아무도 없다. 이러한 행위는 "종으로서 부적절한
태도"를 동물에게 강요하는 것으로 받아들여지기 때문이리라.

액티브 파트인 디르크는 암컷도 반년에 걸쳐 점점
익숙해지면 인간과 섹스할 수 있다고 말했다. 이를 '동물을
인간의 개인적인 성행위에 이용하는 것'으로 파악한다면,
동물보호법 위반에 해당한다. 또한 디르크는 파트너가 없으므로
섹스는 주파일 친구의 파트너 개와 경험했다고 말했다.
그 친구의 행위는 '소유하는 동물을 타인이 이용하도록 허락한
것'에 해당할 수도 있다. 액티브 파트 사람들이 패시브 파트에
비해 경계심이 강한 까닭도, 이 법률의 영향이 크기 때문일
것이다.

동물보호법이 인간의 성적 지향을 억압하는 일에는
관여하지 않는다고 해도, 주파일의 섹스 양상이나 섹스를
이야기하는 방식에는 명백히 영향을 미친다. 독일의 주파일과
그들의 섹스를 둘러싼 담론은 법률과 뒤얽히면서 생성되고 있다.

터부의 배반

그렇다면 동물과의 성행위를 둘러싼 일본의 상황은 어떨까? 인간의 섹슈얼리티에 대한 태도, 동물의 입장이나 인간과 관계 맺는 방식에 있어서 일본의 환경은 독일과 꽤 다르다.

먼저 일본에서는 섹스에 관해 종교 규범을 기반으로 한 소도미 법이 시행된 역사가 없다. 센고쿠戰國 시대(15세기 후반 ~ 16세기 후반)나 에도江戸 시대(1603 ~ 1867)에도 남성 동성애가 허용됐던 것은 일본의 성 문화가 지닌 특징 중 하나다. 비이성애 섹슈얼리티에 대해 일본은 기독교권에 비하면 상당히 너그러웠다.

동물과의 성행위를 금지하는 법률도 일본에는 없다. 그러므로 동물성애나 수간이 위법은 아닌데(그렇다고 합법도 아니다), 이는 세계적으로 보아도 매우 드문 사례다. 법률에서 동물성애를 금지하지 않는 지역이 거의 없기 때문이다. 유럽을 살펴봐도 2000년대 이후 동물보호법이 제정되면서 차차 금지되었다. 예컨대 프랑스, 벨기에, 노르웨이, 네덜란드, 덴마크는 각각 2004년, 2007년, 2008년, 2010년, 2015년에 동물과의 성행위를 위법으로 정했다.

일본에는 동물과의 성행위를 금지하는 법률이 없다고 하면 독일 사람들은 놀라워한다. "그럼 편견도 없어요?"라고도 물어본다. 그러면 "아니, 편견은 있죠. 아무래도 일반적인 행위라고는 생각하지 않아요. 일종의 병 아니냐는 반응이 많으니까요."라고 대답하곤 한다.

하지만 동물과의 성행위에 대한 죄악감은 고대부터 있었다.

고대 일본의 역사 및 신화를 모아놓은 책 『고지키古事記』에는 동물과 나눈 성행위와 관련하여 흥미로운 대목이 등장한다. 주아이 덴노仲哀天皇 이야기로, 주아이 덴노는 거문고를 타다가 세상을 떠난다. 주변에서는 신의 노여움을 샀기 때문이라고 벌벌 떨며 무서워했다. 빈소에서는 부정함을 씻기 위해 방방곡곡에서 가져온 온갖 물건으로 제사를 지내서 신의 노여움을 달랬다. 그때 더러움을 씻어야 할 죄의 목록은 다음과 같았다. "짐승의 가죽을 살아 있는 채로 벗긴 일, 짐승의 가죽을 거꾸로 벗긴 일, 밭두렁을 망가트린 일, 밭에 물을 끌어와 개천을 막은 일, 신성한 장소에서 대변을 본 일, 부모 자식 간의 근친상간, 말·소·닭·개와 벌인 성행위." 『구약성서』「레위기」18장과는 꽤 분위기가 다른데, 농사를 망치는 행위나 용변이 성 규범과 함께 기록된 점이 독특하다. 어쨌건 고대 일본에서도 동물과 성행위가 터부였다는 사실은 쉽게 알 수 있다.

『구약성서』나 『고지키』뿐만 아니라 유대교의 법률도, 고대 근동 왕국 히타이트Hittite의 규범도, 수간 금지를 포함한다. 일본은 차치하더라도, 세계 여러 지역에서는 이를 위반하면 사형에 처하는 곳도 많았다. 이러한 금기가 지역이나 문화를 초월해 존재한다는 사실은 전 세계적으로 동물과의 성행위가 아주 옛날부터 이루어졌다는 반증이다.

수간이라고 불린 이 행위의 흔적은 거슬러 올라가면 선사시대부터 발견할 수 있다. 일설에 따르면, 지금으로부터 4만 년 혹은 2만 년 전에도 동물과 성행위가 있었다고 한다.

스웨덴의 보후슬란Bohuslan에는 남성이 대형 4족 보행
동물에게 페니스를 삽입하는 청동기 시대의 암각화가 남아
있으며, 이탈리아 발카모니카Val Camonica에는 남성이
나귀로 보이는 동물에게 페니스를 삽입하는 장면을 그린 철기
시대의 바위 그림이 있다. 이런 역사적 유물은, 유사 이전부터
동물이 사육하여 일을 시키는 대상일 뿐 아니라 성적인
존재였을지도 모른다는 사실을 보여준다.

　　　인간과 동물의 성적인 관계는 아주 먼 옛날에는 그리
드문 행위는 아니었을지도 모른다. 인간과 동물의 거리는
지금보다 훨씬 가깝지는 않았을까? 하지만 여러 계율과 규범에
의해 동물과의 섹스는 경멸과 금지의 대상이 되었다. 종교
규범을 강하게 의식하지 않는 현대에도 이는 변하지 않았다.

　　　실제로 일본뿐만 아니라 독일에서도 내가 연구하는
내용을 이야기하면 대체로 이상한 반응을 보인다. 놀라는
것은 그렇다 쳐도, 거부감과 조롱, 저속한 농담이 돌아오거나,
주파일을 '비정상인 놈들'이나 '변태'라며 욕하는 사람도 있다.
동물학대라며 분노하는 동물옹호론자도 물론 있다. "동물
따위와 섹스를 하다니, 생각만 해도 너무 기분이 더러워."라며
얼굴을 찌푸리는 사람도 있다.

　　　내가 거듭해서 들었던 이런 말은 인간이 동물과의
경계를 당연하게 설정하고 동물에 관한 다양한 이미지를
제멋대로 정하면서도 그 의미를 묻지 않은 채 방치하는 상태를
보여주는 듯하다.

　　　인간은 동물의 종 혹은 종이 속한 집단에게 당연한
존재 양상을 바란다. 말하자면, 식용 가축은 인간의 식량이라는
목적을, 펫은 인간에게 무한한 사랑을 주는 목적을 가져야

한다는 것이다. 이런 태도는 같은 인간이라는 종에게도
마찬가지여서, 인간은 스스로 인간의 존재 양상을 다양한 금지
사항으로 규정한다. 동물과의 성행위를 금지하는 종교 규범
또한 인간을 ⟨인간⟩답게 만들기 위한 규칙 중 하나다. 그리고
섹스라는 행위는 인간의 탄생과 종의 존속에 직접적으로
연관되므로 법률이나 규범, 상식이 항상 개입되게 마련이다.

　　　　인간은 동물과의 사이에 경계를 긋고 난 후
⟨사람⟩이라는 카테고리를 만들어낸다. 하지만 인간과 동물의
섹스는 그 경계를 교란한다. 그러므로 주파일들이 제기하는
문제는 "섹스란 무엇인가?"라는 질문만이 아니라 "인간이란
무엇인가?"라는 질문이기도 하다.

5장

나눠

가진

비밀

주파일이 된다는 선택

독일에서 머무른 넉 달 동안 나는 11개 도시를
돌아다니며 많은 주파일과 만났다. 주파일에게 소개받아
또 다른 주파일과 만나면서 그들의 네트워크를 통해 교류 범위를
넓혀갔다. 앞서 말했듯, 제타에 소속된 주파일은 압도적으로
남성이 많다. 체류 기간 중 절반 이상을 바르바라를 제외하면
여성 주파일과 만날 수 없었다. 남성의 이야기에 편향되면
전체적인 양상을 파악할 수 없다는 생각에 점점 초조해졌다.
나 자신이 여성이라는 점과도 관계가 있다. 남성의 성욕에
대해서는 상상할 수밖에 없겠지만, 여성의 성욕이라면 공감하며
이해할 수 있는 부분이 있을 것 같았다. 그래서 더욱 여성
주파일의 솔직한 이야기를 듣고 싶었다.

하지만 여성 주파일과의 만남은 액티브 파트나 호스
피플만큼, 아니, 그 이상으로 어려웠다. 액티브 파트처럼 섹스
양태에 관해 이야기하기 힘들어 한다기보다 오히려 여성이라는
사실 자체로 인한 어려움 때문이었다.

일본의 성인 사이트에 접속했을 때 저속하고 외설적인
메일이 쇄도했듯, 완전히 똑같은 일이 독일에서도 일어났다.
정보 수집을 목적으로 온라인 커뮤니티에 글을 쓴다고 해도,
여성이라는 점이 알려지면 〈여성에게 개와 섹스를 강요하는
비스티 남성〉이나 〈난교를 목적으로 사람을 찾고 있는 비스티〉
같은 이들로부터 끊임없이 연락이 왔다. 익명 커뮤니티라고 해도
이런 상황은 여성의 경계심을 높인다. 그렇기에 여성 주파일은
좀처럼 자신을 드러낼 수 없다.

주파일 중에 남성의 비율이 높다고만은 할 수 없을 것이다. "여성 주파일의 숫자도 남성과 비슷하거나, 어쩌면 그 이상이라고 생각해요. 하지만 아무래도 자신을 드러내기 힘들겠죠."라는 말을 몇 번이나 들었다. 최종적으로 내가 만난 22명의 주파일 중에서 여성은 단 3명뿐이었지만, 섹슈얼리티에 이 정도로 남녀의 차가 있다는 사실에는 의문이 생긴다. 겉으로 나타난 여성 주파일의 숫자가 이렇게 적은 까닭은 커밍아웃으로 생기는 성가신 일이나 위험이 남성보다 훨씬 높아서는 아닐까?

"어떻게 해야 여성의 이야기를 들을 수 있을까요?"라고 한탄하듯 말하는 나에게 미하엘은 여성을 소개해줬다. 50대 초반인 론야Ronya라고 했다.

론야는 주파일이라는 사실을 제타 회원 외에는 알리지 않았다. 제타에서도 나서서 활동하는 멤버는 아니라서 미하엘에게 소개받기 전까지 그녀의 존재를 알지 못했다. 미하엘이 건네준 론야의 메일 주소로 바로 연락했지만, 처음부터 내키지 않아 했다. 알지도 못하는 일본인이 자신의 섹스에 관한 이야기를 듣고 싶어 한다니, 그것도 자기 집에 머물기를 원한다는 말을 들었으니 충분히 꺼리고 경계할 만했다. 하지만 메일을 주고받는 동안 그녀의 태도는 조금씩 바뀌었고, 결국 만나도 좋겠다는 답이 왔다.

론야는 나에게 무척 깊은 인상을 남겼다. 미하엘을 비롯한 대다수 주파일은 태어나면서부터 주파일이었다고 말했지만, 그녀는 달랐다. 론야는 고심 끝에 스스로 주파일이 되기로 '선택했던' 인물이었다.

나에게는 이 점이 중요하다. 이런 사람들의 존재는 주파일이 아닌 인간과 주파일 사이를 메워주는 힌트가 되지 않을까, 생각했기 때문이다. 내가 아는 한 후천적으로 주파일이 된 사람을 다룬 문헌은 발견하지 못했다. 나는 론야를 만난 후, 주파일이 '된' 사람을 몇 명 더 만났고, 무엇이 그들을 '주파일이 되게 만들었는지' 생각했다.

　　2017년 여름 어느 날, 우리는 역에서 만났다. 나는 가방을 등에 진 일본인, 그녀는 개를 데리고 휠체어에 앉은 여성이었기에 한눈에 서로 알아봤다. 론야는 온화한 표정으로 손을 흔들었다. 휠체어 곁에서 검은색 단모종 수컷 개가 기분 좋은 듯 앉아 있었다. 잡종으로, 이름은 '아누크'라고 했다. 며칠 후면 한 살이 되는 안내견 견습생이었다. 아누크가 차고 있는 목줄에는 눈에 잘 띄게 '훈련 중'이라는 말이 쓰여 있었다. 전차를 갈아타고 론야의 집으로 향하는 동안에도 아누크는 예의 바르게 앉아 있었다.

　　밝게 잘 웃고 농담을 잘하는 론야는 친절하며, 머뭇거리지 않고 확실하게 말하고, 사교적이면서, 주위 사람과도 적극적으로 관계를 맺는다. 그녀의 집에 도착한 밤, 아랫집에 사는 여성이 "일본에서 오셨다면서요? 즐겁게 지내다 가세요."라고 인사하며 와인을 선물로 가져다주었다. 사람을 피하던 미하엘과는 달리, 론야는 사람과 사귀는 일을 중요하게 여기고 주변 사람에게도 사랑받는 스타일이었다.

　　고마운 선물을 앞에 두고 우리는 첫날 밤부터 이야기에 빠져들었다. 론야의 섹슈얼리티에 대하여, 내가 가진 과거 경험이나 섹스와 관련된 트라우마, 사랑에 대한 불신에 대하여. 날짜가 바뀔 무렵에는 이미 서로의 비밀을 꽤 많이 공유했다. 처음 만났지만 잘 통했던 우리는 몇 번이나 건배했다.

　　론야는 인간과의 관계에서는 레즈비언이다. 그녀는

자신을 이렇게 설명한다.

　　"나는 본래 바이섹슈얼이라고 생각해요. 남성과도 여성과도 섹스를 했고, 남성을 사랑한 적도 있어요. 사랑받은 적도 있고 말이죠. 그래도 언제부터인가 여성을 사랑하기로 결정했어요. 남성과 섹스를 할 때 쾌감을 얻기 위한 도구로 남성을 다루고 있지는 않은가, 싶은 생각이 들어서 그때부터는 회의적으로 변했기 때문이죠. 남성이 성욕의 발산을 위해 여성을 섹스 토이처럼 취급하는 경우가 있잖아요? 정말 최악이죠. 마스터베이션의 연장인 셈이잖아요. 내가 그런 남성과 동일한 부류의 인간으로 전락하는 게 끔찍했던 것 같아요. 게다가 무슨 까닭인지, 여성을 상대로 섹스를 나눌 때는 받아들이는 쪽이 되었어요. 남성과 만날 때는 공격적이었는데 말이죠. 여성을 사랑하는 여성이 된 것에는 그런 이유도 있어요."

　　그녀는 남성과 사귀면서 자기 안의 폭력성을 깨달았는지도 모른다. 섹스에서 페니스에 초점이 맞춰지면 폭력성으로 연결되는 관념이 있다고 앞서 이야기했다. 하지만 페니스가 없는 여성이라도 폭력적으로 바뀌지 않는다고는 확신할 수 없다. 론야가 말하듯, 여성도 남성을 섹스 토이처럼 다룰 수 있으며 강간할 수도 있다. 페니스를 억지로 자극한다면 발기시키는 것은 어렵지 않기 때문이다. 남성의 신체 역시 마음과 항상 일치하는 것은 아니다. 그러므로 폭력성은 성기의 형상에서 비롯되는 것은 아니다.

　　론야는 섹스라는 구체적인 상황을 통해 그 사실을 통감했다. 섹스에서 비롯된 역할이 그런 생각을 명확하게 만든 것 같다. 그리고 론야는 폭력을 행사하는 입장에서 물러나기를 선택하여 '레즈비언이 되기'로 결정했다. 이때도

그녀는 스스로 섹슈얼리티를 선택한 셈이다. 지금으로부터
20년도 더 지난 일이다.

론야가 주파일을 알게 된 것은 겨우 2년 전이라고
했다. 계기는 주파일 레즈비언인 바르바라와의 만남이었다.
둘은 어느 동물보호 관련 온라인 포럼에서 알게 되었다. 의견을
나누며 친해져서, 그 후로는 론야가 바르바라의 집에 장기
체류할 정도로 죽이 잘 맞았다고 한다. 바르바라는 예전에
제타를 반대하는 활동을 펼쳤다. 그 점에서도 알 수 있지만,
바르바라 역시 '선천적 주파일'은 아니었다. 공통점이 많았던
두 사람이었지만, 바르바라는 론야에게 제타의 멤버라는
사실도, 주파일이라는 사실도 꽤 오랫동안 털어놓지 않았다고
한다.

"이 사회에서는 주파일이라는 대상은 이미지가 좋지
않았고, 편견으로 가득 차 있었기 때문에 좀처럼 이야기할 수
없었던 것도 무리는 아니에요. 그래서 그녀의 비밀을 알게
된 것은 1년이 넘게 지난 후였어요."

바르바라는 어느 날 몇 시간 동안 드라이브를 하다가
론야의 집으로 찾아왔다. 평소와는 달리 깊이 고민하다가 결심한
듯한 모습이었다고 한다. 그리고 진지한 모습으로 자신이
주파일이라는 사실을 커밍아웃했다. 그때 론야는 동물성애라는
말 자체를 알지 못했다. 주파일과 비스티도 구별하지 못했다.
바르바라는 주파일이 어떤 사람인지 열심히 설명했다.

"나는 바르바라의 집에 몇 번이나 간 적이 있어서
파트너 루나도 잘 알고 있었어요. 보통의 주인과 개와는 어딘가
다른 듯한 느낌도 받았어요. 대개의 반려동물보다 거리가 훨씬
가까웠죠. 바르바라는 루나를 진심으로 아끼는 듯 보였어요.

말하자면 빠져 있었다고나 할까요? 물론 루나도 그랬고요, 그러니 그녀가 주파일이라고 해도 납득할 수 있었죠." 라고 론야는 회상했다.

바르바라의 커밍아웃을 접하고, 론야는 동물과의 관계를 되짚어보기 시작했다. 어릴 적부터 동물은 가까이에 있었다. 동물을 무척 좋아했고 그중에서도 개는 특별한 존재였다고 한다. 30년 전에 길렀던 수컷은 지금도 잊을 수 없다고 말했다.

"나는 그 아이를 깊이 사랑했어요. 그 마음은 파트너 아누크를 향한 사랑과 마찬가지예요. 단지 그 아이와는 섹스를 한다는 발상 같은 건 없었을 뿐이죠. 내가 주파일이라는 것을 깨닫지 못했기 때문이겠죠."

론야는 그렇게 말하고 무언가가 떠올랐다는 듯 웃음을 지었다.

"갑자기 어릴 때 일이 생각나네요. 여섯 살 무렵이었을까."

어느 날, 그녀는 정원에서 친구와 놀다가 잘못해서 생쥐를 죽여버렸다고 한다. 론야는 무척 슬프고 무서워졌고, 밤이 되자 참을 수 없어져서 경찰에 전화를 걸었다.

"여보세요, 경찰이죠? 저를 체포해주세요. 오늘 쥐를 죽였어요."

그 소리를 듣고 부모님이 놀라서 뛰어왔다.

"'아무도 널 잡아가지 않아. 괜찮아.'라고 부모님은 말씀했어요. 인간은 안 되지만 쥐는 죽여도 괜찮다고 알려주기 위해 상당히 애를 쓰신 거겠죠. 예전부터 나에게 동물은 '퍼슨'이나 다름없었어요. 그러니까 생쥐를 죽이는 것도 살인과 마찬가지로 나쁜 짓이라고 생각했던 거죠."

역시 론야도 '퍼슨'이라는 말을 사용했다. 어렸을
적부터 자신에게 동물은 인간과 대등한 존재였다는 뜻이리라.
주파일이 아니었던 무렵부터 론야는 그런 감각을 자연스레
갖추고 있었던 것 같다.

"그렇게 동물과 접해왔기에 주파일을 이해하는 일이
그리 어렵진 않았어요. 그래도 나 역시 그렇다거나, 그렇게
되리라고 생각하기까지는 시간이 걸렸죠. 그도 그럴 것이 이제껏
동물에 대해 성적인 욕망을 느낀 적도, 성적 매력을 느낀 적도
없었으니까요."

론야는 주파일이라는 존재에 대해 1년 넘게 고민했다고
한다. 곰곰이 생각을 거듭한 이유 중 하나는 바르바라와 맺은
우정 때문이었다. 그리고 또 하나는 바르바라가 커밍아웃했을
무렵, 마침 개를 기르고 싶다는 생각이 들었기 때문이기도 했다.

신체적으로 여러 가지 제약을 안고 살던 그녀는 수년
전부터 휠체어 생활을 하게 되었다. 날이 갈수록 행동 범위가
좁아지면서 스트레스를 느꼈다. 개를 좋아하는 론야가 장애인
보조견을 키우려고 했던 것은 자연스러운 일이었다. 바로
그런 때 주파일이라는 섹슈얼리티를 알게 되었다. 그녀는 인간과
개가 함께 살아간다는 일에 대해 지금까지 한 번도 생각도 하지
못했던 시절로 거슬러 올라가 숙고할 수밖에 없었다.

"생각을 거듭한 끝에, 헤매고 또 헤매다가 나는 결국
마음을 정했어요. 다음에 개를 기른다면 주파일이 되겠다고.
동물의 삶을 있는 그대로 받아들이기 위해서는 성이라는
문제는 무시할 수 없겠죠. 주파일의 이야기를 듣고서 그 점을
깨달았어요. 인간이 지금까지 동물의 성에 너무나 무지했다는

점을 이제야 떠올린 거죠. 어째서 이런 문제에 지금까지 그렇게 둔감했을까요? 오랫동안 동물에게는 성생활이라는 것이 없다고 여기고 그들을 대했어요. 깊이 생각하지 못했던 거죠. 너무나 단순하게도. 하지만 주파일의 태도야말로 진정한 의미에서 동물과 함께한다고 볼 수 있지 않을까요?"

론야가 주파일을 이해하는 과정은 내가 더듬더듬 짚어온 과정과 닮았다. 나 역시 기르던 개의 성적인 측면을 깨닫지 못했다. 주파일과 이야기를 나누면서 비로소 동물에게도 성적인 욕망이 있다는 것을 의식하게 되었다. 긴 세월 동안 동물의 성욕 같은 것을 문제로 생각한 적조차 없었다.

론야는 그 후 동물보호시설에서 아누크를 만나 입양을 결정했다. 아누크는 론야에게 첫 번째 파트너다. 밤이 이슥해지자, 아누크는 색색 숨소리를 내기 시작했다. 론야는 그 모습을 바라보며 "어쩌면 저렇게 모든 게 사랑스러울까?"라고 중얼거렸다.

장애를 지녔다는 것

그날 밤부터 11일간 나는 론야의 집에서 머물렀다. 우리는 매일 아누크를 데리고 공원으로 나갔다. 론야의 생활은 완전히 아누크 중심으로 돌아간다. 이른 아침, 점심, 저녁, 밤, 이렇게 하루에 네 번씩 산책한다. 때로는 15킬로미터 넘게 걷기도 한다. 저녁 산보는 특히 중요해서, 작정하고 개 전용 놀이공원인 도그 런으로 향한다.

매일 도그 런을 다녀보니 많게는 20명 이상의 주인과

20마리 이상의 개가 모이곤 했다. 사람들은 맥주를 마시거나 담배를 피우며 느긋하게 이야기를 나누고, 개들은 함께 뛰어논다. 원반을 던지면 그 주위로 모여든 개가 경주를 벌인다. 만약 개가 위험한 일이나 버릇없는 행동을 하면, 누구의 개라도 관계없이 꾸짖는다. 함께 개를 기르고 인간과 개가 같이 노는 공간을 만들어간다.

론야와 아누크는 길게는 공원에 4시간가량 머문다. 다른 이들도 2시간 이상 머무는 일이 흔하다. 근처 애견가들은 이곳에서 개와 놀며 시간을 보내는 일이 일상에서 가장 중요한 일이다. 아누크를 기르면서 만난 도그 런의 친구들은 지금 론야에게 소중한 커뮤니티가 되었다. 아누크는 그녀에게 새로운 인간관계를 만들어주었다.

아누크가 오기까지 론야는 매일 노트북에 매달려 살았다. 꼼짝 않고 집에 틀어박혀 우울한 시간을 보냈다. 하지만 지금은 모든 것이 좋은 방향으로 변했다고 론야는 말한다.

"마치 인생을 되찾은 것 같아요."

아누크는 보통 말귀를 잘 알아듣지만 도그 런에 가까워질 때만은 참을성이 사라진다. 저도 모르게 보조를 맞추는 발걸음이 빨라져 휠체어에 묶인 끈을 끌어당기듯 걸어간다. 론야가 아무리 "아누크 랑잠langsam (천천히)"이라고 반복해도 성큼성큼 앞서간다. 그때 손자로 보이는 어린 남자아이를 데리고 나온 할아버지가 스쳐 지나갔다. 노인은 아이에게 말했다.

"저기 좀 봐라, 대견한 개지! 휠체어를 끌어주고 있네!"

좋게 좋게 넘길 요량으로 노인은 미소 지었지만, 론야는 불끈하는 성격을 숨기지 않고 그 자리에서 지적했다.

"아니에요, 이 개는 나를 끌어주는 게 아니에요, 나와 함께 걷고 있는 겁니다."

론야의 분노에 노인은 당혹해서 소년의 손을 잡아당겼다. 그들이 등 뒤로 사라지자 론야는 중얼거렸다.

"무례한 사람이네, 하지만 나도 아누크의 페이스를 조절할 수 있을 만큼 팔 힘을 키우지 않으면 안 되겠어."

론야에게 아누크는 파트너이며 보조견이기는 해도, 썰매를 끄는 사역용 개는 아니다.

"이래봬도 8킬로그램이나 살을 뺐다고요. 매일 아누크와 산보하며 근육이 꽤 붙었어요, 주로 팔 근육이지만."

론야는 상당히 화가 난 듯 나에게 그렇게 설명했다. 아누크와 함께 있으면서 그녀의 신체에도 변화가 일어나고 있다.

도그 런에 도착하면 론야는 아누크의 끈을 푼다. 아누크는 친구들을 발견하고 달려간다. 론야와 나는 누군가가 건네준 맥주를 홀짝거리며 뛰노는 개들을 바라보았다.

론야와 잡담을 나누고 있으면 남성의 성욕에 대한 이야기가 자주 화제에 오른다. 우리는 둘 다 남성에 대해 잘 모르겠다고 생각한다. 론야는 말했다.

"남자와 여자 사이에는 메울 수 없는 강 같은 것이 있어요, 나에게 섹스는 관계성의 문제이지만, 많은 남성에게는 생리 현상에 지나지 않을지도 모른다는 느낌이 들어요."

"그렇죠, 어째서 남성은 그렇게 알기 어려운 존재일까요?"

내가 묻자, 론야는 바로 대답했다.

"그거야 신이 남자고, 자신과 비슷하게 남자를

만들었으니까.〟

통렬한 농담에 나는 웃음이 터졌다. 〝오 마이 갓!〟이라는 말이 그때만큼 자연스레 나온 적이 없다. 론야는 빙긋 웃으며 말했다.

〝그렇죠. 말 그대로 '오 마이 갓'이죠.〟

그런 이야기를 하고 있을 때 가까이에서 까마귀 울음소리가 들렸다.

〝아, 내가 마음에 들어 하는 녀석이에요.〟

론야의 말을 듣고 하늘을 올려다봤지만 모습은 발견할 수 없었다.

〝저 아이는 울음소리가 조금 이상해요. 분명 음역대가 이상한 거죠. 그래서 항상 외톨이예요. 어디에 있는 걸까요? 어쨌건 특별한 아이예요. '그녀'는.〟

한 번 더 울음소리가 났다. 듣고 보니 확실히 울음소리가 남달랐다.

〝론야가 그렇게 말해도 나는 저 아이가 암놈인지 수놈인지 모르겠어요. 절대로.〟

론야는 웃었다. 그녀가 자연을 좋아한다는 점, 관찰력이 뛰어나다는 점, 그리고 까마귀에게조차 퍼스낼러티를 발견한다는 사실을 알았다. 그래서 남성을 싫어하는 마음을 감추지 못하고 까마귀를 여성으로 지칭했던 자신의 감정을 살짝 반성하고 있다는 사실도 눈치챘다. 그녀가 이 까마귀에게 마음을 쓰는 것은 자신의 장애와 무관하지 않을 것이다.

론야는 곧 휠체어 생활을 하게 되리라고 일찌감치 선고받았다. 그래서 열심히 운동했고 그 시간을 몇 년이나 늦췄지만 역시 휠체어는 피할 길이 없었다. 걸을 수 없게 되면서 생활은 완전히 변했다.

"다른 사람과 활발하게 교류할 수 없는 나 자신도,
추하고 비대해진 나 자신도, 내가 갖고 있는 장애마저도
혐오했고 인정할 수 없었어요. 장애가 없던 시기와는 달리
(인간과의) 연애 관계조차 제대로 이루어지지 않았고요. 하지만
아누크가 오면서부터, 나는 그런 고민을 모두 놓아버렸어요.
개는 내가 장애가 있건 없건 신경 쓰지 않아요. 설명할
필요도 없죠. 게다가 장애가 있기에 아누크에게 신체 장애자
보조견이라는 역할을 맡길 수 있는 거고요."

신체 장애자 보조견은 개가 들어갈 수 없는 상점에도,
장거리 이동을 위한 기차 안에도 데리고 들어갈 수 있다. 론야는
현재 장애자용 연금으로 살아가고 있으며 직장이 없다. 그래서
말 그대로 24시간을 아누크와 함께할 수 있다.

"장애가 있어서 온전히 그와 함께 시간을 보낼 수
있는지도 몰라요. 개를 사랑하는 인간에게는 특권이자 복이
아닐까요? 건강하다면, 예를 들어 직장에 있는 동안에는
개를 쓸쓸하게 내버려둘 수밖에 없겠죠. 하지만 나는 달라요.
이런 사실을 깨닫게 되자, 장애에 관해 새로운 관점을 가지게
되었어요. 정말 싫어했지만, 더 이상 장애를 끔찍하게 여기지
않게 되었죠."

론야에게 신체 장애자 보조견으로서 아누크를 기르는
일은 개에게 노동을 시키는 것이 아니라, 가능한 한 함께 있기
위한 시스템이다. 종류도, 신체 크기도, 성별도 제각각인
친구들과 장난치며 뛰어다니는 아누크를 눈부시다는 듯
바라보며 그녀는 말했다.

"정말로 멋진 일이에요. 그가 온몸으로 기뻐하는

모습을 보는 게 내 행복이에요. 그가 즐겁게 만족하며 행복하게
살아가는 것이 내 기쁨이고, 그를 위해서라면 무엇이라도 할 수
있어요. 돈이 떨어져서 먹을 것이 없어지면 나도 아누크의
사료를 먹을 거예요. 모든 게 다 사라져도 그를 행복하게 해주고
싶어요."

　　　론야, 휠체어, 아누크의 관계는 이종 혼교적으로 뒤얽혀
있다. 그녀가 걸을 때 아누크도 걷는다. 아누크가 걸을 때 그녀도
걷는다. 그리고 둘을 보조하고 이어주는 도구가 휠체어다.
휠체어에 앉은 그녀의 시선은 덩치 큰 아누크의 시선과 거의 같은
위치다. 일체가 된 둘은 항상 같은 속도로 걸어간다.

몸을 맡기다

　　　11일간 머물며 아누크가 론야에게 키스하는 것을
몇 번이나 보았다. 열렬한 키스 뒤에 론야는 고개를 갸웃거리며
나에게 말했다.

　　　"정말 이상한 일이지만, 아누크가 키스해주는 건
집 안에 있을 때뿐이에요. 아누크에게도 프라이버시의 개념이
있는지도 몰라요. 그러니까 밖에 있을 때는 어리광 같은 건
말도 안 된다는 듯 야무지게 행동하죠. 그렇지만 집에 돌아오면
애인이 된 기분으로 어리광을 피우며 키스해줘요."

　　　그녀의 이 말을 듣고 나는 아누크의 퍼스낼러티가
그들의 관계성에서 드러난다고 느꼈다. 그녀가 며칠 전에
"동물은 퍼슨"이라고 말했던 일이 문득 떠올라 나는 물었다.

　　　"당신은 저번에 동물은 퍼슨이라고 말했죠? 아누크는

어떤 의미에서 퍼슨인 거죠?"

"아누크는 개예요, 인간이 아닌 개, 나와는 다르죠, 난 그 점을 혼동하진 않아요,"

론야는 내 질문의 의도를 알고 앞질러서 미리 못을 박아두었다,

"동물은 우리와는 다른 생활 방식을 갖고 있어요, 난 그 점을 이해해요, 그런 이해를 바탕으로 아누크와 '노멀'한 관계를 쌓아가고 있어요, 다른 '노멀'한 사람들이 인간끼리 쌓는 관계와 마찬가지로요,"

'노멀'이라고 말할 때 두 손가락으로 따옴표를 만들면서 론야는 씩 웃었다,

그녀는 퍼슨을 설명하는 대신 퍼슨과의 관계성을 설명했다, 그녀에게 '노멀'한 관계란 섹스를 포함하여 상대를 존중하는 관계성을 뜻한다고 했다, 그러한 관계성을 쌓을 수 있는 이유는 상대가 대등한 존재이기 때문이리라, 그녀는 인간과 마찬가지로 존귀한 존재라는 의미로 퍼슨이라는 말을 사용한다,

"늘 진심으로 함께 있다면 매일매일 아누크의 성장이나 감정의 변화를 손에 잡힐 듯 알 수 있어요, 거기에는 성욕도 포함되어 있지요, 나는 아누크를 사랑하고 있어서 그의 모든 것을 받아들이고 싶은 거예요,"

그녀는 주파일이 되겠다고 각오한 후로 아누크와 함께 지내기 시작했지만, 아직 섹스의 경험은 없다, 아누크가 아직 어리기 때문이라고 말했다, 지금 아누크가 빠져 있는 것은 공원에서 친구들과 뒤엉켜 놀고 투닥거리는 일이라서, 성에 눈뜨는 것은 앞으로 일어날 일이 아닐까 생각한다,

"아누크가 나에게 올라타거나 하는 일은 아직 없어요,

그렇지만 조만간 섹스하자고 조르는 행동이 늘어나리라고 직감할 수 있죠. 아주 최근의 일이지만, 내가 자고 있으면 아누크가 침대로 파고들곤 해요. 보통 아누크는 바닥의 전용 침대에서 자는데, 때때로 가만히 다가오죠. 아누크가 그런 분위기를 풍길 때는 눈빛이 조금 달라요. 그리고 뭔가 특별한 웃음을 짓는 듯한 표정이 떠오르죠. 그러고는 내 얼굴이나 귀를 핥으며 키스해요. 침대 커버를 구깃구깃하게 만들면서."

론야는 조금 부끄럽다는 듯 말했다. 이른바 '걸스 토크'를 할 때 여성들 특유의 모습이었다. 그런 분위기를 보며, 아누크는 틀림없이 론야의 파트너이자 사랑하는 대상이라고 느꼈다. 키스로 론야가 눈을 뜨면 아누크는 기회를 놓칠세라 이불로 파고든다. 젖은 코끝으로 그녀의 나신을 쿡쿡 찌르면서.

"나도 그런 기분이 들면 그에게 하고 싶다는 표시를 해요."

조금 얼버무리며 론야는 그렇게 말했다.

"그건 아누크가 당신의 성기를 핥는다는 말이에요?"

"그래요."

론야는 다시 부끄러워하며 말했다.

"그런 행위는 나에게도 여유가 있을 때뿐이에요. 그런 분위기가 되어버리면 열중해서 멈추는 게 정말 어렵기 때문이죠."

평소와는 다른 아누크의 눈빛과 특별한 미소란 어떤 모습일까? 론야에게만 보여준다고 하니 나로서는 알 수 없다. 그렇지만 개에게 표정이 있다는 사실은 개를 길러본 적이 있어서 나도 알고 있었다. 인간과 완전히 같은 방법은 아니라고 해도 개는 웃고, 화내며, 운다.

아누크가 섹스를 바랄 때 보이는 특별한 표정에 대해 이야기할 때 론야가 아누크의 태도를 편의대로 해석하고 있다고는 생각하지 않는다. 론야는 아누크와 맺는 관계에서 그의 특성을 발견하고 존중하면서, 아누크가 보내는 사인을 말이 아닌 방법으로 받아들이는 것이다.

"때때로 동물이 이야기를 한다면 얼마나 좋을까, 생각해요. 말까지 걸어준다면 아누크와 내가 얼마나 완벽하게 커뮤니케이션하는지 증명할 수 있을 텐데. 그리고 동물의 섹슈얼리티에 대해서도 훨씬 더 많이 이해할 수 있을 텐데."

론야가 생각하기에, 파트너인 아누크가 보내는 무언의 요구는 명백하다. 그녀는 그런 아누크의 바람에 몸을 맡기는 방법을 통해 신체적인 응답을 반복하면서 주파일이 '되어'간다.

론야와 아누크는 모든 의미에서 상호의존적인 관계다. 그들은 모든 시간과 경험을 공유한다. 론야는 아누크와 '있는 그대로 마주하기 위해' 주파일이 되는 길을 선택했다. 스스로 레즈비언이 되기로 선택했듯, 주파일을 선택한 일 역시 더 나은 삶을 살아가기 위한 수단을 스스로 선택한 셈이다.

주파일이라는 섹슈얼리티를 선택하는 일은 선천적인 성적 지향에 머무는 것이 아니라, 이상적으로 생각하는 삶의 방식을 이루기 위한 새로운 방법이 되기 시작한다.

연인이 털어놓은 이야기

예전에 파트너 버디의 성을 케어하는 모습을 보여줬던 에드바르트는 그 후에도 자주 연락을 해 왔다. 동거하는 동년배 연인 티나Tina에게 내 이야기를 자주 한다고 했다.

　　"티나가 당신과 만나고 싶어 해요. 괜찮으면 놀러 오지 않을래요?"

　　에드바르트가 초대해서, 2017년 여름에 나는 그들의 집에 묵기로 했다. 에드바르트와 티나가 사는 곳은 삼림지대의 작은 마을이다. 겨울에는 스키를 즐기는 관광객이, 여름에는 맑고 시원한 공기를 찾아온 사람들이 머물다 간다. 그렇다고 리조트 지역처럼 개발된 곳은 아니라서 독일의 시골 정취가 그대로 남아 있다. 맑은 날에는 언덕 위로 능선이 한눈에 들어오고, 조금만 걸으면 산책하기 좋은 숲이 펼쳐진다.

　　그들의 집 거실에는 커다란 새장이 있어서 새 한 마리가 지저귄다. 게다가 생쥐 네 마리가 사육 상자 안에서 느긋이 지낸다. 새와 생쥐는 티나가 기르기 시작했다고 한다. 그리고 개 버디가 있다. 동물의 기운이 충만하다는 점에서 정말 주파일다운 거실이었다.

　　몇 년 전에 에드바르트는 티나에게 주파일이라는 사실을 커밍아웃했다. 그 무렵 그는 직장을 잃고 심한 우울증을 앓았다.

　　인생이 순풍에 돛 단 것 같다고 생각했는데, 돌연 실의에 빠져 인생을 처음부터 다시 바라보는 상황이 되어버렸다. 과거를 되돌아보고 앞으로 어떻게 살아가야 하는지 끊임없이 고민하는 와중에, 티나와 함께 살기 위해서는 비밀을 털어놓지 않으면 안된다는 생각에 이르렀다고 말했다.

　　"주파일이라는 사실을 숨기고 살아갈 수 있을까? 끝내자는 말을 들을 각오를 하고 커밍아웃하지 않으면 티나에게 계속 거짓말을 하는 셈이 되는 것 같았어요. 털어놓을 용기가 없다면 아무 말 하지 않고 그녀의 곁을 떠날 수밖에 없다고

생각했죠.〞

에드바르트는 당시의 심정을 그렇게 회상했다.

〝티나가 내 커밍아웃을 어떻게 생각했는지는 그녀에게 직접 물어봐요, 곧 돌아올 테니까.〞

에드바르트는 손재주가 좋아서 무엇이든 직접 만든다. 천장까지 높이 달린 새장도 직접 만들었다. 쥐가 쾌적하게 살 수 있도록 고안한, 청결한 사육 상자도 그의 작품이다. 듣자니 언제나 입에 물고 애용하는 파이프도 그의 솜씨였다.

〝나는 0.01밀리미터의 오차도 허용하지 않을 만큼 완벽주의자예요. 독일 사람답죠?〞

집에는 설계용 소프트웨어를 갖춘 컴퓨터와 공구를 마련해두었다. 마루를 직접 새로 깔았다는 베란다에 둔 편한 소파와 테이블에서 우리는 여름날의 저녁놀을 즐기며 티나가 돌아오기를 기다렸다.

〝저기, 에드바르트. 지금까지 만든 것 중에서 가장 자신 있는 건 뭐예요?〞

그렇게 물었더니 그는 잠시 생각하다가 빙긋 웃었다.

〝좋은 걸 보여줄게요.〞

그가 부랴부랴 가지고 온 것은 검은 007가방이었다. 찰칵 소리를 내며 자물쇠가 열렸다. 안에는 나무 판에 금속제 페니스가 고정된 물건이 들어 있었다.

〝내가 만든 딜도.〞

에드바르트가 전원을 넣자 큰 기계음을 내며 은색 페니스가 앞뒤로 움직이기 시작했다. 움직이는 방식도 여러 가지인 듯했다. 나는 큰 소리로 웃으며, 그의 창의적인 아이디어와 기술에 감탄했다. 수제 딜도는 외견에 비해 사용감도 나쁘지 않다고 했다.

　"하지만 아직 개선할 부분이 많은 것 같아요. 언젠가 상품화하면 한밑천 잡을 수 있지 않을까요?"

　어떤 성인용품이면 팔릴 수 있을지 서로 아이디어를 내면서 시간을 보내다 보니 티나가 돌아왔다. 그녀는 미소를 지으며 처음 만나는 나에게 가까이 다가와 인사한 후, 가볍게 안아주었다. 예쁘고 자연스럽게 다듬은 머리카락과 피부가 마음속까지 드러내는 녹색 눈동자를 한층 빛나게 했다. 무엇보다 그녀는 웃음소리가 밝았다. 티나는 미소 띤 얼굴로 에드바르트와 있었던 일, 그리고 자신의 경험을 이야기했다.

　티나는 먼저 에드바르트가 커밍아웃했던 날부터 이야기를 시작했다.

　"어느 날 밤, 갑자기 자신이 주파일이라고 말했어요. 도대체 무슨 말인지 알 수 없어서 정말 깜짝 놀랐죠. 그의 이야기를 듣고서 처음으로 동물성애라는 말을 알았어요. '그런 행위에 특정한 용어가 있다니'라고 생각했어요. 그 정도로 나는 무지했던 셈이죠."

　티나는 에드바르트에게 질문 공세를 펼쳤다고 했다. 나를 아직도 사랑하는지, 아니면 동물밖에 사랑할 수 없는지, 어떻게 동물과 섹스를 하게 되었는지, 언제부터 동물에게 성적인 관심을 갖게 되었는지.

　"그는 동물을 향한 성적인 욕망은 어렸을 때부터였다고 말했어요. 하지만 그런 마음과는 상관없이 나를 지금도 변함없이 사랑하고 있다고도 했죠. 그래서 나는 불안해하지 않고 밤늦도록 천천히 이야기를 나눴어요. 그날 나는 나름의 방법으로 이 사람을 이해할 수 있었어요."

그녀가 바로 주파일을 이해했다고 말했기에 나는 당황했다. "정말로? 설마?"라고 나도 모르게 일본어로 중얼거렸다. 말은 알아듣지 못했어도 의미는 통했는지, 둘은 크게 웃었다.

"이해가 됐어요. 하긴 저도 어렸을 때부터 개에게 무척 관심이 많았어요. 특히……, 다리 사이에 달려 있는 것에 흥미가 있었죠."

티나는 웃었다. 조금 부끄러운 듯했지만 말을 이어갔다.

"'맞아, 내게도 그런 호기심이 있었지.'라는 생각이 떠올랐던 거죠. 게다가 내가 처음 섹스에 관한 꿈을 꾼 대상이 개였어요."

"네? 개라고요?"

예상 밖의 이야기에 나는 되물었다. 티나는 소리 높여 웃으며 설명했다.

"아뇨, 진짜 개는 아니었지만요. 만화영화에 나온 개요. 다섯 살 무렵이었나. 섹스라는 행위에 대해서는 제대로 알지 못했지만, 나는 꽤나 조숙한 편이었어요. 유치원 때는 남자 친구도 있었으니까요. 그 무렵에 봤던 텔레비전 애니메이션 프로그램이었어요. 〈천하무적 멍멍기사〉라고 알아요? 일본 애니메이션인데."

그녀의 억양을 일본어식으로 바꾸어 곰곰이 생각해보니 답이 떠올랐다. 〈멍멍 삼총사ワンワン 三銃士〉였다. 스마트폰으로 검색해서 "이건가요?"라고 보여주니 티나와 에드바르트는 한목소리로 "오오, 맞아, 이거예요, 이거!"라며 흥분했다.

〈천하무적 멍멍기사〉는 알렉상드르 뒤마의 소설

『삼총사』를 원작으로 한 일본 애니메이션이다. 모든 등장인물이 의인화된 동물로, 주인공인 달타냥을 비롯한 주요 캐릭터는 전부 개였다. 일본에서는 1981년 가을부터 이듬해 봄까지 마이니치방송에서 방영되었고, 유럽 여러 나라에서도 인기를 얻었다고 한다.

　　"그 주인공인 달타냥이 너무 좋아서 그와 섹스하는 것 같은 꿈을 꾼 거죠. 그때 일을 쭉 잊고 있었어요. 완전히. 하지만 그날 밤 에드바르트와 이야기를 하면서 그 기억이 떠올랐죠. 인간 캐릭터가 활약하는 애니메이션을 본 적도 있지만, 나는 어째선지 '개 달타냥'이 좋았던 것도 떠올랐어요. 깊이 간직했던 기억을 에드바르트가 꺼내준 거죠. 그런 일을 떠올려보니 나에게도 주파일과 통하는 부분이 있는 것은 아닐까 싶었어요. 그래서 이해할 수 있다고 했던 거예요."

　　에드바르트와의 대화에서 티나도 잊고 있었던 유소년기의 꿈이 돌연 되살아났다. 그녀에게 동물적인 존재와의 첫 성적 체험은 텔레비전 화면 너머의 캐릭터라는 만질 수 없는 이미지와, 의식적으로 도달할 수도 없는 꿈속에서 일어났다. 그녀는 현실의 동물에게 섹스의 욕망을 느꼈던 적은 한 번도 없었지만, 단 한 번의 유년기 기억에 기초해서 에드바르트를 이해했다. 욕망의 대상이 현실의 개였는지, 이미지로서의 개였는지는 문제가 되지 않는 듯했다. 티나는 자기 나름의 방법으로 주파일을 이해했다.

　　갑자기 옛날 일본 애니메이션이 화제에 오르자, 나는 감개무량해졌다. 동물에 대한 특별한 애착을 이해하는 데 설마 재패니메이션의 조력이 있었다니.

　　의인화 애니메이션은 일본이 자랑할 만한 특기라고도

할 정도다. 그 역사는 만화의 효시가 되었다고 알려진
헤이안平安 시대(794~1185/1192) 말기의 두루마리 그림
〈조수희화鳥獸戲畫〉까지 거슬러 올라가기도 한다. 인간과
동물을 엄격하게 구별하고 생물의 위계 중 인간을 가장 위에
두는 서양의 감각과는 달리, 일본은 예로부터 인간과 그 밖의
종이 느슨하게 혼교하면서 존재했다. 기독교적 세계관에서는
신의 형상을 따라 만들어진 인간에게는 영혼이 있지만, 그 이외의
생물, 더구나 무생물에게는 혼이 담겨 있지 않다고 여겼다.
그러나 일본은 만물에 신이 깃든 나라였다. 삼라만상에 신이나
정령이 머무른다고 믿었기에 동물이나 초목, 돌, 각종 기물에
깃든 신령을 모시는 제사를 지냈다. 또한 현재는 의인화나
동물화된 캐릭터가 등장하는 '아니메' 문화나 인형탈 문화의
원류라고도 파악되는 요괴와 같은 존재도 있다. 동물을 닮은
요괴뿐만 아니라 무생물, 예컨대 맷돌이건 우산이건 어떤 물건도
생명을 불어넣은 요괴로 태어난다.

　　　　오랜 역사 속에서 인간이 아닌 존재의 활약을 태연하게
인정해왔던 일본이었기에 『삼총사』라는 고전문학의 주인공을
'개'로 바꿀 수 있었는지도 모른다. 주인공을 동물로 바꿔서
친근하고 사랑스러운 존재로 만들고, 어려운 내용도 아이들에게
공감을 얻을 수 있게끔 표현하여 서양 아이들도 이를 받아들인
것이다. 티나는 성적인 꿈까지 꿨을 정도니까.

　　　　"그럼 서로 이야기를 했던 날 밤에 잠이 잘 왔나요?"

　　　　그렇게 묻는 나에게 티나는 고개를 끄덕였다.

　　　　"네, 푹 잤어요. 마음속 깊은 곳의 이야기까지
털어놓았으니까. 나는 이 사람을 사랑한다는 사실을 다시금
확인했어요. 우리는 예전보다 더 신뢰하는 사이가 되었다고

생각해요. 새로운 단계로 접어들었다고나 할까. 성적 판타지건 무엇이건 두려움 없이 이야기할 수 있게 되었으니까, 정말 멋진 일 아닌가요?"

에드바르트도 그 일을 떠올리며 말했다.

"커밍아웃한 다음 날 아침, 인간과 개가 섹스하고 있는 동영상을 티나에게 보여줬어요."

"맞아, 그랬었지! 내가 쉽게 머릿속에 그려볼 수 있도록."

"그 후에 둘 다 흥분해서 함께 마스터베이션을 했어요."

두 사람은 "그래, 그래." 하며 큰 소리로 웃었다. 즐겁게 웃는 두 사람의 모습에서 숨기는 일 따위는 하나도 없다는 사실에 자신감과 안도감, 따뜻함이 느껴졌다.

'두 사람'과 '한 마리'의 실천

나는 그들의 집에 일주일 정도 머물렀다.

티나와 에드바르트는 버디와 함께 하루 두 번씩 가까운 숲으로 산책하러 가서 충분히 시간을 보내며 함께 논다. 인적이 드물어서 목줄을 하지 않아도 된 버디는 두 사람보다 앞서 걷는다. 때로는 무언가 발견하고 달려나가기 때문에, 그들은 항상 버디의 행동을 주시하며 시야에서 사라지면 큰 소리로 부른다. 그러면 버디는 꼬리를 흔들며 뛰어 돌아온다. 산보를 끝내면 티나와 에드바르트는 핀셋을 가지고 버디의 몸을 샅샅이 살핀다. 숲에서 놀다 보면 버디의 건강을 위협하는 진드기가 몸에 붙을 수도 있으므로 매번 없애줘야 한다. 둘은 30분 넘게 버디의 몸을 손끝으로 살살이 더듬는다. "오늘은 세 마리나 있었어요, 이렇게 큰 놈이." 그러면서 나에게 진드기를 보여주기도 했다. 그러면 버디는 만족스러운 듯 뒹굴었다. 티나와 에드바르트에게 사랑받고 있기 때문인지, 버디는 정신적으로 무척 안정된 모습이었다. 흥분하거나 당황해서 거칠어진 모습을 한 번도 보지 못했다.

그들이 버디를 데리고 온 시기는 에드바르트가 커밍아웃을 하고 몇 년이 지나서였다. 티나에게 버디는 어떤 존재일까? 그녀는 잠시 생각에 잠겼다가 이렇게 말했다.

"버디는 가족이지만 때때로 가족 이상이라는 느낌이 들기도 해요. 마치 연인과도 같은…… 우리의 관계는 어쩌면 폴리아모리polyamory(복수의 파트너와 동시에 관계를 맺는 다자간 연애)인지도 몰라요."

버디는 때로 티나에게 올라타서 섹스를 하자고 조를 때가 있다고 한다. 지금껏 한 번, 티나는 거기에 응해 버디와 섹스를 시도한 적이 있다.

"에드바르트에게 버디를 안고 있게 하고, 내 질에 버디의 페니스가 안전하게 삽입되도록 지켜봐달라고 했어요. 뿌리 쪽 귀두구가 들어오지 않도록. 그렇지만 잘되지는 않았어요."

옆에 있던 에드바르트도 고개를 끄덕였다.

"티나가 상처 입을 수도 있어서 적극적으로는 할 수 없었죠."

하지만 티나는 버디에게 성기를 핥게 하는 일은 있다고 말했다. 그들 또한 알몸으로 잠을 자고, 버디의 잠자리도 같은 침실에 있다. 자고 있을 때 버디는 특히 티나를 찾아 다가온다고 했다.

"그리고 화장실에 갈 때도, 내가 일을 마치면 버디가 다가와 거기를 핥아줘요."

"'내가 깨끗하게 해줄게,'라고 말하는 듯이요. 우리 집은 모든 문이 열려 있을 때가 많으니까 버디는 자유롭게 이 방, 저 방을 오가죠."

"그렇지만 그 행위가 버디에게 섹슈얼한 의미는 아니라고 생각해요. 나에게도 그렇고."

티나는 버디가 자신을 핥는 것이 싫지 않다고 했다. 어렸을 때부터 동물이 좋았기에 원래부터 개와 뽀뽀를 하거나 혀까지 사용해 입을 맞추는 일에도 익숙해져 있다.

"개의 타액은 살균력이 좋으니까 인간의 입보다 깨끗해요. 그러니까 아무 문제 없죠."

안전성의 진위는 알 수 없지만, 티나는 자신만만하게 말했다. 그렇긴 하지만 아무래도 혀가 주는 감촉은 그다지 좋지 않을 것 같았다. 말하자면 그리 부드럽지 않으며 거칠다. 핥는 강도를 조절할 수 있을 리도 없고 섬세하지도 않다. 그녀는 미소를 지으며 말을 이었다.

"그렇지만 나는 버디가 핥아주는 게 좋아요."

티나는 말로는 간단히 표현할 수 없는 강렬한 인상을 주었다. 그녀는 주파일에 대해 전혀 알지 못했지만, 나름의 방법으로 주파일의 삶을 놀랄 만큼 빠르게 이해하고 에드바르트를 받아들였다. 그리고 그녀 자신도 점진적으로 주파일의 삶을 살기로 선택했다. 에드바르트와의 만남이 없었으면 주파일이 되지 않았을 것이다. 하지만 그녀라면 에드바르트가 없어도 주파일을 이해할 수 있었을 것 같다.

티나와 에드바르트에게 사랑과 섹스의 관계에 대해 물었던 적이 있다.

"바람직한 관계에서는 사랑과 섹스는 일치한다고 생각해요."

티나가 그렇게 말하자, 에드바르트는 말했다.

"신체의 오르가슴과 머리가 느끼는 오르가슴이 있다고 생각해요. 섹스가 전자라면, 사랑이 후자가 아닐까요?"

그러자 티나는 에드바르트 쪽으로 돌아서서 대답했다.

"내가 말하는 게 그거야. 좋은 관계에서는 그 두 가지가 일치한다고 생각해."

티나의 생각은 그녀가 지금까지 겪어온 관계를 설명해준다. 티나가 생각하는 바람직한 관계에서는 신체와 머리의 오르가슴이 일치하므로, 사랑하는 에드바르트를 이해하기 위해서 그녀는 연인의 성적 상상력과 관련 있는 동물성애를 상상만으로도 파악하고 받아들일 수 있었던 건 아닐까.

섬세한 성격을 가진 티나는 에드바르트가 우울증으로 힘들어했던 나날이나 성폭력을 당했던 내 경험이 화제에 오를 때마다 눈물을 흘렸다. 공감 능력이 높아서 자신의 생각을 고집하기보다는, 자신의 의식과 생각을 기꺼이 바꿔서 남에게 다가가는 쪽을 택했다. 그런 그녀에게는 '받아들이는 일'이야말로 사랑인지 모른다. 에드바르트를 받아들이고, 버디를 받아들인다. 수용은 실천을 동반하여 결국 그녀는 주파일이 '되어간다'. 그녀의 입에서 '정상normal'이나 '비정상abnormal'이라는 말이 나온 적은 한 번도 없다. 항상 입에 올리는 말은 '사랑'이다.

　　내가 귀국한 이후, 두 연인과 버디의 관계에도 진전이
있었다. 2017년이 저물 무렵, 티나가 이런 메일을 보내왔다.

　　"버디와 섹스를 했어요. 버디는 능숙하게 내 질에
삽입했어요. 이번에도 에드바르트가 버디를 안고, 귀두구가
들어가지 않도록 신경을 써줬어요. 버디는 바로 사정을
시작했지만 아주 오래 이어졌죠. 버디는 45분에 걸쳐 몇 번이나
사정했어요. 신체적으로는 조금 지루했어요. 움직임이 크진
않았으니까. 그래도 더할 나위 없이 버디가 가깝게 느껴져서
정신적으로는 무척 멋진 느낌이었어요. 만약 귀두구까지
삽입해서 G스폿에 닿았다면 신체적으로 더 좋았을지도
모르죠. 그렇지만 너무 크니까 무섭기도 해서 내게는
무리였어요. 삽입 후에는 버디의 정액으로 질이 가득 차서 너무
좋았어요. 뭐니 뭐니 해도 가장 좋았고 기뻤던 것은 정신적인
측면이었지만요."

　　에드바르트와 버디와 티나, 이 셋이 맺은 관계는
가족이기도 하며, 종과 성별을 넘어선 연인 관계이기도 하다.
이 관계에 굳이 이름을 붙일 필요는 없다고 생각한다. 섹스에서
셋은 배타적이지 않고 오히려 셋이 하나로 모임으로써 성립한다.
에드바르트는 티나와 버디가 상처 입지 않도록 보살피고, 티나는
머리로 느끼는 정신적인 기쁨을 에드바르트와 공유한다. 티나는
사랑(머릿속의 오르가슴)과 섹스(신체적인 오르가슴)의 경계를
오가며, 그 둘이 일치하는 관계성을 에드바르트와 버디와 함께
탐구하고 있는 듯 보인다.

　　하지만 에드바르트에게 안긴 버디에게는 과연 완전한
자주성이 담보되는 걸까? 관점에 따라 답은 다를 것이다.

218

하지만 흥미로운 점은 버디가 정액을 통해 '더할 나위 없이
가깝게' 티나에게 접근한다는 것이다. 티나의 체내에서 버디의
정자는 살아남을 수 없다. 어느 정도는 흡수된다고 해도,
대부분은 배출될 것이다. 하지만 티나는 정액이라는 버디의
신체 일부가 자신의 신체로 침투하는 감각을 신체적인 기쁨으로
받아들인다. 섹스에는 분명 물질적인 측면이 있어서 정액을
비롯한 체액이나 냄새가 그 감각을 두드러지게 만든다. 그리고
그런 차원에서는 인간과 개라는 종의 차이도 문제가 되지
않는다. 오히려 종을 뛰어넘는 역할을 하는 것처럼도 보인다.

19세의 결단

　　몇 주에 걸쳐 함께 지냈지만 수수께끼처럼 이해하기
어려웠던 사람도 있었다. 어느 의미에서는 가장 고민하게끔
만들기도 했다. 스스로 주파일이라고 했지만, 내가
보기에는 아무래도 다른 주파일과는 달랐다. 그의 이름은
쿠르트Kurt였다.

　　2016년 가을, 처음 만났을 때 쿠르트는 아직
열아홉 살이었다. 내가 만났던 주파일 중에서 가장 젊었다. 그는
눈을 반짝이며 쉴 새 없이 이야기했다. 그러더니 문득 "아, 제가
너무 수다를 떨었지요?"라며 서랍에서 과자를 꺼내 내밀었다.
항상 단 음료를 마시는 쿠르트의 선반에는 탄산음료가 종류별로
쌓여 있었다.

　　그는 대도시 고급 주택가의 단독주택에서 부모와
소형견 한 마리와 살고 있었다. 가족은 내가 며칠을 묵어도 싫은

낯빛 하나 보이지 않고 맛있는 요리를 만들어주며 환대했다. 쿠르트의 아버지는 "우리 가족은 좀 괴짜예요. 누가 며칠씩 집에 와 있다고 해도 전혀 상관없죠."라며 호쾌하게 웃었다.

　　　독일로 건너가기 전, 일본에서 제타 멤버와 연락을 취하기 시작했을 무렵, 가장 먼저 영상 통화를 하고 싶다고 말해준 이가 쿠르트였다. 쿠르트는 "언제라도, 며칠이라도 저희 집에 머물러도 괜찮아요."라고 처음부터 말했다. 그에게는 경계심 같은 것이 없었다. 왜 나를 바로 믿었는지 물어보니, 그는 웃으며 말했다.

　　　"당신이 나쁜 사람일 리 없기 때문예요. 당신은 제타에게 편견이 없었잖아요. 그것만으로도 좋은 사람이라고 생각할 수 있어요. 나도 마찬가지니까."

　　　처음 대면했을 때, 그는 제타에 들어간 지 겨우 석 달째였다. 가입 경위를 물으니 온라인 게임 커뮤니티에서 제타 멤버와 만나 친해진 것이 계기였다고 했다.

　　　"그 사람에게서 제타에 대한 설명을 들었던 바로 그날 사인을 했어요. 멤버가 되겠다고요. 그들은 동물학대 같은 건 하지 않을 테니까요."

　　　그날 바로 가입했다는 사실에 놀라서 제타의 서포터 입장인지 묻자 그는 대답했다.

　　　"처음에는 그럴 생각이었어요. 하지만 지금은 나 역시 주파일이 아닐까 생각해요. 아직 동물과 섹스를 한 경험은 없지만."

　　　"집에서 기르고 있는 개와도 성적으로 접촉한 경험이 없다는 뜻이죠?"

　　　내가 묻자 그는 대답했다.

"그 아이는 우리 가족인걸요. 파트너라고는 생각할 수 없어요."

그 말은 거짓이 아니었다. 쿠르트와는 약 3주간 함께했지만 그가 개에 대해 보인 태도는 다른 주파일과는 확실히 달랐기 때문이다. 주파일은 파트너를 항상 시선이 머무는 곳에 두고서 끊임없이 신경 썼고, 개 또한 항상 근처에 머물며 빈번히 몸 어딘가를 접촉하거나 눈빛을 맞췄다. 그리고 하루에 몇 번이라도 혀를 사용하여 키스했다. 하지만 쿠르트가 그 개와 신체적 교섭을 하는 것은 한 번도 볼 수 없었다. 쿠르트의 방에 개가 들어오는 일도, 쿠르트가 적극적으로 개를 돌보는 것도 보지 못했다. 쿠르트와 개의 생활은 섞이지 않았다. 개는 마음대로 시간을 보냈고, 쿠르트를 비롯한 다른 가족과도 동떨어진 영역에서 살아가는 듯했다. 즉, 쿠르트의 주변에는 인간과 동물의 시선과 숨결이 뒤얽히는 농밀한 주파일의 공기가 떠다니지 않았다.

다시 말해 쿠르트는 지금까지 극히 일반적인 반려견의 주인으로서 개와 살아왔다. 그럼에도 불구하고 그는 자신을 주파일이라고 생각한다. 이건 대체 무슨 의미일까? 처음 만났을 때 나는 쿠르트에게 '주파일'이 어떤 의미인지 알 수 없었다. 1년이 지난 후인 2017년 여름에 찾아갔을 때에도 쿠르트에게는 '주파일'이라는 자각이 있었고 제타 소속으로 남아 있었다.

"그때부터 여러모로 생각했어요. 나는 정말 주파일일까? 하지만 역시 분명한 주파일이라고 생각해요. 전에 처음으로 친구의 개와 키스를 했어요. 그런 행위가 좋았어요. 점점 주파일이라고 생각하게 되었죠."

독일에서는 일반적으로 개와 혀까지 사용하는 키스는 하지 않는다. 주파일에게는 그렇게 키스하는지 여부가 일종의 시금석이 된다. 예를 들면 나는 개와 장난을 치다가 혀가 입에 들어오면 무의식적으로 거부한다. 그 장면을 본 주파일들은 "당신은 주파일이 되기는 어렵겠네요."라고 애석한 듯 말했다. 그런 입맞춤이 가능하다면 주파일이 될 자질이 있다는 뜻이다. 쿠르트는 최근에 경험하고서 "전혀 싫지 않았어요. 그러니까 나는 주파일 같아요."라고 말했다.

쿠르트의 성적 지향은 게이다. 아직 스스로 게이라고 깨닫지 못했던 무렵부터 행동이나 분위기 때문에 놀림을 당했고, 주위 친구들과 잘 어울리지 못했다. 그의 방에는 그림 한 장이 걸려 있다. 열여섯 살 때 그린 그림으로, 옷을 입은 표범이 어깨를 움츠리고 웅크리고 있고 '호모 새끼!', '죽어!', '지옥으로 꺼져!', '너 같은 놈은 사라지는 게 나아,' 같은 온갖 욕설이 군데군데 쓰여 있다.

"저 표범은 나예요. 이름은 '키다'라고 하죠."

키다는 어렸을 적부터 쿠르트 곁에 있던 상상 속의 친구로, 꿈속에서 몇 번이나 나왔다고 한다. 처음 키다에게는 이름이 없었고, 쿠르트의 편도 아니었다. 어린 그를 공격해서 물어 죽이려는 존재였다고 한다. 하지만 쿠르트는 차차 키다를 받아들여 하나가 되었다고 말했다. 지금 쿠르트에게 키다는 또 하나의 자신이다. 그가 자신을 주파일이라고 생각한 이유 중 하나는 키다라는 존재에게서 비롯되었다. 표범으로서의 자신을 발견한 것, 키다가 버팀목이 되어 자신을 든든히 지켜주는 것 자체가 '주파일이 되는' 경험이라고 말했다.

쿠르트는 고통받은 경험이 있기에 섹슈얼리티의 차별에

보통 사람보다 훨씬 민감하다. 그는 차별받는 이에게 공감을
표하고 그들을 지지하려고 한다. 쿠르트가 제타에 들어간
첫 번째 이유는 정의감 때문일 것이다.

"내가 이해하기로 주파일은 나쁜 짓을 하나도 하지
않았는데도 사회의 편견에 시달리고 이해받지 못하고 있어요.
섹슈얼리티로 괴로워하는 사람들이죠. 그저 동물을 사랑할
뿐인데, 왜 비난받아야 하는 거죠? 당신도 알고 있죠? 나치가
게이를 학살했던 사실을. 그런 일은 두 번 다시 일어나서는
안 돼요. 섹슈얼리티로 사람을 차별하거나 비판하는 일은
있어서는 안 되는 거예요."

그의 의견에는 나 역시 동감한다. 하지만 특정한
섹슈얼리티의 소유자에게 공감하고 그들을 지원하고 연대하려는
의식이 자신의 섹슈얼리티에도 영향을 미치는 걸까? 쿠르트에게
가장 의문을 품었던 점이 그것이다. 게다가 쿠르트는 친한 여자
친구에게 주파일일 수도 있다는 사실을 커밍아웃을 하겠다고
말했다.

나는 조금 더 생각하는 편이 좋지 않겠냐며 말렸다.
커밍아웃은 신중하게 결정해야 할 행위이며, 친구 관계에도
영향을 미치기 쉽다. 하지만 나에게 그를 말릴 권리는 없다.
쿠르트의 의지는 확고했고, 얼마 지나지 않아 그는 그 계획을
실행했다.

커밍아웃

"제 친구 실비아가 당신을 너무 만나고 싶어 해요. 내일 올 수 있어요? 같이 이야기해요. 내가 주파일일지도 모른다는 사실은 그녀도 이미 알고 있어요."

2016년 가을의 일이다. 쿠르트가 갑자기 그렇게 말하는 바람에 나는 너무 놀랐다.

"정말 이야기했어요? 왜? 언제?"

나는 속사포처럼 연달아 빠르게 질문을 던지고 말았다.

"말하고 싶어서 말한 거죠. 바로 며칠 전에요."

쿠르트와 있으면 너무나 순수하고 어린 남자아이를 앞에 둔 것 같다. 나는 참지 못하고 "당신이 걱정돼요."라고 말해버리고 말았다.

그러자 쿠르트는 "고마워요. 근데 괜찮아요."라며 빙긋 웃음 지었다.

다음 날, 실비아가 쿠르트의 집을 찾아왔다. 기관총처럼 빠르게 말을 쏟아내는 금발 머리 여성이었다. 그녀와 쿠르트는 서로에 대해 무엇이든 알고 있다고 했다. 때때로 티격태격하지만 금세 화해한다. 실비아는 일본과 한국의 만화나 애니메이션을 무척 좋아해서, 내가 일본 사람이라는 이야기를 듣고 기뻐서 어쩔 줄 몰랐다고 한다.

쿠르트에게 주파일일지도 모른다는 고백을 듣고 어떻게 생각했는지 실비아에게 물었다.

"깜짝 놀랐죠."

진지하게 대답하는 실비아를 보고 쿠르트가 웃음을

터트렸다.

"거짓말이야. 전혀 놀라지 않았어요."

"잠깐, 그러지 마."

실비아도 따라 웃으며 쿠르트를 꾹 찔렀다. 무슨 일인지
묻자, 쿠르트는 말했다.

"실비아는 '어머, 근사하네. 일본 만화에서 읽은 적도
있어. 어머나, 동물과 섹스하는 야한 놈'이라고 말했어요. 김이
빠졌죠. 내 딴엔 엄청 긴장하고 말했는데."

이 말에 나도 웃고 말았다. 그의 커밍아웃을 걱정한 것은
기우였을까, 싶은 생각도 들었다. 이 커플에게도 일본의 만화가
이해의 폭을 넓히는 데 도움을 주었다는 사실이 흥미로웠다.
픽션을 매개로 하면, 종을 뛰어넘는 관계성을 쉽게 이해하게
되는지도 모른다.

"이제 그만해요. 가끔씩 봤을 뿐이에요. 정말로 우연히
본 거라니까요."

실비아는 오히려 '야한 만화'를 본 적이 있다는 사실을
부끄러워하는 것 같았다.

쿠르트가 주파일이라고 해도 거부감은 없었는지
실비아에게 묻자, 그녀는 멀뚱멀뚱 바라보며 "거부감? .
없어요."라고 말했다.

"하긴, 나는 쿠르트를 잘 알고 있으니까. 이 녀석이
동물을 학대할 리도 없고, 게다가 섹슈얼리티를 이유로 우정이
망가지는 건 있을 수 없어요. 그는 주파일이 어떤 존재인지
열심히 설명해줬어요. 그러니까 이해할 수 있었죠. 좋지
않아요? 여러 가지 사랑의 형태가 있는 거니까."

그 후로 2년 동안, 실비아와 쿠르트와 나는 몇 번이나

만나서 함께 놀고 밥을 먹으며 시간을 보냈다. 쿠르트를 향한 실비아의 우정과 태도도 시종일관 변함이 없었다. 쿠르트는 점점 실비아를 이해했고, 실비아 또한 쿠르트를 더 많이 이해할 수 있게 되었다.

두 번째로 독일을 방문하기 직전에, 쿠르트는 나에게 메시지를 보내왔다.

"또 다른 여자 친구에게도 내가 주파일일지 모른다고 이야기했어요. 당신도 무척 흥미로워할 거예요. 그녀의 반응은 실비아와는 달랐거든요. 여기 오면 이야기해줄게요."

이번 사후 보고에도 역시 위화감을 느꼈다. 쿠르트가 가까운 지인들에게 털어놓는 목적이나 진의를 나는 짐작할 수 없었다.

새롭게 쿠르트와 비밀을 공유하게 된 여성 친구는 아티카라고 했다. 요즘은 쿠르트와 실비아와 셋이 함께 보내는 시간이 많다고 했다. 아티카는 실비아나 쿠르트와는 정반대로 과묵한 타입이지만, 몇 마디 말로도 요점을 잘 짚어서 설명한다. 쿠르트가 주파일이라고 고백한 것을 어떻게 생각하는지 묻자, 그녀는 이렇게 답했다.

"어떤 섹슈얼리티었다고 해도 나와 그의 관계나 우정에는 영향을 주지 않아요. 처음부터 친구가 될 때 어떤 섹슈얼리티의 소유자인가는 생각하지 않으니까요. 그러니 그가 누구를 어떻게 사랑하든 나는 상관하지 않죠. 그렇지만 주파일에는 찬성할 수 없어요."

그 말을 듣고 나보다 쿠르트가 먼저 질문했다.

"어째서?"

"나는 섹스를 할 때 의사소통을 확실히 할 필요가

226

있다고 생각해. 10년 넘게 집에서 고양이를 키우고 있는데, 고양이에 대해 단순한 것은 알 수 있어도 복잡한 커뮤니케이션은 할 수 없어. 인간과 동물은 뇌도, 신체도 달라. 그러니까 역시 두 종 사이의 섹스는 부자연스럽다고 생각해. 성립할 수 있다고는 생각하지 않아."

주파일이라면 몇 번이고 들을 법한 대표적인 반대 의견이었다. 아티카의 말을 듣고 쿠르트가 끼어들려고 했지만, 그녀는 제지하고 자신의 생각을 이어나갔다. 쿠르트는 나를 보고 어떻게 반론해야 하는지 묻는 듯 주저하는 표정을 지었다. 그는 내가 편을 들어주리라고 생각했을지 모른다. 하지만 나는 고개를 끄덕이며 아티카의 말을 메모했다. 논의가 펼쳐지면 그 모습을 자세하게 기록할 생각이었다. 그때 아래층에서 우리를 부르는 쿠르트 어머니의 목소리가 들렸다.

"애들아, 요리하는 걸 좀 도와줄래!"

그래도 쿠르트는 몇 마디 의견을 보탰다. 동물은 말을 할 수 없지만 다른 방법으로 의사 표현을 할 수 있다고. 고양이와 인간은 체격 차이가 커서 보통 제타의 주파일은 고양이를 파트너로 두지 않는다고. 고양이만을 예로 들어서는 주파일을 이해할 수 없다고.

우리는 계단을 내려가며 이야기를 멈췄다. 쿠르트는 가까운 여자 친구 두 명에게는 커밍아웃을 했지만 가족에게는 아직 비밀로 하고 있었다.

정원으로 나와 햇볕이 잘 드는 테이블에서 소시지를 만들었다. 독특한 기구를 사용하는 그 작업은 요령이 필요한 '노동'이라 내가 제대로 도울 수는 없었다. 내가 애쓰는 모습을 보고 쿠르트의 어머니와 아티카는 웃음을 터뜨리며 "독일 여성의 힘을 보여주지" 라며 알통을 보여주곤 시범을 보였다. 실제로 아티카는 능숙하게 소시지를 만들었다. 힘을 쓰는 방식, 몸을 쓰는 방식이 그럴듯했다. 곧 실비아도 나타나 '참전'했다. 항상 친구들 여럿이 모여 저녁을 준비해 함께 나눠 먹는다. 쿠르트가 위험하다 싶을 만큼 타인에게 마음을 여는 성격으로 자라난 것은 이 집안의 일상을 보면 자연스러운 일이었다.

그렇다고 해도, 쿠르트가 친구들에게 커밍아웃한 행위에는 어떤 의미가 있을까? 나는 정원에서 계속 그 생각을 했다. 실제로 개를 데려올 때 주파일이 되기로 결심했던 론야, 애인인 에드바르트를 사랑하고 이해하면서 자신도 주파일이 된 티나에 비해, 쿠르트가 주파일이 되는 이유는 절실함이 다르다는 생각이 들었기 때문이다.

게이라는 이유로 사춘기에 힘들어했던 쿠르트에게, 주파일이라는 사실을 털어놓는 일은 우정을 확인하기 위한 시도 같은 건 아닐까? 처음에는 그렇게 생각했다. 커밍아웃은 사람들의 관계성에 직접적으로 관여한다. 좀처럼 말할 수 없는 성에 관한 개인적인 비밀을 나누는 이러한 행위는, 달리 보면 가장 좋은 선물을 친구에게 주는 것이기도 하다. 그 선물을 받아줄지 어떨지는 알 수 없다. 받는 쪽이 거부한다면 그걸로 끝이다. 하지만 일단 선물이 받아들여져서 "나는 상관없어," 라는 말을 들으면 그 말은 다시 큰 선물이 되어 커밍아웃한 사람에게 돌아온다. 비밀을 공유하고 이해받을 때 강한 유대감을 확인하게 된다.

그렇게 보면 쿠르트의 행위도 이해는 된다. 그렇다면 왜 그는 가장 소중한 가족에게는 아직 커밍아웃을 못 하는 걸까?

쿠르트는 게이라는 사실을 가족에게 가장 먼저

고백했다고 한다. 나는 쿠르트와 그의 부모에게 각각 그때
상황을 들었다. 쿠르트는 얼굴이 새파래져 덜덜 떨면서
이야기했다고 한다. 어머니는 당황하기도 했지만, 그보다
아들의 행복을 바랐다. 아버지는 아들의 모습을 보고서,
그렇게까지 무서워하는 게 너무 딱했다고 말했다. 쿠르트는
지금 가족, 친척, 친구에게 게이라는 사실을 밝히고 있다. 하지만
주파일을 커밍아웃하는 경우는 경로가 다르다. 어째서인지
가족을 피하고 친구에게 먼저 말했다. 그래서 나 또한 쿠르트의
가족에게는 이 집을 방문한 진짜 목적을 숨겨야 했다.

　　　어느 날 밤이었다. 쿠르트의 아버지가 저녁 먹을
시간이라면서, 솜씨를 발휘하여 대접하겠다고 했다.

　　　역시 크누델이었다. 벌써 몇 그릇째인지도 모르겠다.
독일의 일반 가정집을 찾아가는 한, 크누델로부터 도망칠 수는
없다. 나는 이미 크누델에 대해 평정심을 유지한다. "어머,
너무 맛있어요."라고 웃으며 이야기하는 것에 죄책감을 느끼지
않게 되었다. 살아가기 위한 지혜일 뿐, 나쁜 거짓말이 아니다.
크누델은 아무리 먹어도 맛있게 느껴지지는 않았지만, 어느
집에서든 그 이상도 이하도 아닌 맛은 보장되므로 그릇을 비우는
데 집중한다면 문제 될 것도 없었다. 어느 때부터인가, 나는
명상을 하듯 크누델과 마주하게 되었다.

　　　쿠르트의 양친은 내가 이곳에 온 이유를 굳이 묻지
않았지만, 알고 싶은 것은 틀림없었다. 그래서 나는 다른 이유를
댔다. 섹슈얼리티에 관심이 있는데, 특히 독일의 LGBT 문화에
주목하고 있다고. 쿠르트를 소개받았고 게이로서의 경험을
들으러 왔다고. 맛있다는 표정으로 크누델을 먹으며 나는
침착하고 태연스럽게 거짓말을 했다.

그럴 때만큼은 말이 술술 나와서 이상하기까지 했다. 쿠르트는 내가 청산유수로 거짓말을 한다며 순수하게 경탄했다. 결과적으로는 다행이라고도 했다. 크누델을 포크로 쿡쿡 찌르며 내 거짓말에 귀를 기울이는 긴장한 쿠르트의 얼굴을 떠올리면, 그가 가족에게는 아직 주파일이라는 사실을 알리고 싶지 않다는 점을 확실히 알 수 있었다.

쿠르트가 자신을 주파일이라고 주장하는 배경에는 섹스를 향한 직접적인 욕망이 보이지 않는다. 그는 동물과 섹스를 한 적이 없으며, 하고 싶다고 느낀 적도 없다. 집에서 함께 사는 개와의 거리감은 보통의 주인과 다름없다. 데쓰야가 고민을 털어놓았을 때의 절박함도 없었다. 이런 점이 계속 마음에 걸렸다.

쿠르트에게 이런 느낌을 받았던 이유는 내가 '섹스는 본능적이며 스스로 어찌할 수 없는 것'이라는 고정관념을 마음속 깊은 곳에 갖고 있기 때문이었다는 사실을 나중에야 깨달았다.

나는 저마다의 이유로 주파일이 된 론야나 티나에게 공감하면서, 타인을 이해하고 받아들임으로써 섹슈얼리티를 선택하는 일도 가능하다는 사실을 알게 되었다. 그녀들을 통해 섹스는 본능으로만 정리해버릴 문제가 아니라고 느끼기 시작했다.

그런데도 쿠르트만은 쉽게 이해할 수 없었다. 내 마음 속 어딘가에서 "그에게는 동물 파트너도 아직 없는데." 라고 생각했기 때문일 것이다. 요컨대 "경험도 없으면서!"라는 편견이다. 그러므로 쿠르트가 친구들에게 커밍아웃하는 것을 '쿠르트가 스스로 주파일이 아니었다고 나중에 깨닫는 일이 생긴다면 돌이킬 수 없는 성급한 고백이 되지는 않을까?' 아직

주파일이라고 확신하지도 못하는데, 편견과 비난의 대상이
되어버리면 괜히 마음고생만 할지도 모른다.'라고 생각했다.

　　　나는 쿠르트의 주파일 선언과 커밍아웃 행위를
성차별에 저항하려는 쿠르트의 개인적인 정치 활동으로
보았다. 그는 '주파일'이라는 가치관을 제타의 동료로부터
받아들였고, 이제는 스스로 매개가 되어, 나아가 당사자가 되어
가까운 주변에 전하려고 한다. 커밍아웃이란 자신의 궁극적인
문제를 주위 사람들에게 알리는 행위다. 커밍아웃을 듣는
사람에게는 지금껏 '남의 일'이었던 문제가 가까운 당사자의
'자기 일'로 돌연 바뀌는 경험이다. 커밍아웃에 의해 '그 문제'는
아무래도 상관없는 일이 아니라, 서로 나누어야만 하는 일이
된다. 쿠르트가 성적 경험과는 별개로 주파일이라는 사실을
자각적으로 선택했던 이유는, 당사자가 지니는 강력한 호소력을
게이 커밍아웃을 통해 미리 알고 있었기 때문은 아닐까?
쿠르트에게 당사자가 된다는 의미는 자신의 신념과 정치적
활동을 밀고 나갈 수 있는 원동력이 되지는 않았을까? 또한
그것이 정치 활동이라면 그야말로 가족보다도 가까운 타인에게
털어놓는 것이 사회에 미치는 영향력이 클 것이다.

　　　여기까지 깨달았을 때, 나는 다시금 섹슈얼리티란
무엇인가에 대해 자문자답했다. 섹슈얼리티란 애매해서, 문맥에
따라 성적 지향을 뜻하는 경우가 많지만 본래는 '섹스와 관련된
모든 것'을 가리키며, 광범위한 의미를 가진 강력한 언어이기도
하다.

　　　'모든 것'이라는 사실 때문에 섹슈얼리티는 어려운
문제다. 상상할 수 있는 범위의 모든 것, 섹스 그 자체에서
시작하여 성적 지향, 성적 기호, 생식, 생식의 관리, 임신,

중절, 그뿐만 아니라 성에 관련된 교육, 정치, 신체성, 감정, 감각까지...... 섹슈얼리티를 생각한다는 것은 섹스를 둘러싼 '모든 것'을 생각해본다는 것이다.

쿠르트를 통해 나는 '섹스는 본능적이며 자신이 어찌할 수 없는 것'이 아니라고도 생각하게 되었다. 섹스의 본능이 먼저 있고, 섹슈얼리티가 발생한다고 한정할 수는 없다. 섹슈얼리티를 생각할 때 섹스와 섹슈얼리티의 위치를 역전시키는 것도 가능하다. 즉, "이런 섹슈얼리티 때문에 이러한 섹스를 선택한다."라고 선언할 수도 있다. 이런 사고는 바로 론야나 티나의 경우와도 중첩된다.

쿠르트가 주위 친구들에게 커밍아웃할 때, 즉 섹슈얼리티를 한 가지 문제로서 가까운 사회에 제시할 때, 그 자신이 의도했는지 여부와는 상관이 없다. 자신이 어떻게 해서 주파일이 되어가는지 설명하는 가운데, 쿠르트는 주파일이 생래적이며 어떻게 할 수 없는 성적 지향이 아니라는 점을 전한다. 그리고 섹슈얼리티가 지닌 문화적인 측면이나 환경적 측면을 커밍아웃하는 상대에게 전하는 셈이다.

주파일이 지닌 문화적 측면이란, 예컨대 제타라는 단체가 어떻게 활동을 전개하는지에 관한 상황을 의미한다. 다시말해 그들이 동물보호의 관점에 모순되지 않는다는 사실, 혹은 동물을 보호하는 주파일의 섹슈얼리티를 주장하는 것이다. 환경적인 측면이란 개라는 동물이 인간과 매우 가까운 거리에서 공존하고 있다는 사실, 그렇기에 인간 중 일부는 주변의 인간뿐만 아니라 가까운 개에게도 마음을 여는 경우가 있다는 점이다.

이렇게 쿠르트의 커밍아웃은 '자신을 이해해주길

바라는 개인적인 욕구를 넘어서, 주파일이라는 존재는
'선택할 수 있는 섹슈얼리티'라는 확장된 인식을 사회에
가져다준다.

론야에게 고백했던 바르바라도, 티나에게 고백한
에드바르트도, 쿠르트와 마찬가지로 커밍아웃을 통해 주변
가까운 사람들을 변화시켰다. 내가 알게 된 '주파일이 되어가는
사람들'은 다섯 명이며 그들 모두 누군가의 커밍아웃을 계기로
자신도 주파일이 되었다.

커밍아웃하거나, 혹은 그 커밍아웃을 접한 뒤 공감하여
주파일이 되어가는 사람들, 그들은 주파일이라는 존재가 동물에
대한 새로운 접근이나 새로운 삶의 방식이며, 그것을 선택하는
것도 가능하다는 점을 보여준다.

실비아, 아티카와 함께 이야기를 나눌 때, 쿠르트는
이렇게 말했다.

"주파일라는 존재를 알지 못했다면 내 삶은 훨씬
지루했을 거야."

쿠르트는 자신의 삶을 즐기면서 주변의 가까운
사회부터 바꾸려는 듯하다. 그 생각의 근저에는 그가 강하게
믿고 있는 '섹슈얼리티의 자유'가 있다.

주파일이 '되어가는' 사람들은 태어나면서부터
주파일이었던 사람과는 다른 다양한 배경을 갖고 있다. 어떤
이에게 주파일이라는 존재는 가까운 동물을 있는 그대로
받아들이면서 함께 살아가기 위한 새로운 방법이며, 어떤
이에게는 사랑할 수밖에 없는 연인이나 개를 수용하는 방식이다.
그리고 또 어떤 이에게는 정치적 활동이기도 하다.

주파일은 섹스와 결부된 이야기만은 아니다. 동물,

인간, 사회, 이 모두와 관련된 문제를 제기하기 때문이다. 그렇게 던져진 질문은 이제 막 시작되었고, 쉽사리 끝날 수 없다.

6장

로맨틱한

주파일들

동물을 향한 시선

20명이 넘는 주파일과 만나고, 이야기하고, 때로는 술을 마시거나 함께 어울리며 나는 서서히, 그러나 확실히 변했다. 미하엘과 대면하던 날만 해도 불안이 가시지 않았던 나는 고정관념에 사로잡혀 편견을 품고 있었다. '동물과 섹스를 하다니, 어쨌거나 무척 특이한 사람들일 것'이라고 말이다.

하지만 눈앞에 차차 모습을 드러낸 주파일들은 그런 편협한 가치관에서 벗어나게 했다. 그들은 세계를 뒤덮고 있는 상식의 막에 구멍을 냈고, 나를 둘러싸고 있던 껍질을 억지로 찢고 들어와 뒤흔들고 새로운 세계를 보여주었다.

주파일이 살아가는 방식을 보며 나는 때때로 곤혹스러웠고 고민했다. 하지만 돌이켜보면 공감한 일도, 감동했던 일도, 그들로부터 배운 것도 너무나 많았다. 특히 함께 생활하는 동물을 어떻게 바라봐야 할지에 대해서는 주파일과 파트너의 관계를 아주 가까이에서 살펴보면서 스스로 질문을 던지게 되었다.

대개의 사람들이 동물에 대해 품는 이미지는 크게 몇 가지로 나눌 수 있다.

먼저 '보호해야 하는 대상, 힘없고 자립할 수 없는 생명체, 아이와 같은 존재'라는 이미지다. 악치온 페어플레이 같은 동물보호 단체가 부르짖는 것으로, 세상에서 가장 쉽고 널리 받아들이고 있는 생각이다. 이 경우 동물이란 '펫'처럼 인간과 가까운 동물만을 가리킨다.

두 번째는 '인간과 다른 세계에서 살아가는, 자립한

생명체〕로서의 동물이다. 야생동물을 바라볼 때 떠올리는 이미지다. 그 밖에도〔관상용 생명체〕나〔인간과는 다른 기분 나쁜 생명체〕와 같은 견해도 존재할 것이다.

주파일이 지닌 동물관은 전혀 다르다.

〔인간과 대등하며, 인간과 마찬가지로 퍼스낼러티를 가진 존재, 섹스의 욕망 역시 가진 생명체〕가 주파일이 동물을 파악하는 사고방식이다. 가까운 동물을 바라보는 이런 자세는 많은 고민거리를 던져준다. 예컨대〔〔함께 생활하는 동물의 성을 무시해도 좋은가?〕〕라는 문제 제기는 논쟁을 불러올 것이다. 주파일이 나에게 치고 들어온 최대 논점은 결국 이 문제인지도 모른다.

여러 주파일의 이야기를 듣고〔동물에게도 섹스에 대한 욕망이 있다.〕고 깨닫게 된 나는 더 이상 동물의 성욕을 무시할 수 없다. 앞으로 개를 기르는 일이 생기면 그때 나는 어떻게 해야 할까?

그런 생각을 하니 무서워졌다. 나에게는 동물의 성적 욕망을 신체적으로 받아들이는 일이 가능할 것 같지 않다. 솔직히 성욕을 지니지 않은〔아이〕로서 귀여워해주기만 하면서 동물과 접하는 편이 훨씬 편하고 즐겁다고 생각하기 때문이다. 하지만 이미 나는 그런〔주인〕이 될 수는 없을 것 같다.

어떤 남성 주파일에게 이런 생각을 말한 적이 있다. 그 사람 역시 론야나 티나, 쿠르트처럼 주파일이〔되기로〕선택한 사람이었다.

〔〔동물의 섹슈얼리티를 소중히 다뤄야 한다고 나도 생각하게 되었어요. 그렇지만 그런 탓에 앞으로 두 번 다시 개를 기를 수 없을 것 같아요. 개를 좋아하지만 섹스를 할 거라곤

도저히 생각할 수 없어요, 역시 무서운 일이고, 무엇보다 저한텐 그런 욕망은 없으니까."

　　그러자 그는 이렇게 대답했다.

　　"주파일이라고 해서 모두 섹스해야 하는 것은 아니겠죠. 개에게 마스터베이션을 해주는 방법도 있고요, 어째서 꼭 섹스를 해야만 한다고 생각하는 거죠?"

　　나는 말문이 막혔다.

　　"게다가 지금은 개 전용 섹스 토이도 팔아요."

　　안심하라는 듯이 그는 그렇게 덧붙였다.

　　개가 쓰는 섹스 토이는 프랑스에서 개발한 '핫 돌Hot Doll'이라는 상품인데, 개와 같은 형태를 한 마스터베이션용 인형이다. 수컷 개가 페니스를 삽입할 수 있는 실리콘으로 만든 모조 성기가 있다. 이런 섹스 토이가 판매된다는 사실은 특히 수컷의 성적 욕망을 어떻게 처리할지 곤란해하는 주인이 적지 않다는 뜻이다. 가까운 동물의 섹스가 지금껏 이야기되지 않았다는 게 이상할 정도다.

　　주파일이 '된' 그는 나에게 말했다.

　　"나는 주파일이라는 개념을 이해한 후에 주파일이 되었어요. 이미 주파일이 아닌 자신으로는 되돌아갈 수 없고, 돌아가지도 않을 거예요. 섹슈얼리티에 관한 생각은 그렇게 간단히 바뀌는 것이 아니니까요."

　　그는 주파일이라는 존재 양상을 동물을 대하는 방식 중의 하나, 새로운 사랑법의 하나로 파악한다. 주파일이라는 말이 '동물과 섹스하는 존재'와 반드시 동의어가 아니라는 사실을 나는 독일에서 이해했다. 그들은 섹스를 목적으로 하지 않는다. 내가 만나온 주파일은 동물의 삶을, 성의 측면까지

포함하여 있는 그대로 받아들인다는 의미로 정의할 수 있는
사람들이었다.

병자 취급

세간의 눈으로 보면 주파일은 '비정상'적인 사람들이다.
그들도 잘 알고 있다. 그러므로 모두가 커밍아웃할 리도 없고,
공공연한 사실로 받아들여지는 상황을 원하지 않는 사람이 더
많았다. 예를 들어 에드바르트는 연인인 티나에게는 절실한
마음으로 털어놓았지만, 사회적으로 알릴 마음은 없다.

"공언할 리 없죠. 그런 건 독일에서는 자살 행위예요.
한마디라도 해보세요. 변태나 정신병자로 취급하고 엄청난
편견에 시달릴 거예요."

그는 몇 번이나 그렇게 말했다.

'변태'나 '병자' 취급이 주파일들이 실감하는 상황이다.
이는 독일에 한정된 이야기는 아닐 것이다.

나는 지금까지 일본에서 몇 번인가 주파일에 관한
연구 모임에서 발표한 적이 있다. 청중 가운데 정신과 전문의가
있었는데, 질의응답 시간에 그는 이렇게 말했다.

"저는 동물성애를 정신질환으로 의심합니다. 그들의
병력, 지적 장애, 유소년기의 성적 학대 유무에 관한 데이터를
가지고 있습니까? 그게 없다면 이야기가 되지 않습니다.
논의 대상이 될 수조차 없다고 생각합니다."

정신의학 분야에서 '동물성애'가 진단명으로
처음 등장한 것은 1980년에 미국 정신의학회가 펴낸

『DSM(정신질환의 진단·통계 매뉴얼)』이었다. 그 후 1987년에 나온 개정판에서도 '특정 불가능 패러필리아(이상 성욕, 성적 도착)'라는 범주에 속했다. 2013년 최신판 『DSM 제5판』에서는 '기타 특정 패러필리아 장애'로 분류되어, 동물성애는 정신질환의 하나로 여겨진다.

정신의학자의 질문에 대답한다면, 내가 만났던 주파일 가운데 지적 장애가 있다고 여겨지는 사람은 없었다. 오히려 대부분은 지성인이라고 느꼈고, 원활하게 커뮤니케이션이 이루어졌으며, 지적 호기심도 왕성했다. 유소년기에 성적 학대를 받은 것으로 보이는 사람도 없었다. 학대뿐만 아니라 어떤 식의 성적 트라우마가 주파일 아이덴티티와 관련되었다고 의심되는 사람도 없었다. 다만 이런 이야기를 하는 주파일은 몇 명 만난 적이 있다.

"어렸을 때 누구도 내 편이 되어주지 않는다고 생각했지만, 집에서 기르던 개만은 언제나 나를 지켜줬어요."

주파일 가운데는 어떤 이유에서든 마음을 열 수 있는 상대가 주변의 동물이었던 사람이 많을 수도 있다.

병력에 관해서 살펴보자면, 우울증을 겪고 있는 사람이 많았다. 대부분은 유소년기부터 사춘기에 걸쳐 자신이 주파일이라고 자각했고, 성인이 된 후에 힘겨운 직장 생활이나 학업을 이어나가면서 우울증이 생겼다.

예를 들면 쥐와 함께 사는 자샤는 구직에 실패하고 실연까지 겹쳐 20대에 중증 우울증이 발병했다. 지금도 정직원이 되지 못하고 사회보장제도에 의존해 생계를 꾸려간다. 자샤에게 왜 제타에서 활동하는지 물었더니, 이렇게 대답했다.

"잃을 것이 하나도 없기 때문이죠. 주파일이라는

섹슈얼리티에 대해 이해를 촉구하는 활동은 누군가 하지 않으면 안 되는 일이에요. 하지만 가족이나 사회적 지위 등 지켜야 할 게 많은 사람에게 이런 활동은 불가능해요. 편견에 시달리며 공격당하고 혐오의 대상이 되겠죠.〟

제타 회원 중에는 자샤처럼 우울증을 앓고 있으며 제대로 된 직장을 가지지 못한 사람이 3명 더 있다. 그들에게는 제타 활동이 하루하루 살아가는 목표 같았다. 그러므로 우울증 환자가 많은 것은 주파일의 특징이 아니라 제타의 특징이라고 생각한다.

누군가가 주파일이라는 자신의 아이덴티티를 고통스럽게 생각하다가 이를 병이라고 진단받아 안심할 수 있다면 그것도 나쁘지 않다. 하지만 적어도 내가 만난 주파일은 스스로를 환자라든가 성도착자, 변태라고는 생각하지 않았다. 다만 사회가 자신을 그렇게 바라본다는 사실을 알고 있으며 그 점 때문에 괴로워한다. 그리고 주파일을 이상하게 생각하는 사회를 조금이라도 바꾸고 싶기에 더욱 열심히 제타에서 활동한다.

내가 아닌 누군가가 그들을 만난다면 전혀 다른 측면이 보일지도 모른다. '질환'의 조짐 같은 것 말이다. 하지만 나는 의도적으로 그런 관점을 피했다. 눈앞의 사람을 자신과는 다른 존재라고 미리 결정 내리는 것이 싫었기 때문이다. '병'이나 '변태'라는 말이 만들어내는 배타성은 위험하다. 저들은 나와는 다르다며 선을 그으면, 사고는 거기서 멈춘다.

내가 할 수 있는 일은 그들의 생활을 있는 그대로 이해하고 나름대로 파악해가는 것뿐이었다. 한 사람, 한 사람의 실천이 고스란히 드러나는 일상을 보고 싶었다.

내가 보아온 주파일들은 파트너의 퍼스낼러티를 찾아내기 위해 일상을 살아가고 있었다. 파트너와 종을 넘어 대등해지기 위해 시간을 공유하면서 매일매일 퍼스낼러티를 발견하고 음미한다. 공통의 언어도 없고, 다른 신체와 다른 마음을 가진 존재와 어떻게 하면 대등한 관계를 맺을 수 있을까? 동물을 파트너로 삼는다는 것이야말로 그러한 문제와 명확히 마주하게끔 만든다. 그리고 주파일은 그 문제의 답을 생활에서 찾아내고자 한다.

미하엘은 언젠가 이렇게 말했다.

"동물은 내게 여러 가지를 가르쳐줬지만, 가장 소중한 가르침은 그 순간에 집중해야 한다는 것이에요. 때에 맞는 역할을 연기하는 게 아니라, 있는 그대로의 자신으로 존재할 것, 거짓말을 하지 말 것."

미하엘은 말을 사용하지 않고 동물의 마음을 읽어내려는 바람을 이루고자 애쓰며 살아간다. 미하엘은 동물 앞에서 주인이라는 역할을 연기조차 할 마음이 없다.

론야는 모든 시간을 파트너와 함께하며, 그를 생활의 중심에 둔다. 티나와 에드바르트 커플은 둘 사이에 이종의 파트너를 맞아들이고 섹슈얼리티를 포함한 새로운 관계를 만들어나가려 한다.

다시 말해, 주파일은 자신과는 다른 존재와 대등해지기 위해 하루하루를 보내는 사람들이다.

어쩌면 주파일은 시적 감각이 풍부한 사람들인지도 모른다고 나는 생각했다. 언어로 전해지지 않는 동물의 부름에 응하면서, 자신의 감각을 세련되게 다듬어간다. 그리고 파트너 동물과의 사이에서만 보이는 특별한 표식을 실마리 삼아 서로의 관계를 풀어나가고 있다.

성폭력의 본질

　　주파일과 대화를 나누며 항상 내 자신의 섹스를
되돌아봤다. 주파일의 섹스와 성폭력 사이에는 겹치는 지점은
거의 없다. 그래도 그들의 존재는 스스로를 곱씹어보게
만들었다. 그들은 자신의 섹스와 사랑에 관해 말했다. 나는
그 섹스와 사랑을 경시할 수 없었다. 그들은 진지했고, 섹스나
사랑을 통해서 자신이 원하는 삶의 방식을 이야기했다.

　　주파일의 섹스는 그 자체가 목적이 아니라 파트너와의
관계에서 대등성을 만들어내는 방법이기도 했다. 그러한 섹스의
양상은 성폭력으로 이루어진 섹스와는 정확히 대척점에 서 있다.

　　실은 성폭력 또한 섹스를 목적으로 하는 것이 아니다.
물론 일방적인 사정욕에 따른 행위로서 섹스가 존재하지만,
욕망의 근원에는 '상대를 지배하고 싶다.'는 바람이 있을 뿐이다.
폭력 속의 섹스는 목적이 아니라 지배하기 위한 방법일 뿐이다.
지배야말로 성폭력의 본질이다.

　　지배를 위한 섹스가 신체에 각인되어 있던 나는 섹스가
인간과 동물의 대등성을 한순간이나마 이루어내는 힘을 가진
행위라고는 생각하지 못했다. 영원히 체현할 수 없을지도
모른다고도 생각한 그 대등성을, 주파일은 섹스의 순간을 통해
손에 넣었다.

　　어쩌면 그것은 꿈인지도 모른다. 그렇지만 너무나도
좋은 꿈이라는 생각에 부럽기까지 하다. 그들은 그 순간에

사랑과 섹스를 일치시킨다. 그때만큼은 인간이라는 지배자의 위치에서 내려갈 수 있도록 허락받는다. 사랑하는 상대를 '고스란히 받아들이는' 기쁨 속에서, 종이라는 높은 벽을 훌쩍 뛰어넘어 파트너와의 대등성을 실현하고자 한다.

인간과 동물이 대등한 관계를 쌓다니, 애초에 불가능하다고 생각하는 사람이 많을 것이다. 적어도 내 경우에는 주파일이라는 존재를 알고 나서 생각이 뒤집혔다. 오히려 인간과 인간이 대등해지기가 상당히 어렵다고 말이다.

미하엘은 인간과의 섹스에 대해 이야기한 적이 있다. 결혼한 뒤 남녀는 정기적으로 섹스를 해야 한다는 아내의 말을 듣고 따랐던 시기였는데, 그 경험으로 미하엘은 인간과의 섹스를 어려워하게 되었다.

"인간과의 섹스가 싫었던 이유는, 항상 뒤에 무언가 다른 의미가 있기 때문이었어요. 인간의 섹스는 단순하지 않은 행위예요. 사람은 생각하는 것을 숨기거나 필터를 거쳐서 표현하니까."

이때 필터란 미하엘에게는 인간의 가치관 같은 것을 뜻한다.

"인간은 저마다 필터를 갖추고 있죠. 필터는 여러 가지로 구성되어 있어요. 그 사람이 나고 자란 환경, 받아온 교육, 신앙, 신조, 사회규범, 언어, 그 사람이 영향을 받은 모든 것이 관련되면서 독특한 필터가 완성되죠. 그러니까 인간을 이해하려 한다면 그가 가진 모든 배경을 이해하지 않으면 안 돼요. 섹스할 때조차 인간은 그 필터를 벗겨내지 못해요. 그러므로 섹스를 할 때도 상대방의 필터를 형성한 모든 요소를 받아들인 뒤 상대의 마음을 읽어내야 하죠."

그 사람의 필터를 형성한 모든 요소를 이해하고
받아들이려 한다는 미하엘은 상대가 인간이건 동물이건 섹스는
상대를 있는 그대로 고스란히 받아들이는 행위라고 생각하고
있었다.

또한 그가 생각하는 부부 간의 섹스란 동물처럼
〔하고 싶어서 하는〕 것이 아니라 〔혼인을 유지하기 위한 교섭과
같은 것〕이라는 의미가 있었다. 섹스에 덧붙은 이런 의미가
미하엘에게는 고통의 근본적인 원인이었을지도 모른다.

미하엘이 말하는 〔필터〕가 한 사람을 지탱하고 있는
사고방식이나 세상을 바라보는 견해라고 한다면, 폭력을
휘두르는 사람은 맨 먼저 상대의 필터를 갈기갈기 찢어발기는
셈이다. 그런 폭력을 당한 사람은 기반이 무너져 내려 서 있는
것조차 어렵다. 폭력은 그렇게 누군가의 자존감을 망가트리고
자립심을 빼앗아버린다.

그런 행위는 먼저 말로 이루어진다. 처음에는 그리 심한
말투가 아니라 부드럽기까지 하지만, 상대방에게 상처를 남기기
위한 논리를 갖추기 시작한다.

〝너는 살 가치가 없는 하찮은 인간이야.〞와 같은,
지금이라면 코웃음 치며 넘길 욕설을 폭력에 시달렸던 당시의
나는 그대로 받아들일 수밖에 없었다. 내 필터는 너덜너덜해졌고
더 이상 남의 말을 여과하지 못했다. 폭력을 완성하는 마지막
말뚝을 박듯 남자는 나를 강간했다. 강간은 나에게서 내 육체를
빼앗는 역할을 했다.

폭력이 이끌어가는 관계성 안에서 〔살아갈 가치가
없는 하찮은 인간〕이라는 낙인이 찍히는 것은 제대로 된
퍼스낼러티의 표출이라고 하기 어렵다. 폭력에 의해 도드라지는

낙인은 지배하는 쪽과 지배를 받아들여야 하는 측이 연기하는 역할 분담과 비슷하다. 퍼스낼러티는 관계성과 함께 흔들리고 변화하며, 그렇기 때문에 향유하고 만끽할 수 있는 개념이다. 하지만 성폭력에 의해 만들어지는 역할은 변화하지 않으며, 폭력이 반복될 때마다 결정될 뿐이다. "너는 살 가치가 없는 인간이 틀림없다."라고.

나는 이런 식으로 맺어지는 관계성에 온 힘을 다해 저항했어야 했다. 지배를 거부해야 했다. 하지만 저항이 불가능했던 까닭은 내 속에도 폭력성이 자리 잡고 있었기 때문이다. 바로 자신을 향한 폭력이었다. 나의 폭력성은 상대의 폭력성에 의해 환기되며 스스로에게 향했고 자신을 옮아맸다.

폭력에는 이상하게도 무언가를 끝내려는 힘보다 무언가를 만들어내는 힘이 있다는 사실을 나는 체감을 통해 알고 있다. 폭력은 섹스와 마찬가지로 신체에 직접적으로 호소한다. 그리고 어떤 의미에서 섹스보다도 생산적이다. 폭력은 증오나 분노처럼 분리되기 어려운 감정을 만들어내면서 인간을 자극한다. 그리고 계속 폭력에 시달리면 자신의 내부에서도 폭력성이 싹을 틔운다. 그 싹이 누구에게, 혹은 무엇에게 향하는지는 사람마다 다를 것이다. 내 경우에는 바로 자신에게로 향했다.

내가 스스로에게 폭력을 휘두르는 일을 그만둔 계기가 있다면, 나 자신이 가진 욕망의 유무나 욕망의 형태를 알게 되었기 때문이다. 하지만 나는 욕망을 잃어버린 채, 마치 밧줄에 묶인 동물처럼 스스로를 남자에게 넘겨주고 말았다.

주파일은 섹슈얼리티의 자유를 바란다. 나 또한 그렇다. 하지만 나와 그들 사이에는 자유를 바라보는 관점의 차이가 있는 듯하다. 그들은 〈받아들이고 사랑할 대상에 대한 자유〉를 바란다. 나는 〈섹스를 말할 자유〉를 바란다. 그것은 주파일이 커밍아웃하는 일과 비슷하다고 생각한다.

결국 정체조차 알기 어려운 〈사회규범〉이 강요하는 〈올바른 섹스〉는 사람을 끊임없이 괴롭힌다. 성소수자로 불리는 사람만이 아니라, 이성애자라고 해도 상황은 마찬가지다.

누군가가 이야기하지 않는다면 거푸집으로 이미 틀이 짜여진 섹스의 윤곽은 깨지지 않는다.

폭력의 소용돌이에 휩쓸려 살았던 그때, 나에게는 〈섹스를 말할 자유〉가 없었다. 몇 겹의 상처를 입고 나서, 마음에는 몇 겹씩 복잡한 층을 이룬 딱지가 앉았다. 그 딱지를 뜯어내고 이야기를 시작할 용기가 없었다. 그러니 도움을 청하는 일도 불가능했다. 섹스에서 도망칠 자유마저도 없었다.

마침내 이혼에 성공했을 때, 어머니는 이렇게 말했다.

"이런 일은 누구에게도 말하지 않는 편이 좋겠다."

어머니는 나를 걱정해서 한 말일 것이다. 지독한 편견에 상처받기보다는 무덤까지 비밀로 가지고 가는 편이 낫다. 부모로서는 그렇게 생각했을 수도 있겠다. 하지만 그런 생각은 성폭력을 당한 인간을 흠결 있는 자로 여기는 태도이기도 하다.

그때로부터 몇 년이 지나 주위 사람들에게 조금씩 내 경험을 이야기하기 시작했더니, 몇몇에게서 이런 식의 이야기를 들었다.

"성폭력을 당한 사람은 다음번에 사귀는 사람에게도 같은 일을 경험하는 일이 많겠죠?"

그들에게 나쁜 의도는 없다. 오히려 나를 신경 써주는 듯한 말투였다. 둔감한 친절함이었을까, 동정심이었을까?

"당신도 속으로는 즐긴 것은 아니에요?"라는
폭언조차 들었다.

"그렇지 않아요."

고작 그렇게 대답하는 것이 최선이었다. 집에 돌아와선
눈물이 났다. 마치 성폭력의 원인을 내가 가지고 있어서, 나라는
인간이 항상 성폭력을 불러온다는 식의 편견이다. 이러한 발언을
하는 사람은, 폭력은 자신과는 거리가 멀고 언제까지나 남의
일이라고 여긴다.

어머니의 조언은 어느 의미에서 옳았다고 할 수도 있다.
말할수록 상처가 더욱 벌어지는 경우가 많았기 때문이다. 이렇게
'상식'이나 '편견', '사회의 대응'으로 인해 스티그마(흠결)가
만들어진다. 그렇다고 잠자코 있을 수는 없었다.

"더 이상 거짓을 품고 살아가고 싶지는 않으니까."

"잘못한 것이 없는데도 스스로 숨기고 살아야 하는
일에 진력이 났으니까."

주파일이라는 사실을 커밍아웃한 사람들에게 왜 그런
마음을 먹게 되었냐고 이유를 묻자, 저렇게 대답했다. 나는
그들의 절실함을 이해할 수 있었다.

미하엘은 지금까지 주파일로서 데모에 세 번 참가했다.
길모퉁이에서 깃발을 들고 자신이 주파일이라고 말했다. 그때
그들은 가면도 쓰지 않고 평소 모습 그대로, '동물을 사랑할
자유'를 외쳤다.

"안티들이 공격하지는 않을까, 하는 공포심은
있었어요. 그렇다고 사람들에게 알려지는 일이 무섭다고
생각한 건 아니었으니까."

몇 년 전 데모를 떠올리며 미하엘은 말했다. 성폭력이나

251

가정폭력에 반대하는 행진을 하며 울음을 터뜨리고 말았던
나와는 달랐다.

"어째서 무섭지 않았어요?"

"익숙해졌으니까, 그런 공포에는."

그 대답을 듣고 슬퍼졌다. 미하엘은 이상하다는
표정으로 내게 물었다.

"왜 당신이 슬퍼하는 거죠?"

"편견이나 호기심에 찬 눈초리를 받는다는 두려움에
당신이 익숙해졌다는 사실이 슬퍼요."

"어째서요? 그건 강인하다는 의미예요. 인생에는
공포와 슬픔이 존재한다는 사실, 그리고 그것들은 왔다가도
언젠가는 사라진다는 사실을 미리 알고 있다면, 더 이상 그런
두려움에 휘둘리지 않고도 살 수 있지 않겠어요?"

폭력을 당하고서 20년이 지난 지금, 내 경험을 글로
묶을 수 있었던 것은 그동안 만났던 주파일들에게 용기를 얻었기
때문이다. '정상'이라고 말할 수 없는 경험이 주는 거북하고
불편한 기분, 그 마음을 깨부수고자 했을 때, 나도 주파일도
완전히 같은 입장에 서 있는 셈이다. 그들의 섹스와 내 섹스는
이런 부분에서 겹친다.

그들과 만나고 나서 나는 얼마나 변했을까? 내가
간직해온 섹스의 상처가 그들과 보낸 나날로 치유되었다고는
할 수 없다. 그렇지만 적어도 나는 한 단계를 끝냈다고 생각한다.
분노와 괴로움에서 눈을 돌리고 감아버리는 나는 더 이상 없다.
나는 지금 성폭력의 경험자로서 '커밍아웃'을 하고 있다. 이는
자신의 과거를 받아들여 현재에서 미래로 연결하는 작업이다.
상처가 치유되지 않는다고 해도 괜찮다. 상처는 상처로서 여전히

남아 있음으로써 타자를 이해하는 열쇠가 될 수도 있기에,
그것이 어쩌면 미하엘이 말했던 〈강인함〉인지도 모른다.

반론을 허락지 않는 사랑

　　　나는 베를린시 남쪽에 위치한 템페르호프 지구의
아파트에 방 하나를 빌렸다. 녹음이 우거진 넓은 공원에
군데군데 파스텔색 건물이 늘어서 있었다. 키 큰 가로수가 3층
창문보다 높게 가지를 뻗었다. 주파일을 찾아다니다 지칠 때면,
나는 그 방에 틀어박히거나 근처를 거닐면서 어떻게든 마음을
가라앉히곤 했다. 가장 싸면서도 배불리 먹을 수 있는 케밥을
사서 공원에 앉아 우물거렸다. 가끔 그렇게 혼자 보내는 시간이
무척 소중했다.
　　　템페르호프에서 지하철을 타고 15분 정도 나가면
번화가가 나온다. 카페나 갤러리, 레스토랑, 클럽이 줄지어
서 있다. 사람과 동물이 말없이 서로를 지긋이 바라보던
공간에서 며칠이나 머물다가 베를린의 북적임과 맞닥뜨리면
더욱 당혹스러웠다. 주파일의 일상과는 너무나도 동떨어졌기에
내가 경험했던 〈독일〉의 특별함을 더욱 뼈저리게 통감했다.
　　　2017년 7월 초, 나는 론야의 집에서 바르바라의
집으로 거처를 옮겼다.
　　　"바르바라의 집에서 지낸 다음에는 어떻게 할 거야?"
　　　론야가 물었다.
　　　"베를린으로 돌아가 일주일 정도 지낼까 해요.
그 중간에 엑스플로어 베를린이라는 페스티벌에 가려고요."

나는 그게 어떤 행사인지 론야에게 설명했다. 그러자 론야는 바로 컴퓨터를 켜서 검색한 뒤, "오 마이 갓!"이라고 외쳤다.

"나는 절대 무리야! 그런 곳에 간다니! 섹스를 하려면 서로 쌓아온 관계성이 필요해. 그 자리에서 만난 불특정다수와 섹스를 하다니, 있을 수 없는 일이야! 그래도 네가 간다고 하면 말리지는 않겠지만, 그래도 조심해. 건투를 빌게."

엑스플로어 베를린에 대해 이런 반응을 보이는 것은 론야만이 아니었다. 에드바르트도 이렇게 말했다.

"우와아! 그런 곳을 잘도 찾아냈네요. 정말 모험을 좋아하나 봐요. 나는 절대로 가고 싶지 않아요. 다 함께 나체가 되어 그 와중에 또 섹스를 한다고요! 도대체 무슨 생각인 건지. 정중히 거절합니다."

내가 엑스플로어 베를린에 가겠다고 한 말이 어느새 제타 사람들에게 전해졌고, 아놀트는 일부러 메일까지 보냈다.

"조심해서 다녀와요. 섹슈얼리티를 연구 주제로 하는 당신에게는 분명 흥미로운 행사일 거라고 이해하면서도, 그게 일반적인 독일이라고는 생각하지 않아요. 지나친 단언인지도 모르겠지만, 그건 극히 일부이고 조금 '이상한' 독일이에요."

나는 그들의 말을 듣고 의외라고 생각했다. "주파일은 섹스에 대해 급진적인 사고방식을 가진 사람들이겠지."라고 기대했던 것 같다. 하지만 주파일이라고 해서 섹스에 대해서 뭐든 좋다고 생각할 리 없었다. 그들은 섹스를 하는 '상대'가 센세이셔널할 뿐, 관계성에 있어서는 완전히 반대였다.

그들은 사랑하는 상대와 사랑이 있기에 섹스하는 사람들이다. 그 흔들림 없는 신념은 매우 고풍적이며 로맨틱하기까지 하다.

론야는 이렇게 말했다.

"섹스는 누구와 하더라도 멋진 경험이 될 수 있어. 하지만 그건 섹스 이외의 부분에서 좋은 관계를 맺고 있다는 전제가 있을 때야. 그렇지 않다면 섹스는 무엇을 위해 하는 것일까? 그렇게 보면 나와 아누크의 섹스가 가능하다면 역시 멋진 것이겠지."

론야에게 섹스란 관계성을 통해 쌓아나간 신뢰의 결과로 하는 행위다. 섹스가 먼저가 아니다. 론야는 이렇게도 말했다.

"어째서인지는 알 수 없지만, 나에게 사랑하고 섹스를 하는 대상은 언제나 한 명(한 마리)이었어. 복수의 대상을 동시에 사랑하는 것은 불가능해. 지금도 아누크가 있으니 (인간인) 애인은 필요 없어."

바르바라 역시 비슷한 의견을 피력했다.

"루나가 온 후로 나는 한 번도 다른 사람과 섹스를 하지 않았어. 인간 남성과도, 여성과도. 그럴 필요가 없었으니까. 루나라는 파트너가 생기고 주파일로서 살아가는 지금이 가장 행복해."

이런 이야기를 할 때, 둘은 어딘가 자랑스러운 듯 보였다. 온몸과 마음을 다해 파트너를 사랑하고 있다고 주장하는 것처럼 들리기도 했다.

그녀들이 파트너와 맺는 섹스에는 일대일의 인연을 보증한다는 특별한 의미가 있다. 론야와 바르바라의 말을 몇 번이나 반추하면서도, 나는 어쩔 수 없이 위화감을 느꼈다.

어쩌면 나는 어떤 특정한 의미가 덧붙여지지 않은

섹스를 바랐던 것 같다. "서로 사랑하는 연인이나 부부이므로 섹스를 하는 것이 당연하다." "아이를 낳기 위해 섹스를 한다." "지배하기 위해 섹스라는 도구를 사용한다."는 등, 섹스가 지닌 여러 가지 의미나 섹스가 만들어내는 사람과 사람 사이의 관계성 같은 틀에서 해방되고 싶었다. 그리고 나는 그 모습을 주파일의 섹스에서 기대했다. 인간이 아닌 존재와 섹스한다는 그들에게 나는 '에그조틱exotic'한 것을 원하는 선망의 시선을 던지고 있었음이 틀림없다.

언젠가 미하엘이 말했다.

"최근 생각한 건데, 주파일은 꽤나 '사치'스러운 섹슈얼리티가 아닐까 싶어요."

여느 때처럼 뜰에 나와서 고양이가 노는 모습을 바라보면서 잡담을 나누던 중이었다. 미하엘은 나에게 커피를 더 따라주며 말을 이어갔다.

"무슨 말인가 하면, 우리는 파트너의 일생을 처음부터 마지막까지 받아들이는 게 가능하니까……"

그의 머릿속에는 얼마 전 떠나보낸 파트너 케시의 생각으로 가득했을 것이다.

"파트너의 삶을 끝까지 지켜볼 수 있다는 의미에서 사치스럽다고 생각하는 거죠."

론야, 바르바라, 미하엘이 말하는 사랑은, 판에 박힌 양상을 그대로 따르는 것처럼 보이기도 했다. 말하자면 '반론을 허락하지 않는 사랑'을 주장하는 것 같았다. 섹스의 전제가 누구의 비판에도 개의치 않는 '진짜 사랑'이라면, 그들은 바로 그런 사랑에 입각한 셈이다. 그들의 섹스는 보수적이라고까지 할 정도로 굳건한 사랑의 감각으로 방어된다.

섹스를 사랑이라는 방패로 지켜야만 하는 이는
주파일뿐만이 아니다. 변명할 필요가 없는 섹스는 사실 부부
간의 섹스, 사랑하는 연인 사이의 섹스밖에 없다. 셀 수 없을
만큼 많은 섹스가 변명과 이유를 필요로 한다. 그리고 사랑은
떳떳지 못한 섹스를 강력하게 덮어버린다. 내가 경험했던 폭력
속의 섹스조차 그랬다. 남자는 때로는 눈물을 흘리면서 "다 너를
사랑하기 때문이야. 용서해줘."라고 참회하곤 했다.

사랑은 항상 꿈처럼 사람들을 덮쳐온다. 사랑에 실체가
있고, 그 실체에 의해 언제나 성립하는 진실이 존재한다면 얼마나
좋을까? 이렇게 생각하는 나에게 주파일은 이런 질문을 던지는
것 같았다.

"그럼 당신은 사랑 없이 누군가와 대등하게 존재했던
적이 있었어?"

하지만 주파일이 파트너와의 사랑을 로맨틱하게
이야기할 수 있는 까닭은 상대가 인간이 아니기 때문이라고 나는
생각한다. 그들의 사랑은 어떤 의미에서 처음부터 보증받는
셈이다. 특히 개는 인간에게 아낌없이 사랑을 준다. 그들에게
인간은 없어선 안 되는 존재다. 그들은 항상 인간을 필요로 한다.

미하엘은 "동물은 거짓말을 하지 않아요. 그러니 나는
인간보다도 동물과 커뮤니케이션이 더 잘되는 거죠."라고
말했다.

에드바르트는 이렇게도 말했다.

"동물은 배신하지 않아요. 인간과의 관계에는 끝이
찾아오지만, 동물과의 관계는 마지막까지 이어지죠."

그리고 론야는 이렇게 말했다.

"개는 있는 그대로의 나를 받아들여줘요. 내가 가진

장애를 설명할 필요조차 없죠.〞

　　　주파일은 동물이 아니면 안 된다. 그들은 인간을
대체하기 위해 동물을 필요로 하는 것이 아니다. 오직
동물에게서 위로받고, 보살핌을 받는다. 그들은 처음부터
배신할 리 없는 ʻ사랑ʼ을 전해주는 상대와 살아가고 있다.

에필로그

　　"섹슈얼리티는 금세기 최대의 문제예요. 앞으로
사람들은 섹슈얼리티에 대해 더 진지하게 생각해야 할 거예요.
먹거리 다음으로 중요하다고 나는 생각해요."

　　마을 한복판을 흐르는 강변을 둘이 걷던 밤, 쿠르트는
진지한 표정으로 내게 말했다. 처음 만난 날이었다. 열심히
이야기한 후에 그는 이렇게 말했다.

　　"비판하지 않고 들어줘서 고마워요."

　　주파일에 관해 알고 싶었던 나로서는 차분히 그의
이야기를 듣는 것은 당연했다. 그러나 아무렇지 않다는 듯
"아니, 뭘요."라고 대답할 수밖에 없었다. 하지만 우리의
대화는 쿠르트에게 중대한 일이었다. 나에게 털어놓았을 때,
나의 반응을 보며 이야기를 나누고 있다는 느낌을 받았기
때문이다. 이러한 경험을 한 후 그는 친구들에게 커밍아웃했다.

　　실은 나와 만난 후 커밍아웃한 사람은 쿠르트만이
아니다. "개를 컨트롤하려는 생각을 버리면 개와의 섹스는
자연히 시작된다."라고 말했던 클라우스도, 일본에서 만난
유일한 주파일이었던 데쓰야도, 쿠르트와 거의 비슷한 이유로
주변의 가까운 사람들에게 커밍아웃했다.

　　그들이 커밍아웃하겠다는 뜻을 밝혔을 때, 실은
내 탓으로 문제가 일어나면 어쩌나 싶은 생각도 들었다.
나는 책임질 수 없다. 그들의 인생에 조금이라도 영향을

미쳤다는 사실이 무서워서 견딜 수 없었다. 결과적으로는 셋 모두 커밍아웃한 상대방에게 이해받았고 인간관계도 더 좋아졌으므로, 지금은 조금 안심한 상태다.

내게는 주파일을 통해 섹스나 사랑의 문제를 다시 생각해보고 싶다는 개인적인 목적이 있었다. 그랬기에 항상 객관적이어야 한다고 마음을 다잡았다. 하지만 친구를 만나거나 인간관계를 맺을 때 항상 객관적인 입장을 관철할 수는 없다. 커밍아웃이라는 중대한 행위에 어느새 영향을 미친 셈이다. 이런 일이 생기면서 내 입장을 다시 정리하지 않을 수 없었고 무서운 생각마저 들었다. 하지만 상대방의 솔직한 이야기를 듣고 싶다면 나 역시 벌거벗지 않으면 안 된다. 거듭 그런 생각을 하면서 나와 그들의 거리는 자연스럽게 좁혀졌다.

우리는 인생에서 생기는 다양한 일에 관해 이야기를 나누기도 했다. 서로에게 귀 기울이고 의견을 나눴다. 그럴 때, 나는 문득 눈앞에 있는 사람이 조사와 연구를 위한 정보 제공자라는 사실을 잊어버리고 말았다. 그러다가 인류학 연구자의 본분으로 돌아가면, 관찰자여야 한다고 마음속으로 저항했다. 마음의 파도가 거세게 소용돌이쳤고 나는 지쳐갔다.

독일 여행도 막바지에 접어들었던 2017년 늦여름, 티나와 에드바르트의 집을 찾았다. 세 번째 방문이었다. 둘은 나에게 맛있는 과자와 독일 풍경을 담은 사진집 그리고 작은 꾸러미를 선물했다.

포장지를 벗기니, 은빛 키 홀더가 나왔다. 에드바르트가 손수 만든 것이라고 했다. 금속판에 글자가 새겨져 있었다.

"진짜 우정이 주는 최고의 선물은 이해하는 것, 그리고 이해받는 것."

글자가 눈에 들어온 순간, 나는 울음을 터트렸다. "객관적이어야 한다, 주관을 억누르자,"라는 자기방어는 이미 효력을 잃었다. 그런 것을 생각하기도 전에 눈물만 흘렀다.

작가나 대학원생이라는 직함이 산산이 부서졌다. 어떤 입장을 취하든 사람은 서로 영향을 주고받는다. 나는 상대방을 객관적으로만 보는 투명인간은 될 수 없었다. 그들에게 나는 '친구'였던 것이다.

수없이 흔들리면서 답이 나오지 않는 문제에 머리를 파묻은 채, 오로지 자신을 위해 연구하려 했던 나라는 존재가 부끄럽고 미안해서 눈물이 멈추지 않았다. 객관적이고자 했던 불손한 생각 때문에도 울었다. '섹스를 말할 자유'를 위해서 힘을 보태주었던 그들을 통해 나는 앞으로 어떤 글을 쓸 수 있을까?

글을 다 쓴 지금도 망설임은 여전히 끝나지 않았다.

다만 한 가지 확실히 말할 수 있는 사실은, 나와 주파일 한 명, 한 명과의 사이에 각각의 퍼스낼러티가 형성되었다는 점이다. 나는 그 사실을 무척 소중하게 생각한다. 내 눈앞에 '특별한' 인간들이 있다. 그리고 퍼스낼러티를 발견하려는 실천 자체가 형태가 있는 '사랑'이 아닐까? 그런 기대를 품는다.

맺음말

이 책은 교토대학 대학원 인간·환경학 연구과의 석사 논문 집필을 위한 조사를 기초로 하여 다시 쓴 논픽션이다. 일부 내용은 이미 아래 논문에서 발표했다.

— 「개를 '파트너'로 한다는 것 – 독일의 동물성애자의 섹슈얼리티」, 大石高典, 近藤祉秋, 池田光穂 편, 『개를 통해 보는 인류사』(勉誠出版, 2019)
— 「'주파일'이 되다 – 독일 동물성애자와 섹슈얼리티의 선택」, 『컨택트 존』11호(京都大学, 2019)

그리고 '엑스플로어 베를린'에 관해서는 잡지 『신초45新潮45』에 기고했던 르포를 대폭 가필, 수정했다.

논문 집필을 위한 조사였지만, 2016년부터 2017년에 걸쳐 독일에서 주파일들과 함께 보낸 경험은 논문에는 담지 못한 여러 문제의식을 안겨주었다. 그 문제는 나의 개인적인 경험과 가까운 듯, 때로는 먼 듯 안타까운 거리를 두고 관련되어 있다. 안타까움의 실마리를 풀기 위해서는 자신을 열어 보이는 일이 필요하다고 생각했기에 논픽션 형식으로 새로 집필하기로 마음먹었다.

애초의 목적이 얼마만큼 달성되었는지는 알 수 없다. 주파일에 관해서도 아직 해결하지 못한 문제가 남아 있다고 생각한다. 내가 지금까지 보아온 사실은 '성스러운 주파일'의 단편에 지나지 않기에, 앞으로는 더 넓은 측면까지 살펴볼 필요가 있다. 이 책에서 그려낸 것은 동물성애라는 섹슈얼리티에 관한 하나의 시각일 뿐이다.

하지만 이 책을 계기로 가까이 있는 동물과 관계 맺는
방법에 대해, 또한 섹슈얼리티에 관한 논의가 조금이라도
활발해지길 바란다.

2019년 8월, 무더운 베를린에서
하마노 지히로

주요 참고문헌

浅川千尋, 有馬めぐむ, 『動物保護入門 － ドイツとギリシャに学ぶ共生の未来』,

　　　世界思想社, 2018

浦川道太郎, 「ドイツにおける動物保護法の生成と展開 － 付・ドイツ動物保護法(翻訳)」,

　　　『早稲田法学』78(4), 2003, pp. 195 ～ 236

倉野憲司校注, 『古事記』, 岩波文庫, 1963

クレラン・S・フォード, フランク・A・ビーチ, 『人間と動物の性行動 － 比較心理学的

　　　研究』, 小原秀雄訳, 新思潮社, 1967

ジェームス・サーペル編, 『ドメスティック・ドッグーその進化・行動・人との関係』,

　　　森裕司監修, 武部正美訳, チクサン出版社, 1999.

ジャン＝ジャック・ルソー, 『エミール(上・中・下)』, 今野一雄訳, 岩波文庫,

　　　1962 ～ 1964

白水浩信, 「18世紀における子どもの性と教育的配慮 － 英・仏のマスターベーションに

　　　ついての教導書を中心に」, 『日本の教育史学』41, 1998, pp. 213 ～ 231

ダグマー・ヘルツォーク, 『セックスとナチズムの記憶 － 20世紀ドイツにおける性の

　　　政治化』, 川越修, 田野大輔, 萩野美穂訳, 岩波書店, 2012

谷口栄一, 「ドイツにおける同性愛解放運動とその課題 － ヒルシュフェルトから同性婚法

　　　まで」, 『大阪府立大学言語文化研究』1, 2002, pp. 13 ～ 21

日本聖書協会, 『聖書　聖書協会共同訳 － 旧約聖書続編付き』, 日本聖書協会, 2018

平井昌也, 「ドイツにおけるFKK(裸体主義文化)の歴史 － ドイツ第二帝国からヴァイマ

　　　ル共和国までの時代を中心に」, 『西洋文学研究』33, 2013, pp. 11 ～ 36

米国精神医学会, 『DSM-5 精神疾患の診断・統計マニュアル』, 日本精神神経学会日本

　　　語版用語監修, 高橋三郎, 大野裕監訳, 医学書院, 2014

ボリア・サックス, 『ナチスと動物 － ペット・スケープゴート・ホロコースト』,

　　　関口篤訳, 青土社, 2002

ミシェル・フーコー,『監獄の誕生－監視と処罰』, 田村俶訳, 新潮社, 1977

ミシェル・フーコー,『性の歴史Ⅰ－知への意志』, 渡辺守章訳, 新潮社, 1986

ミダス・デッケルス,『愛しのペット―獣姦の博物誌』, 伴田良輔監修, 堀千恵子訳,

工作舎, 2000

山極寿一,『「サル化」する人間社会』, 集英社インターナショナル, 2014

Aggrawal, Anil, "A New Classification of Zoophilia," Journal of Forensic

and Legal Medicine 18 (2), 2011, pp. 73～78

Beetz, Andrea M., "Bestiality and Zoophilia : A Discussion of Sexual Contact

with Animals," in The International Handbook of Animal Abuse

and Cruelty : Theory, Research, and Application, Frank R.

Ascione (ed.), West Lafayette, Indiana : Purdue University Press,

2008, pp. 201～220

Beirne Piers, "Rethinking Bestiality : Towards a Concept of Interspecies

Sexual Assault," Theoretical Criminology 1 (3), 1997,

pp. 317～340

Beirne, Piers, "Peter Singer's 'Heavy Petting' and the Politics of Animal

Sexual Assault," Critical Criminology 10 (1), 2011, pp. 43～55

Cassidy, Rebecca, "Zoosex and Other Relationships with Animals," in

Transgressive Sex : Subversion and Control in Erotic Encounters

(Fertility, Reproduction and Sexuality), Hastings Donnan and

Fiona Magowan (eds.), New York : Berghahn Books, 2009, pp.

91～112

Kavanaugh, Philip R. and R. J. Maratea, "Identity, Resistance and

Moderation in an Online Community of Zoosexuals," Sexualities

19 (1/2), 2016, pp. 3～24

Miletski, Hani, Understanding Bestiality and Zoophilia, Bethesda,

Maryland : East-West Publishing, 2002

Miletski, Hani, "A History of Bestiality," in Bestiality and and Zoophilia :
Sexual Relations with Animals, Andrea M. Beetz and Anthony L.
Podberscek (eds.), West Lafayette, Indiana : Purdue University
Press, 2005, pp. 1～22

Miletski, Hani, "Zoophilia : Another Sexual Orientation?," Archives of
Sexual Behavior 46 (1), 2017, pp. 39～42

Navarro, John C. and Richard Tewksbury, "Bestiality : An Overview
and Analytic Discussion," Sociology Compass 9 (10), 2015,
pp. 864～875

Williams, Colin J. and Martin S. Weinberg, "Zoophilia in Men : A Study of
Sexual Interest in Animals," Archives of Sexual Behavior 32 (6),
2003, pp. 523～535

한국어판 해제

섹슈얼리티, 종種보다 관계성

정희진(『페미니즘의 도전』저자/이화여대 초빙교수)

상처가 치유되지 않는다고 해도 괜찮다, 상처는
상처로서 여전히 남아 있음으로써 타자를 이해하는
열쇠가 될 수도 있기에,(본문 251~252쪽)

나는 독자들이 해제를 읽기 전에 본문을 먼저 읽길
바란다, 나의 해제는 사족이다, 선입견과 달리, 이 책의 주장은
진정성 넘치는 '상식'이며 텍스트 자체로 이미 충분히 설득력을
가진다, 이 책은 흥미롭고 중요한 이슈를 다루고 있다, 여기서
'흥미로움'이란, 독서의 본질적인 즐거움인 읽는 이들에게
끊임없는 깨달음을 준다는 의미다,
동물과의 성애를 자신의 성 정체성sexual
orientation으로 삼는 사람들, 주파일을 다루고 있는
이 책은 연구 방법 면에서도 빼어난 인류학적 보고서이자, 공부
궁극의 목적인 인간을 성장시키고 공동체의 정의에 기여한다는
점에서도 모델이 될 만하다, 나는 성폭력, 아내폭력, 기지촌
성 산업, 군 위안부 등 젠더 폭력gender based violence을
연구하는 사람으로서, 남성 문화의 폭력성에 대해 젠더 폭력이
아닌 다른 주제(주파일, 동물성애)를 통해 이만큼이나 핵심에
다가간 글을 읽어본 적이 없다, 글쓰기는 글쓰기의 대상에 대해

쓰는 일이 아니다. 쓰는 사람과 그가 사는 공동체의 역량을
드러내는 작업이다. 글쓰기는 결국 사물을 보는 자기 자신에
대해 말하는 행위다.

　　　　이 책은 동물 성애를 충실하게 분석하고 있지만, 이를
통해 정상으로 여겨지는 가부장제 사회의 폭력적인 성문화를
비판하고 있기도 하다. 이 책은 주류 사회가 갖고 있는
주파일을 향한 극단적인 선입견이나 호기심, 혐오의 원인이
남성 주체one의 방어적인 규정의 결과라고 본다. 다시 말하면,
'문제의 주인공'은 주파일이 아니라 삽입 중심의 남성 성기
문화다. 저자는 자신이 겪은 젠더 폭력 피해에 대해 탐구하면서
주파일을 향한 관심으로 이어졌고, 이 과정에서 자신을 갱신,
재귀(reflexive, 성찰)하는 데 성공했다. 덕분에 우리는
가부장제 사회의 성문화가 어떻게 구조적인 젠더 폭력과
주파일의 타자성을 만들어냈는지 동시에 파악할 수 있다.
　　　　이 책에서 등장하는 선량한 주파일을 이해하는 일은
가부장제 사회의 정상성의 핵심이 무엇인가를 생각하면 어렵지
않다고 생각한다. 동물성애는 그리 '대단하게' 놀랄 만한 인간
행동이 아니라는 얘기다. 고대부터 인간과 동물의 성적 관계는
존재했다. 또 포르노그래피가 아닌 재현물도 많다. 대표적으로
이마무라 쇼헤이 감독의 걸작 〈나라야마 부시코〉를 들 수 있다.
19세기 일본 산골 마을을 배경으로 한 이 영화에서는 공동체의
인구를 통제할 목적으로 여성과 섹스를 금지당한 남성들의
수간獸姦이 등장한다.

　　　　인간 사이의 성적 관계와 마찬가지로, 인간과 동물과의

성적 관계도 그 스펙트럼은 다양하다. 폭력으로 점철된 관계일
수도 있고, 섹스나 삽입 여부가 중요하지 않을 수 있다.
그 차이는 주파일에 대한 선입견이 무엇인지 명확히 보여준다.
여성에게 동물 삽입을 강제하고 즐기는 사람, 여성을 출산하는
존재로 환원하거나 여성의 몸을 실험용으로 삼는 집단, 동물의
신체를 심하게 훼손하고 동물을 강간하는 사람, 저자가 주로
인터뷰한 '주파일 게이 패시브 파트zoophile gay passive
part'(파트너는 '수컷'이면서 남성이 수동적인 역할을
맡음)부터 '주파일 게이 엑티브active 파트'까지 다양하다.

당연히, 이들이 같다는 뜻은 아니다. 저자가 인터뷰한
주파일을 제외한 전자는 폭력이고 범죄다. 그러나 인간의
성애에서도 폭력과 사랑의 연속선 —폭력을 사랑이라고
주장하는 사람과 그 주장에 대한 피해자의 언어 부재— 을
생각하면, 주파일은 동물 학대범과 동급으로 오해받을 수
있다. 여기서 핵심은 페니스다. 저자의 연구 대상은 주로 주파일
게이 패시브 파트였다. 그들이 인터뷰에 적극적이었던 이유는
수컷 개(동물)의 성욕을 받아주면서 성적인 케어를 실천하는
입장이라고 주장할 수 있으며, 사회는 그들을 학대 행위자라고
'덜' 생각하기 때문이다.

반면 주파일 게이 액티브 남성은 본문의 표현대로 ``입이
무겁거나 주눅 들어 있다''. 가부장제 성 문화에서 정상적인
남성의 섹스는 주파일이든 아니든 페니스를 상대방에게
삽입하고 사정하는 행위를 의미한다. 액티브 파트 남성은
상대(동물)의 의사와 무관하게 섹스를 하는 수간의 대표자로
인식되기 쉽다. 때문에 동물 성애나 수간을 비판하는 사람들은
주파일을 '액티브 파트의 남성이 동물에게 페니스를 삽입하는

사람'으로 상상한다. 이에 비해 주파일 게이 패시브 파트나
주파일 레즈비언의 섹스는 수간으로 이어지는 비판에서 비교적
자유롭다.

이처럼 남성의 성기 삽입 여부는 주파일에 대한
우리의 판단에 큰 영향을 미친다. 여기서 주파일과 그렇지
않은 인간 성애의 경계가 드러난다. 누가 정상인가, 합법인가,
비인간적인가? 우리는 사회적 약자를 상대로 한 성폭력
범죄자(이성애자 남성)를 더 혐오하는가? 아니면, 주파일 게이
액티브 파트로 살아가는 사람을 더 혐오하는가? 누가 더 나쁜
사람이고 더 이상한 사람인가?

최근 우리 사회에서 집권당의 당 대표는 "성폭력보다
민생에 주력해야 한다."라고 말했다. "성폭력은 민생이
아닌가?"라며 항의할 의욕조차 사라질 만큼 놀라운 인식이
아닐 수 없다. 문제는 누구와의 섹스인가가 아니라, 인간의
폭력성과 이에 대한 인식이다.

래디컬 페미니스트 안드레아 드워킨은 삽입 섹스
자체가 강간이라고 주장했다. 나는 이에 완전히 동의하지는
않지만, 딜도를 이용한 자위를 포함하여 인간의 성애에서 삽입
섹스(挿入, inter/course), 즉 무엇인가를 몸에 넣는다는
행위는 몸을 공간화한다는 의미에서 폭력성을 함의하고 있다.
주파일을 상대방(동물)의 동의 없는 수간으로만 인식하는
편견도 여기서 나온 것이다(동물의 의사를 확인하는 부분에
대해서는 본문 3장을 참고하라. 한편 저자는 성기를 삽입하는
액티브 파트가 주눅 들어 있는 상황을 주목하고, 페니스에만
폭력적인 혐의를 두는 의견에도 의문을 제기한다.)

인간과 인간 사이의 성애의 경우 'making love
(영어에서는 동침을 의미하지만)'의 과정에는 식사, 대화,
가벼운 신체적 접촉부터 안정감과 친밀감 나누기 등 삽입 외에도
다양한 행위가 있다. 이 책에도 잘 나와 있지만, 주파일 중에서
삽입하는 경우는 많지 않다. 동물과의 사랑을 다룬 〈킹콩〉
이야기가 우리에게 거부감 없이 수용되는 이유다. 〈미녀와
야수〉도 마찬가지다. 삽입 섹스가 성욕을 대표하고 성욕, 식욕,
수면욕이 인간의 생존에 필수적이라는 세간의 통념은 사실이
아니다. 음식 섭취와 수면은 인간의 생명 유지에 필수적이지만,
성욕은 그렇지 않다.

여기서 인간의 성 활동을 총칭하는 섹슈얼리티
연구의 어려움을 살펴보자. 일단 성은 고정된 개념이 아니다.
섹슈얼리티는 특정 사회의 시공간적 배경과 공동체에서 무엇을
성적인 것으로 여기는가에 따라 달라지는, 역사적이고 맥락적인
개념이다. 예를 들어 어떤 사회에서는 '음란물'을 규정할 때,
인체의 어느 부위의 털hair이 노출되는가를 중요한 기준으로
삼는다. 어느 지역에서는 일부다처제가 '축첩'이 아니라 여성의
열악한 경제력으로 인해 생겨난 제도로 작동한다. 이와 비슷하게
형사취수兄死娶嫂, 즉 형이 죽으면 형수를 부양하던 풍습은
재산 상속과 관련된 문제였다. 섹슈얼리티 연구가 젠더, 생물학,
정치경제학, 인류학, 법학, 심리학, 문화 연구, 인구학, 재현 등
다학제적인 지식이 필요한 것은 이런 이유에서다.

섹슈얼리티는 정치적, 사회적 구조이지만 개인적으로
실천되므로 조사와 실태 파악이 어렵다. 성폭력이 숨겨진
범죄hidden crime인 경우가 대부분이고 최초의 성생활

보고서라고 평가받는 『킨제이 보고서』는 여전히 그 신빙성을 의심받는다. 공동체의 구성원들끼리도 성에 대한 개념이 (극단적으로) 다른 이유는 사회 구성원들이 그 사회의 지배적인 성적 규범(예를 들어 근대 가족의 일부일처제), 성에 대한 문화적 각본 등에 따라 행동하기도 하지만 그렇지 않은 경우가 훨씬 더 많기 때문이다. 규범과 실천의 차이가 크다는 의미다. 타인의 행동과 자기 행동의 인식도 일관적이지 않다. 소위 '내로남불'이 그것이다.

무엇보다 섹슈얼리티는 젠더, 연령, 장애, 인종, 계급 등의 사회적 모순에 따라 시민권membership의 경계를 규정, 규율하는 첨예한 정치학이다. 정상적인 성, 아름다운 사랑은 '젊은 중산층 이성애자 비장애인 남녀간'의 관계에 국한된다. 이를테면 노인, 죄수, 노숙자의 사랑은 '독립 영화'의 주제가 된다. 주파일은 이러한 정상성을 둘러싼 연속선상의 극단에서 자신의 사랑과 정체성을 드러낼 수 없는 사람들이다.

근대 이후 '성 역할 공장factory'이라고 불렸던 서구 중산층 이성애자 핵가족 이데올로기로 대표되는 '남성 생계 부양자'와 '여성 가사 노동자'라는 일부일처제 모델은 지금 우리가 알고 있는 가족과 성적 규범의 근간을 이룬다. 동시에 자본주의의 등장과 더불어 여성의 취업이 가능해지자 레즈비언들이 가시화되기 시작했다. 물론 레즈비언은 고대부터 존재했지만, 여성의 경제적 독립과 함께 본격적으로 시민권을 주장할 수 있었다.

이처럼 이성애는 자연스러운 것이 아니라 젠더와 계급의 이해관계가 개입된 긴 역사를 가진 제도다. 더구나 남성과 여성의 경제적, 정치적으로 불평등한 관계(sexism)는 섹슈얼리티

실천과도 깊은 관계가 있다. 여성들이 당하는 각종 젠더 폭력은
말할 것도 없고, 남성 중심 사회에서 남성에게는 기본적으로
이성애보다 남성 연대가 더 중요하다. 이성애는 다른 남성과
대등해지기 위한 하나의 장치다. 이성애의 정상성은 LGB/T/
I —레즈비언, 게이, 양성애자, 트랜스젠더, 인터 섹스(間性)—
를 비정상으로 규정하고, 이들을 터부시하고 혐오해야만
가능해진다.

　　　이성애 개념은 단독으로 존재할 수 없다는 의미다.
세상에는 동성애든 이성애든 커플주의에 문제를 제기하는
무성애자asexuals도 있고, 기계, 동물, 자연, 우주 등 모든
사물에 성애를 갖는 범성애자도 있다.

　　　섹슈얼리티의 정체성은 선천적일 수도 있고
후천적일 수도 있으며, 본인의 실천과 인지의 차이 등으로
인해 유동적으로 바뀔 수 있다. 전문가들은 대개 무성애자
10퍼센트, 동성애자 15 ~ 20퍼센트, 나머지는 '방황하는
이성애자(어쩌다가 선택의 여지없이 제도적 강제로 사회에
적응한 경우)'로 본다. 이성애는 치밀하게 강제된 제도이므로
그 정도에 따라 동성애자의 비율도 달라진다. 동성애자가 많이
모여 살고 관련 커뮤니티가 발달한 미국의 샌프란시스코는
당연히 동성애자 인구가 많다.

　　　이는 페미니즘과 관련이 깊은 나의 일상에서도
똑같이 드러난다. 내 주변에는 규범적인 이성애자보다 퀴어가
많으며, 남녀 모두 50세가 넘도록 연애나 성교 경험이 없고
성에 무관심하거나 피하거나 귀찮아하는 —내가 무성애자라고
보는— 이들이 있지만, 사람들은 그들의 존재, 아니, 인생 자체를

믿지 않는다. 특히 무성애자 정체성에 대한 부정은 완강하다. 한국 사회는 겉으로 드러난 규범과 실제 생활이 일치하지 않는 '핫 섹스 사회hot sex society'다. 극단적 외모주의와 성 산업, 성폭력, 성욕에 대한 잘못된 인식이 유난히 비대한 사회라는 뜻이다. 사실, 성생활에서 삽입 섹스의 비중은 의외로 적다. 성폭력과 성매매 개념에서만 두드러지게 강조될 뿐이다.

　　　　한편 동성애자에 대한 비난 중에서 '종족 보존' 논리가 있는데, 인간의 성애는 종족 보존만이 목적이 아니라 쾌락, 자아실현 등 다양하다. 이는 무성애자에게도, 주파일에게도 마찬가지로 적용된다. 아무리 저출산 시대라고 해도 모든 인간이 출산하지 않는 경우는 일어나지 않으므로, 그런 비난이나 걱정은 아무 의미가 없다.

　　　　이 책은 우리에게 소중한 깨달음을 선사한다. 에로틱의 의미는 언제나 재정의되어야 한다. 사랑이나 성애의 상대가 누구이든 간에 동등함과 관계성, 인격적 관계가 에로틱한 것이며 이러한 상태(사랑)가 우리를 구원한다는 사실이다. 그러므로 주파일은 인간의 사랑 행위 중 일부일 뿐, '동물과 섹스하는 사람'과 동의어가 아니다. 그들의 목적은 섹스가 아니라 동물의 삶을 성의 측면까지 있는 그대로 받아들이는 것이다. 레즈비언이 되기로 '선택'한 여성들, 아니, 모든 인간들처럼 주파일을 선택하는 것은 더 나은 삶을 위해서다. 자신의 섹슈얼리티를 선택한다는 것은 성적 지향에 머무는 일이 아니며, 행복한 삶을 추구하는 인생의 중요한 일부다.

　　　　이성애에 참여하는 남녀는 동등하지 않다. 남성과 여성의 신체적 차이는 생물학적 본질이 아니라 남성 사회의 해석이지만, 여성의 몸의 복잡성은 인정되어야 한다. 여성에게

성은 월경, 피임, 출산, 임신 중단, 유산, 육아, 완경 등 생애
전 과정에 걸친 결정적인 문제로 작용할 수 있다. 이에 비해
남성의 성적 이슈는 ―발기, 사정― 훨씬 단순하다. 여성들처럼
일상적으로 성폭력의 공포에 시달리지도 않는다. 남성과 여성의
신체가 이렇게 다른데, 이성애만을 왜 그토록 정상이라고
여기는가? 이성애는 자주 성차별을 위한 장치로 쓰인다. 남성의
섹슈얼리티는 남성의 몸에 속해 있고 남성의 시민권에 영향을
미치지 않지만, 여성에게 성은 자원이든 억압이든 여성에게 속해
있지 않다. 이것이 섹슈얼리티 통제를 통한 젠더의 작동 원리다.

주파일의 가시화와 확산도 사회 제도에 달려 있다.
이성애자도 주파일도 만들어진다. 인간과 동물의 구분과
위계, 지배가 뚜렷한 사회와 그렇지 않은 사회에서 동물의
의미는 다를 것이다. "동물과 인간 중에서 누가 더 짐승
같은가?"라고 묻는다면, 말할 것도 없이 사회성을 가진 인간이
더 '동물적'이라고 말할 수 있다. 동물, 식물, 미생물 등 개념
자체가 인간이 정의한 개념이다. 인간의 임신 중단 논쟁에서
9주까지의 '배아胚芽' 상태를 기준으로 삼는 경우가 있는데,
글자 그대로 9주 이하의 존재는 식물로 간주하기 때문이다.
왜 9주 이후부터는 태아胎兒라고 할까? 이것은 자연의 법칙이
아니라 사회가 정한 것이다.

현재 사회에서 모든 인간은 동등하지 않다. 특히 남성과
여성은 그렇다. 그런데도, 인간 간의 성애는 생물학적 본질로
오식되어 관계성과 동등성을 위해 노력하지 않는다. 하지만
주파일처럼 사회적으로 수용되기 어려운 삶을 사는 사람들은
관계와 보살핌, 평등에 대해 훨씬 많은 고민을 하고 실천할
수밖에 없다. 젠더 관계에서 사회적 약자인 여성이 남성보다

가부장제 사회에 대해서 문제의식이 많을 수밖에 없는 것과 같은 이치다. 이는 사회적 약자들이 그렇지 않은 사람들보다 자기 사회를 더 폭넓게, 더 깊이, 더 많이 공부하는 이유와 같다. 주류의 언어와 삶의 경험은 일치하지만, 주변인의 삶과 기존 언어는 불일치하기 때문이다. 그러니 이성애자와 주파일 중 누가 더 성과 사회에 고민이 많겠는가.

그런 면에서 이 책은 여성 노동의 성애화, 여성 섹슈얼리티의 상품화, 만연한 젠더 폭력, 구조적 가해자의 위치에 있는 남성 문화에 대한 강력한 비판이자 새로운 목소리가 될 것이다.

하마노 지히로濱野ちひろ

논픽션 작가. 1977년 히로시마 현에서 태어나 2000년 와세다대학 제1문학부를 졸업하고

잡지 등에 인터뷰, 에세이, 영화평, 여행과 예술 등에 관한 기사를 집필, 기고했다.

2018년 교토대학 대학원 인간·환경학연구과 석사과정을 졸업했고 현재 박사과정에

재적하고 있다. 전공은 문화인류학(섹슈얼리티 연구)이다.

최재혁

책을 쓰고 옮기고 만든다. 공저로『아트, 도쿄』『서경식 다시 읽기』『美術の日本近現代史 –

制度·言說·造型』『비평으로 보는 현대 한국미술』이 있으며『나의 일본미술 순례 1 – 일본

근대미술의 이단자들』『나의 조선미술 순례』『인간은 언제부터 지루해 했을까 – 한가함과

지루함의 윤리학』『나는 왠지 떳떳하지 못합니다 – 공정하지 않은 세상을 향한 인류학 에세이』

『베르메르, 매혹의 비밀을 풀다』『무서운 그림 2』등을 옮겼다.

성聖스러운 동물성애자

— 종種도 편견도 넘어선 사랑

지은이 하마노 지히로

옮긴이 최재혁

초판 1쇄 발행 2022년 12월 31일   펴낸이 박현정

펴낸곳 연립서가

편집 한홍   출판등록 2020년 1월 17일 (제2022-000024호)

디자인 이기준   주소 경기도 양평군 서종면 북한강로 648번길 4

제작 두리기획

전자우편 yeonrip@naver·com

ISBN 979-11-977586-4-5 03300   인스타그램 yeonripseoga

정가 20,000원   페이스북 yeonrip_seoga